Collection dirigée par Glenn Tavennec

L'AUTEUR

Jeanne Ryan a vécu aux quatre coins du monde, avec ses onze frères et sœurs. Après une enfance passée à Hawaii, elle a successivement habité en Corée du Sud, dans le Michigan, ainsi qu'en Allemagne. Avant de se lancer dans l'écriture, Jeanne a travaillé aussi bien à la réalisation de jeux de simulation de guerre que dans la recherche en psychologie de l'enfant. Elle a fini par se rendre compte qu'il était beaucoup plus amusant de concevoir des histoires que des études statistiques…

Toujours très attachée à Hawaii, Jeanne Ryan a néanmoins trouvé son équilibre sous les ciels changeants du nord-ouest des États-Unis. Après *Addict*, *Charisma* est son deuxième roman pour jeunes adultes.

JEANNE RYAN

Charisma

traduit de l'anglais (États-Unis) par Anaïs Goacolou

roman

R

Titre original : CHARISMA

ISBN : 978-2-221-19739-4 ISSN : 2258-2932
(édition originale : ISBN 978-0-8037-3966-6
Dial Books, an imprint of Penguin Group (USA) Inc., New York)

Dépôt légal : juin 2018
Loi n° 49-956 du 16 juillet 1949 sur les plublications destinées à la jeunesse et aux jeunes adultes

Pour Ryan et Lilia, qui brillent si fort

1.

J'ai beau faire partie de l'équipe première de natation du lycée, je connais très bien la sensation de se noyer. La panique. La poitrine oppressée, la tête qui tourne, l'incapacité de reprendre une simple inspiration. Les ongles enfoncés dans mes paumes, je peine à respirer sur cette scène d'un ennui mortel, devant les juges du concours de sciences junior, des inconnus venus de l'autre bout de l'État de Washington, ma famille, et Jack, qui est finaliste comme moi.

M. Lin, président du jury et prof de physique à mon lycée, tapote son bloc-notes dans l'attente que je lui démontre l'utilité de mon projet pour la société.

Même si je crains qu'une vague de désespoir s'engouffre dans mes poumons, je me force à entrouvrir la bouche.

— Les scientifiques ont identifié, euh, beaucoup de gènes associés à des troubles spécifiques, alors…

Mon cœur est une mitraillette dans ma poitrine. Quant à ma voix, c'est une cause perdue.

M. Lin incline la tête pour jeter un œil à mes genoux qui s'entrechoquent.

— Mademoiselle Hollings ? s'inquiète-t-il. Aislyn ? Vous vous sentez bien ?

J'acquiesce et tente de trouver la force de lui répondre, mais ma vision se brouille et je peine à reprendre mon souffle, ce qui ne fait qu'aggraver mon vertige. Dans les livres, il est recommandé d'« accepter » une crise de panique, comme si on pouvait choisir de la laisser entrer et sortir de notre esprit dans un mouvement fluide. Voilà ce qu'ils n'expliquent pas : la panique n'est pas un mouvement fluide. Elle te secoue comme un tremblement de terre et te laisse à la dérive, à te débattre pour éviter de te faire aspirer par un grand trou noir qui ne demande que ça.

Perplexe, M. Lin attend – si longtemps que c'en est insoutenable – avant d'orienter à nouveau le micro vers lui.

— Si vous aviez la possibilité de rectifier les mutations génétiques, où placeriez-vous la limite ? Que dire à ceux qui souhaitent modifier leur taille ou leur calvitie ?

Il expose là les arguments classiques des fous qui manifestent devant les labos de Nova Genetics en criant que pratiquer la thérapie génique, c'est « se prendre pour Dieu », et qui voudraient mettre fin à tous ces traitements qui sauvent des vies.

Malheureusement, ma conviction que les « antitout » sont dans l'erreur ne déclenche aucune fulgurance dans ma réponse, et mes mots trébuchent lamentablement :

— Les manipulations génétiques pour motifs frivoles sont rejetées…

Nous sortons et quand Sammy retrouve enfin son souffle, il dit :

— Désolé pour le spectacle.

Je donne un petit coup de pied dans le sien.

— Ne t'excuse pas pour ça. De toute façon, mon spectacle était bien plus grandiose que le tien. J'avais la scène pour moi, avec le décor et les accessoires.

Il ne conteste pas cet argument.

Sur le chemin de la maison, j'envoie un texto à ma meilleure copine, Evie, pour lui relater les grandes lignes du fiasco, même si elle ne consultera ses messages que quand son concours de débats sera terminé. Ensuite, j'en envoie un à ma directrice de stage chez Nova Genetics, le docteur Sternfield. Au moins, le travail que j'ai fait avec elle comptera pour valider d'avance des unités d'enseignement à la fac.

De retour à la maison, maman esquisse un demi-sourire, ce qui doit lui demander un effort surhumain.

— Je sais que tu as fait de ton mieux.

Si seulement mon « mieux » était meilleur…

— Je vais aider Sammy à prendre son traitement ce soir.

C'est la moindre des choses que je puisse faire pour me rattraper.

À l'étage, je lui tape dans le dos et sur la poitrine pour dégager au maximum la saleté qui essaie de lui détruire les poumons. En général, il blague entre les tapes, mais ce soir, il se réfugie dans le silence avec son carnet de croquis. Je ne l'oblige pas à parler. Ce serait indécent de me plaindre de mes frais universitaires à quelqu'un à qui on prédit une espérance de vie d'une trentaine d'années.

Quand j'ai fini, Sammy remplit son nébuliseur des médicaments qu'il doit inhaler pendant la demi-heure suivante. Il n'a plus besoin d'aide pour cette corvée quotidienne, mais il aime bien avoir de la compagnie. Avec son masque et l'aérosol en marche, il s'installe sur son lit et moi dans le fauteuil d'à côté.

Tout autour de nous, les murs de sa chambre sont remplis, jusqu'aussi haut que Sammy puisse dessiner, de peintures super expressives de dragons et d'autres créatures dont il est le seul à connaître le nom. Il ajoute à son croquis une ombre sur un crayonné de l'attaque du Space Needle par des robots.

— C'est très bon, lui dis-je.

— J'ai beaucoup de temps pour pratiquer, m'explique-t-il après avoir inspiré dans son masque.

Oui, trop de temps. Et pourtant, peut-être pas assez.

Quarante minutes plus tard, prête pour la nuit, je me pelotonne sous la couette, le portable sur les genoux, en regrettant de ne pas pouvoir éviter le lycée demain. Mais c'est le dernier jour de l'année scolaire pour nous, même si en fait, il est réduit à une demi-journée et qu'on n'apprendra que dalle.

Mon téléphone bipe et j'accepte un *chat* vidéo. Le sourire à cent mille gigawatts d'Evie remplit l'écran. Ses épais cheveux noirs sont relevés en chignon pour faire admirer les boucles d'oreilles filigrane en or offertes par sa mère lors de leur voyage annuel en Indonésie. Tout en fossettes et pleine d'entrain, elle me lance :

— J'ai gagné !

Nous entrechoquons nos poings par écran interposé, puis elle enchaîne, l'expression plus grave :

— Trop sympa de m'avoir préparée, c'est grâce à toi. J'aurais voulu faire la même chose. C'est un gros con, Heath Roberts, d'avoir mis en ligne cette photo.

— Quelle photo ?

L'estomac noué, je vais sur la page de Heath. Sous un cliché de moi qui renverse mes feuilles à la finale du concours, il a légendé : « Sexy ? Oui ! Irrécupérable ? Vraiment ! »

Mais qu'est-ce qu'il fichait là, d'abord ? Je me souviens alors que son petit frère s'est qualifié pour le niveau collège. Le désespoir de tout à l'heure refait surface.

— Tout le monde l'a vue ?

Evie esquisse un geste vague.

— Hier, c'était la raie des fesses de Shoshanna, et du coup, elle a reçu plusieurs propositions. Rien que pour t'être inscrite au concours de sciences, tu exploses ton score en thérapie d'exposition. C'était super courageux, tu m'entends ?

Comme Evie prend option psycho, elle me pousse à m'exposer à des situations susceptibles de me désensibiliser à la peur du groupe. Ce n'est pas comme si je n'avais jamais essayé avant de surmonter ma timidité. Jusqu'ici, j'ai subi les anxiolytiques (qui me donnaient des palpitations et ne servaient à rien), l'hypnose (qui m'endormait) les exercices de visualisation (impossible de me concentrer) et un régime sans sucre (qui me rendait irritable). J'en suis à la thérapie d'exposition, qui, d'après tous les livres, est la manière la plus efficace de traiter les phobies sociales. Malheureusement, il existe toujours un pourcentage de patients, dont moi, qui n'obtiennent aucun résultat malgré leur persévérance. Evie a beau me répéter que ce n'est qu'une question de temps, je sais que toutes les statistiques comprennent leur lot d'exceptions.

— Au fait, reprend mon amie en battant des cils, un certain footballeur, qui n'est pas le membre le plus brillant de l'équipe de débat, mais est plutôt agréable à regarder, m'a demandé trois fois si j'allais à la fête de Drew demain.

— Oh. Tu devrais y aller avec Abby et Zoé.

Elle agite le doigt d'un air menaçant.

— Tu n'as pas mis les pieds à une fête depuis des mois et on arrive aux vacances d'été. En tant que meilleure amie, je ne peux pas te laisser commettre un suicide social.

— En tant que meilleure amie, tu ne devrais pas me pousser hors de ma zone de confort alors que je viens juste de me planter dans le domaine où je suis censée assurer.

— Tu es douée dans plein d'autres domaines que les sciences et tu m'aides à maintenir ma moyenne éblouissante. Ne joue pas le stéréotype de la fille timide. À partir de samedi, tu seras la bombe blonde qui surveille au bord de la piscine. N'oublie pas.

Je souffle un coup, la respiration saccadée. J'avais postulé à ce job d'été dans un accès de thérapie d'exposition, couplé à l'envie de soutenir le coach de mon équipe de natation. J'évite d'y penser, mais le fait est que ça commence après-demain.

— Je me suis assez exposée, je crois.

— Pour la journée, seulement. Je vais voir si on peut convaincre Heath de supprimer la photo.

Sur ce, elle se déconnecte. Bon, je pourrais me casser une jambe au lycée, demain. Ou je devrais plutôt tenter de m'exposer à un virus de grippe foudroyante. Voilà une thérapie d'exposition qui me serait profitable.

Tout en imaginant des façons d'échapper à la réalité… autrement dit, à moi-même, je pose mon ordi sur ma table de nuit et m'endors les bras croisés sur ma poitrine, comme une momie. Mais je me réveille toutes les deux heures, comme d'habitude. Chaque fois, Sammy est en train de tousser et peine à reprendre son souffle. Comme d'habitude.

Impressionnant comme, pour nous deux, la vie de tous les jours est une lutte incessante pour simplement respirer.

Manifestations contre les tests génétiques approfondis
Billet de Norman Kim, blog Santé-Seattle

Des manifestants se sont rassemblés en masse pour protester contre l'annonce conjointe des spécialistes de la reproduction de Seattle et de Nova Genetics, un développeur de thérapie génique de l'État de Washington, qui vont passer des embryons au crible pour y détecter des milliers d'anomalies potentielles. Madeline Olevsky, directrice de SRS, déclare : « Toute avancée pour répondre aux rêves de nos clients d'avoir un bébé en parfaite santé est un progrès dont nous nous réjouissons. »

Toutefois, d'autres personnes estiment que les tests génétiques seraient la porte ouverte à tous les dangers. Nita Farthing, présidente d'Égalité pour Tous, avance : « Toute personne douée de conscience devrait être terrifiée par le potentiel de la sélection non naturelle. Dans une société où la fracture entre riches et pauvres est déjà alarmante, la science qui nous différencie au niveau de l'ADN constituera une menace pour l'idéal américain d'égalitarisme, et cette fois de façon permanente. Nous ferons le nécessaire pour empêcher cette attaque contre les êtres humains. Les développeurs de traitements destinés à altérer l'espèce doivent se préparer aux conséquences de leurs actes. »

2.

Le lendemain, je retrouve Evie aux casiers. Les nôtres sont côte à côte depuis le collège : personne n'est venu s'immiscer entre Handojo et Hollings dans l'ordre alphabétique.

Sa robe en tissu imprimé doré flotte sur sa peau mate et ses cheveux, qui lui descendent jusqu'à la taille comme les miens, mais sont aussi bruns que les miens sont clairs, ne sont retenus que par une toute petite barrette aux pierres vertes lumineuses. Elle examine mon tee-shirt rose, mon pantalon gris et mes ballerines.

— Mignon, mais pour le dernier jour du lycée, j'aurais choisi un peu plus flashy. Pour te faire des souvenirs, tu vois ?

— Je dois voir ma directrice de stage cet après-midi.

— Oh, non ! On va tous au centre commercial à midi.

— Désolée. Je dois faire le point avec elle pour valider mon unité d'enseignement universitaire.

— Vous n'aurez qu'à vous en occuper dimanche, à la journée familiale.

— Dimanche est censé être un « moment de détente ». Là, comme c'est pour le boulot, elle a insisté pour que ce ne soit pas le même jour.

Ma famille sera là pour Sammy, qui a participé à un essai clinique de Nova Genetics. Bien que le traitement n'ait pas eu d'effet, nous sommes entrés dans la « famille » Nova, ce qui implique un nombre hallucinant de journées « d'intégration » et de séances de soutien. C'est de cette façon que j'ai rencontré le docteur Sternfield.

Contrariée, Evie lance :

— Bon, d'accord. Dans ce cas, je passe te prendre demain à vingt heures pour la fête chez Drew.

La bandoulière de mon sac à main glisse de mon épaule.

— Si ma mère fait visiter des maisons à de nouveaux clients, je vais devoir rester avec Sammy.

— Un samedi soir? s'insurge Evie en plantant un ongle fraîchement décoré dans ma clavicule. N'utilise pas ton frère comme excuse. La dernière fête avant la terminale, c'est pas rien. Ta mère comprendra, elle a été en sororité à la fac.

Elle a été en sororité, elle est devenue veuve avant que son deuxième enfant entame la maternelle, et depuis, elle n'a plus aucune vie sociale. Je remonte la lanière de mon sac.

— Je commence à travailler à la piscine. Je serai lessivée demain soir.

Evie lève les yeux au ciel, ce qui fait luire le blanc de ses yeux entre ses iris noirs et le khôl qui souligne ses cils inférieurs. Sérieusement, s'il existait des compétitions de lever d'yeux au ciel, elle les remporterait haut la main.

À court de prétextes, je me dirige vers mes quelques heures de cours de la journée. J'aperçois à plusieurs reprises les cheveux blonds de Jack, mais je me dépêche de sortir avant qu'il puisse me présenter ses condoléances pour le désastre d'hier. Cinq minutes après la sonnerie de midi, je suis dans ma voiture, en train de sortir du parking.

De Tacoma jusqu'au campus de Nova Genetics, du côté du port, il y en a pour vingt minutes. Mais comme il faut passer par le pont suspendu de Tacoma Narrows, avec ses câbles dessinant une harpe géante au-dessus des vagues écumantes, le trajet vers la péninsule Olympique me donne toujours l'impression de voyager vers une ville lointaine.

Et aujourd'hui, cette ville est en état de siège.

L'estomac noué, je me gare dans le parking visiteurs, juste devant les grilles qui délimitent le domaine. Des dizaines de manifestants défilent entre les voitures en agitant des banderoles qui proclament : « LE TRAFIC DE GÈNES, ÇA NOUS GÊNE ! » ou encore « LAISSEZ FRANKENSTEIN AU RAYON FICTION ».

Je suis tellement énervée par leur étroitesse d'esprit que je sens un mal de tête arriver. Ils devraient se concentrer sur les bonnes nouvelles, comme les enfants qui ne sont plus obligés de vivre dans des cocons stériles.

Alors que je m'approche, un homme aux yeux globuleux scande d'un air renfrogné :

— Pas de justifications pour les abominations ! Pas de justifications pour les abominations !

Lui et les autres agitent le poing et leurs pancartes, tout en me fusillant du regard, comme si j'étais justement l'abomination incarnée. Ils m'empêchent d'accéder à l'entrée, où un gardien parle au téléphone. J'essaie de me frayer un chemin entre les manifestants.

— Excusez-moi.

Une femme entre deux âges coiffée à la Cléopâtre me rugit :

— Il n'y a aucune excuse pour ce qui se trame là-dedans.

Non, pas besoin d'excuses pour tout tenter dans l'objectif de sauver des vies. Je parie que cette bonne femme n'a pas de membres de sa famille handicapés par autre chose qu'un esprit obtus.

Le gardien met ses mains en porte-voix et crie :

— Si vous continuez de bloquer l'entrée, je vais devoir appeler la police.

Le couple se décale de quelques centimètres, mais pas assez pour que je puisse passer. D'une petite voix, je répète :

— Excusez-moi.

J'aimerais pouvoir envoyer balader ces gens qui n'ont rien à faire là. Mieux, leur mettre leurs panneaux là où je pense.

— Pas de justifications pour les abominations ! Pas de justifications pour les abominations !

Je me déplace vers le côté pour trouver une faille dans leur regroupement, mais ils se mettent en cercle et me coupent la route. C'est illégal de me barrer le passage, non ? J'ai le cerveau qui chauffe pour trouver une repartie que de toute façon, je ne prononcerai pas. Si je reporte ma visite, le docteur Sternfield comprendra peut-être ?

Le gardien donne un coup de sifflet, ce qui ne fait qu'exciter les manifestants. Ils s'en prennent maintenant à une Audi qui vient d'arriver. J'y vois l'occasion de me faufiler entre eux au moment où la grille se relève pour laisser entrer la voiture.

Quelqu'un tire sur mon tee-shirt et je pousse un cri.

La voiture freine brutalement et le gardien accourt vers nous. Enfin, la pression sur moi faiblit suffisamment pour que je puisse avancer, mais je ne peux éviter d'effleurer les protestataires.

— Tu choisis le camp du mal, me crache la bonne femme aux cheveux de Cléopâtre, projetant sur moi son haleine qui pue l'oignon.

Je me fais toute petite pour gagner quelques centimètres. La portière de l'Audi s'ouvre et le docteur Sternfield en bondit en braquant son téléphone sur les manifestants.

— Je vous conseille de laisser cette jeune fille tranquille avant que cette vidéo soit envoyée à la police. Vous connaissez la peine pour agression sur personne mineure ?

La foule recule. Le docteur Sternfield adresse un signe de tête au gardien et passe une main dans ses cheveux auburn relevés en un élégant chignon sur son cou d'aristocrate.

— Tu montes, Aislyn ? me propose-t-elle.

J'entre à la hâte et elle va se garer sur un emplacement réservé, près de l'entrée principale. J'ai les jambes secouées de violents tremblements et je mets un moment à retrouver assez de voix pour la remercier.

Elle me fait signe que c'est inutile.

— Les changements de modèle sont toujours source d'angoisses. Regarde les gens qui ont manifesté contre les droits civiques ou les jupes qui montraient les mollets... Tu sais que se laver les mains a été tabou, autrefois ?

J'ai envie de me les laver plusieurs fois après m'être frottée malgré moi à tous ces gens. Pourquoi n'ai-je pas pu me débarrasser de ces affreux ? Mon téléphone a une caméra en état de marche pour les menacer. Si seulement j'étais un peu moins poule mouillée....

Nous entrons dans un bâtiment aux énormes poutres en bois qui supportent des murs en verre. L'architecture aérienne est trompeuse, car c'est via le réseau de laboratoires nichés au sous-sol qu'on accède à toutes les structures extérieures.

Dans le hall principal, une sculpture en céramique formant une double hélice semble narguer les dieux des tremblements de terre. Autour, des groupes de gens se déplacent dans les couloirs qui rayonnent à partir de là. Deux hommes grands et musclés s'avancent dans le couloir nord, suivis d'une femme en fauteuil roulant qui a des tubes à oxygène dans le nez. Nova Genetics va étudier ses gènes aussi soigneusement que les gènes modèles des athlètes qui la précèdent.

Le docteur Sternfield s'arrête pour saluer Xavier Dionisio, l'un de ses stagiaires. Il est asiatique, avec une coupe de premier de classe, mais le torse et les épaules d'un haltérophile.

— Comment se présente le séquençage du danseur ?

— J'ai identifié quelques allèles intéressants.

Il lève les sourcils pour renforcer le mot « intéressants ». Peut-être a-t-il découvert une mutation expliquant la différence entre une ballerine destinée à être étoile et une autre condamnée à rester dans le corps de ballet.

— Bonne nouvelle. Je viens voir ça dès que j'ai terminé avec Aislyn.

Je la suis par une porte où on doit s'identifier par l'empreinte du pouce. Je prends place sur mon fauteuil habituel, en face de son bureau. Je sors un dossier. Après avoir été l'une de ses stagiaires au cours de l'année scolaire, l'avoir vue aux manifestations pendant des années avant, je me sens plus à l'aise avec elle qu'avec la plupart des autres adultes, cent fois plus que je ne l'étais avec M. Lin sur scène, en tout cas.

— Ton projet aurait dû l'emporter haut la main au concours de science, dit-elle en croisant les doigts.

— C'est que je ne suis pas la plus douée pour parler en public.

L'euphémisme est si démesuré qu'on est à la limite de l'ironie.

Elle hoche la tête.

— Parfois, il ne suffit pas d'avoir le meilleur exposé ou d'avoir travaillé plus que les autres…

— Au moins, ça m'aura rapporté quelques crédits pour mon diplôme universitaire, lui dis-je en lui faisant passer mon formulaire, qu'elle regarde.

— Il y a tant de papiers à remplir pour ta famille, en ce moment. Le groupe qui organise l'essai AV719 veut mon avis sur la viabilité de Sammy comme candidat.

Je sens mon pouls s'accélérer. Ce traitement expérimental cible la mutation de mucoviscidose qui concerne Sammy. Les résultats préliminaires sont déjà qualifiés de miraculeux par certains, et un miracle, c'est ce dont mon frère aurait besoin avant que ses capacités respiratoires déclinent encore.

Les mains jointes, je déclare :

— Vous ne pourriez pas trouver un enfant qui le mérite plus que lui. Et on s'assurerait qu'il suive tous les protocoles à la lettre.

— Bien entendu, mais le problème, c'est que nous avons bien moins de places que de volontaires. Et il a déjà participé à l'essai NSB-12. Cela dit, tu sais tout le bien que je pense de ta famille.

Vraiment, même après hier soir ?

— Si vous décidez de soutenir sa candidature, vous ne le regretterez pas.

— Je dois uniquement évaluer sa compatibilité. La sélection finale se fera quand même par tirage au sort.

Moi qui n'ai jamais triché de toute ma scolarité, je ne peux pas m'empêcher de me demander comment on pourrait truquer un test médicamenteux. En théorie, bien sûr.

Le docteur Sternfield feuillette mon formulaire, mais ne prend pas de stylo pour le signer. Elle ne peut pas me refuser mes crédits parce que j'ai foiré ma présentation finale. Si ?

Toujours sans rien signer, elle installe son ordinateur portable entre nous et, avec des mouvements très tranquilles, elle ouvre quelques fichiers : des captures d'écran d'échantillons ADN sur lesquels j'ai travaillé.

Des chromosomes qu'elle m'a appris à identifier au microscope. Ce sont ceux qui proviennent de mon échantillon de sang, qu'elle m'a prélevé le premier jour de mon projet.

Elle clique sur une image après l'autre et pointe le curseur pour désigner des séquences particulières.

— Tu te souviens de ce gène? Il est en partie responsable de ces magnifiques cheveux que tu as. Et celui-ci contribue à tes yeux gris argenté.

J'acquiesce sans rien dire. Peut-être ce récapitulatif est-il nécessaire pour que je récupère mes crédits universitaires. C'est une perte de temps, mais s'il faut en passer par là... Elle continue, relevant tel et tel trait pendant que j'enfonce les orteils dans le tapis oriental. Ensuite, elle fait apparaître une douzaine d'images en même temps. Je reconnais seulement quelques gènes sur le lot. Elle en surligne une partie et se tourne vers moi.

— Cette combinaison d'allèles donne un phénotype. Tu peux deviner lequel?

Non, un test? Sérieux? Je me creuse la cervelle, mais je n'ai aucun souvenir de cette association, ni même de ses composantes. Là aussi, j'échouerais.

— Je... je sais pas.

— La sociabilité, m'assène-t-elle.

Je m'étonne :

— Mais ne dépend-elle pas de milliers de gènes différents? En plus de notre environnement?

— Si, mais je pense que cette combinaison est la clé. Si on les altère de manière adéquate, le score Q explose. Tu sais ce que c'est?

Grâce à Evie, j'en ai une petite idée.

— Une notation pour mesurer si une personne est appréciée et célèbre ?

— Bien.

C'est à ce moment que les implications me frappent.

— Waouh, si vous mettiez au point un traitement pour le développer, les gens feraient la queue pour y avoir accès !

— C'est sûr, répond-elle, les yeux brillants.

— Et vous vous feriez encore plus détester des gens là dehors.

— C'est sûr aussi, approuve-t-elle avec une grimace.

Je me mords la lèvre.

— D'après ce que j'ai lu, corréler des gènes à des traits de caractère, c'est trop complexe. Ils ne peuvent expliquer qu'en infime partie notre façon d'agir.

Les yeux sur les images, elle suit doucement du doigt un fragment de code génétique qui épelle C-A-T.

— La plupart des chercheurs ne sont pas allés regarder aux bons endroits. J'ai des travaux préliminaires qui m'indiquent que c'est tout à fait possible.

— Vraiment ? Je ne vous ai jamais entendue en parler.

— À ton avis, pourquoi ?

Il me suffit d'une fraction de seconde pour répondre :

— Parce que c'est beaucoup trop sujet à controverse. Et vous ne seriez pas autorisée à conduire les tests sur des humains, de toute façon.

Elle appuie sur un bouton imaginaire en l'air.

— Bingo.

Je regarde par la fenêtre l'après-midi nuageux de juin. Sur la pelouse verdoyante, je repère un petit corps marron sans vie : un oiseau qui a violemment heurté les panneaux de verre immaculés. Dommage que la thérapie génique ne puisse pas faire revivre les morts.

Je détourne vite le regard.

— Euh, sans vouloir être vexante, si vous travaillez sur des détails aussi pointus, pourquoi ne pas vous centrer sur des maladies ?

— Je le fais. Mais des milliers d'autres chercheurs le font aussi. (Malgré son attitude tranquille, le docteur Sternfield a les yeux incandescents.) Cependant, tu es bien placée pour savoir à quel point un trouble de la socialisation peut se révéler handicapant.

Je déglutis.

— C'est pour ça que vous m'en parlez ?

Elle pose les bras sur le bureau et inspire longuement.

— Je veux que tu comprennes qu'il y a de l'espoir, Aislyn.

De l'espoir… Je repose les yeux sur l'écran.

— Vous pensez vraiment pouvoir aider un jour les gens timides ? En altérant leurs gènes ?

Elle m'adresse un sourire complice.

— Vraiment. Mais, pour l'instant, ça reste entre nous, d'accord ? Ici, la limite est tracée aux maladies, surtout avec mon père.

Le docteur Gordon, son père, est le président de Nova Genetics.

— Bien sûr.

Elle prend un stylo et signe mon formulaire.

— On se voit dimanche ?

— Oui.

J'ai ce que je suis venue chercher, davantage même. Mais je ne peux m'empêcher de tourner encore le regard vers le petit tas de plumes brunes dehors dans l'herbe avant de quitter son bureau.

Avec l'impression d'être dépositaire d'un secret, je repasse à côté de l'hélice géante et sors sous un ciel qui s'assombrit à vue d'œil. Heureusement, la menace de pluie a fait fuir les manifestants.

Sur le chemin du retour vers Tacoma, mes pensées flottent avec la brume qui descend sur l'autoroute. À quoi ressemblerait ma vie si le docteur Sternfield était autorisée à poursuivre ses recherches ? Je m'imagine face à Jack sans être en train de rougir.

Mon téléphone vibre, ce qui me déplaît. On ne nous a jamais mis devant des films de carnages dus aux SMS au volant lors des cours de code, mais je préfère éviter de répondre. Je sais qui c'est et ce qu'elle veut. Je lui dirai que finalement, je dois rester à la maison demain soir.

Je m'essuie le front entre plusieurs nouveaux messages qui m'arrivent. Evie n'abandonnera pas si facilement. Dommage que les recherches n'aient pas abouti dès maintenant. Si je vais à la fête de Drew, ce sera la réédition de la dernière où Evie m'avait traînée : tout le monde qui sait quoi faire et dire, pendant que je reste en marge, les doigts crispés sur un verre en plastique qui contient un truc censé me mettre à l'aise.

Tout en roulant, je maudis mon insupportable timidité. Je devrais pouvoir faire gagner l'acquis sur l'inné et dépasser ce que dit mon ADN. Les gens changent, ils écrivent des livres entiers pour le raconter. Pourquoi est-ce impossible pour moi ?

En me garant devant notre jardin entouré de haies, dans une rue humide typique de Tacoma, je pousse un soupir de soulagement. Comme chaque fois que je retourne à l'abri du grand méchant monde. Dans mon sanctuaire.

Qui ne me protégera que jusqu'à demain, avec le début de mon nouveau travail.

E-mail interne du serveur Nova Genetics

De : Dr Charlotte Sternfield, directrice du laboratoire

À : Cecily Frank, responsable sécurité

Veuillez immédiatement passer l'accès au Labo 6 en mode B2, pour moi seulement. L'interdiction comprend les équipes de ménage et d'entretien, dont je contacterai les départements pour les escorter dans le laboratoire si nécessaire.

3.

Le lendemain matin, je regrette de ne pas pouvoir rester planquée sous la couette, mais il faut bien que je gagne de l'argent. Plus que jamais. Le bonus, d'après Evie, c'est qu'en étant maître nageuse sauveteuse, je suis loin des boulots clichés pour filles timides, genre archiviste ou secrétaire scotchée derrière l'ordi. Ça va me créer des occasions de thérapie d'exposition. Beaucoup, beaucoup d'occasions.

D'où mon envie de vomir.

Sammy tambourine à ma porte en criant :

— Aislyn !

Surprise par son ton, je cours lui ouvrir.

— Tu vas bien ?

— Maman m'a demandé de te réveiller, elle veut pas que tu sois en retard et que tu te fasses virer.

Oui, nous avons tous conscience que niveau financement de mes frais universitaires, on est loin du compte. Le cœur lourd, je m'habille. La journée promet d'être chaude, ce qui veut dire qu'en ce premier jour d'ouverture de la piscine, il y aura des tonnes de monde.

Fabuleux… Sur la route, je tremble de plus en plus à mesure que j'approche. Si seulement je pouvais bosser dans un hangar ou une grotte…

Janie Simpson, la directrice, m'accueille à l'entrée et me tend le sifflet officiel.

— N'aie pas peur de l'utiliser et n'oublie pas ta formation.

Quoi, pas de temps d'acclimatation ? Bon, ça ne m'aurait servi à rien, de toute façon. Je fourre mes affaires dans un casier et me dirige avec Janie vers mon poste assigné. Au moins, ma première journée ne sera pas trop longue, les leçons de natation ne commençant que lundi.

Je monte sur la chaise de surveillance, qui paraît plus haute que depuis le sol. D'accord, je peux y arriver. Garder l'œil sur les nageurs et siffler en cas de problème. Bien moins compliqué que de séquencer de l'ADN.

Au bout de quelques minutes, je repère Asher Johnson et son copain Zach qui chahutent en grimpant au toboggan. Ils se moquent tous les deux de Sammy parce qu'il est le plus petit de leur classe. Je serre les dents et je les surveille. Asher saute plusieurs fois sur place en haut, en me regardant d'un air narquois.

Je déglutis. Les copains d'Asher à côté de lui regardent vers moi, puis vers lui. La main tremblante, je porte le sifflet à ma bouche, au cas où. Il se soulève plusieurs fois en se tenant aux rambardes, sans me quitter des yeux. Pour l'instant, rien d'interdit, mais il a clairement envie de faire des siennes.

Puis, en un éclair, il se met à plat ventre pour descendre, ce qui est strictement défendu. Autour de lui, les enfants exultent. Je réunis mon courage pour faire passer de l'air par ma bouche et produire un petit *triiit.*

Un autre sifflet retentit, dix fois plus fort, et Janie Simpson crie :

— Premier avertissement !

Mais c'est à moi qu'elle s'adresse et non à Asher, le regard noir, attirant l'attention de tout le monde sur moi. Aïe, aïe, aïe. Mon visage s'enflamme et je cille, puis m'efforce de regarder n'importe où plutôt que vers Janie, qui se dirige vers moi à grands pas. Une fois à côté de ma chaise, elle me reproche :

— Je sais que tu l'as vu, Aislyn.

— J'ai sifflé dès qu'il a commencé.

— On t'entendait à peine. Écoute, je suis sûre que si tu voyais quelqu'un couler, tu foncerais, mais tu dois aussi t'imposer si tu repères un problème potentiel. Tu es la première barrière.

— Je sais. Désolée.

Je devrais avoir ce mot tatoué sur mon front. Elle pousse un gros soupir et regarde en l'air.

— Ton coach t'a chaudement recommandée, mais je ne vais pas pouvoir te garder si je ne peux pas te faire entièrement confiance.

— Je sifflerai plus fort la prochaine fois.

Avec un soupir théâtral, elle retourne vers le bâtiment.

Merde. J'ai le cœur qui bat à mille à l'heure et quand je relève les yeux en me mordant les lèvres, je suis encore le centre d'attention.

Avec ma chaise qui grince sous moi, je subis le reste de mon tour de garde, de plus en plus anxieuse à l'idée que quelqu'un glisse autour du bassin et se rompe les os.

Finalement, la pendule arrive à midi et j'ai droit à une pause de cinq minutes avant « d'être d'entretien », autrement dit, de ramasser les ordures.

Au lieu de prendre un soda avec le reste de l'équipe, je pique une tête dans le coin le moins fréquenté du grand bassin. Le froid envahit mon corps, me saisit le crâne et aussitôt, je me sens purifiée. Pendant la minute où je reste immergée, mon monde est remplacé par quelque chose qui ressemblerait presque au calme, et qui me soulage de la fréquente sensation de me noyer que j'éprouve sur la terre ferme. Mes oreilles sont emplies par de lointains bruits étouffés pendant que je relâche de petites bulles autour de mon visage. Toutes les aspérités en vue s'adoucissent, pas plus menaçantes que du coton. Je comprends mon père, même si sa passion pour l'eau est allée trop loin.

Je remonte à la surface régulièrement pour remplir mes poumons, puis je retourne aussitôt dans mon cocon en dessous. Bien trop vite, mes cinq minutes sont écoulées et je retourne dans le fracas du monde.

Étrangement, piquer des déchets pour les mettre dans un sac-poubelle se révèle être un soulagement après mes heures de surveillance. Il y a un côté zen. Je me plonge dans le rythme du ramassage.

Au bout de la terrasse en bois, Heath, celui qui a posté l'atroce photo de moi, passe avec un autre MNS. Ils me lorgnent ouvertement, ce qui me fait virer au cramoisi et garder les yeux scotchés à mon sac d'ordures. Je ne sais pas comment je résiste à l'envie intense de tout lâcher pour retourner sous l'eau.

— Ouais, comme tu dis, lance Heath alors qu'ils s'éloignent, mais elle est genre, muette, un truc comme ça.

— Pff, le gâchis, grommelle l'autre.

Ils éclatent de rire et j'essaie de perdre un bon quart de mon mètre soixante-quinze. Il doit sûrement exister une repartie intelligente, mais même si je la trouvais, elle resterait stockée avec les milliers d'autres que je n'ai jamais utilisées.

Je termine mon nettoyage, je me lave les mains, puis on me montre le fonctionnement de la caisse du snack-bar. Heureusement, je suis avec une fille bavarde – Alicia –, qui parle aux clients pendant que je leur tends leurs frites et leurs glaces.

À quatorze heures, ma journée de travail est terminée. Elle est plus courte que celles programmées pour la semaine prochaine, mais interagir avec autant de gens m'a vidée de toute mon énergie. Pas le temps de me remettre, pourtant. Au moment où je me traîne vers le parking, mon téléphone vibre pour me signaler un nouveau texto d'Evie.

Interdit d'utiliser Sammy comme excuse. On se voit à 20h.

Mince, elle ne va pas me lâcher jusqu'à ce que j'accepte. Je pars en voiture avec le sentiment d'être vaincue. Je trouverai peut-être un endroit où me cacher, chez Drew. Si seulement il avait une piscine…

À la maison, Sammy, la toux un peu rauque, me regarde avec des yeux montrant une sagesse bien supérieure à son âge.

— Journée pourrie ?

Après une piqûre de rappel intérieure, pour me dire que ce qui est pourri, c'est devoir prendre douze médicaments par jour et d'avoir probablement besoin d'une greffe de poumons avant ses dix-huit ans, je réponds :

— Bof, je prends mes marques.

J'aimerais pouvoir lui parler de la possibilité qu'il soit sélectionné pour le test AV719, mais je ne veux pas lui donner de faux espoirs. Quand l'espoir est ce qu'on a de plus précieux, on apprend à le manipuler avec précaution.

Et crainte.

Evie, qui a passé une robe vert fluo et un bandeau assorti, vient me chercher comme prévu. Quand on entre dans sa voiture, elle affirme :

— Si tu te détends, la fête peut être super sympa. Et au moins, tu n'as pas à t'inquiéter de conduire.

— Je devrais, en fait. Si on prenait chacune notre voiture, je…

— Ce n'est pas écologique, décrète-t-elle en mettant le moteur en route. Si tu dois partir plus tôt, utilise le code.

Aux deux autres fêtes auxquelles elle m'a traînée cette année, et qui m'ont valu des tas de points « thérapie d'exposition », je n'ai pas eu recours au code. Je considère que c'est prendre la fuite, et Evie le sait.

— En fait, je devrais te forcer plus souvent, réfléchit-elle en tirant sur son collier. Pour que la thérapie fonctionne.

— Et si tout ce à quoi tu m'exposes, c'est un ulcère ?

J'enlève un bracelet en caoutchouc de mon poignet et elle me le chipe.

— Combien de fois je dois te le dire ? Les filles aux cheveux de Raiponce, il faut juste qu'elles en jouent.

Pareil pour ton corps de déesse ! Ce haut ressemble à un sac sur toi.

— Merci pour le réconfort, dis-je en croisant les bras. Autorise-moi une petite exception, OK?

Elle soupire.

— Aislyn, si vraiment, vraiment tu ne te sens pas d'attaque, je fais demi-tour et je te ramène. Mais j'espère vraiment, vraiment, que tu vas dépasser ce truc d'avoir peur du monde...

— Ce truc ? C'est pas comme si j'essayais pas ! Toi, au moins, tu devrais savoir...

— Je refuse juste que tu te laisses aller. Ne baisse jamais les bras !

Elle a raison. Comment pourrai-je défendre des enfants comme Sammy un jour, si je ne suis pas capable de parler aux gens ? Il faut que je me prenne en main.

Malheureusement, ma résolution ne m'empêche pas de trembler comme une feuille...

— On ne reste pas trop longtemps, d'accord ?

— OK; ça ira, tu verras.

Non, ça n'ira pas. Le simple fait d'aller à une fête m'a empêchée d'avaler quoi que ce soit au dîner, et j'ai malgré tout envie de vomir.

Les basses de la radio ont un son lourd, comme une marche funèbre. Je croise et recroise les jambes, dans l'espoir de me calmer par un massage express. Ça ne marche pas.

On se gare à une rue de chez Drew et bien avant d'arriver au jardin, on tombe sur d'autres lycéens qui rient et crient. Ce n'est pas possible, les voisins ont dû être soudoyés pour supporter ça. Plus on s'approche, plus j'ai l'estomac chamboulé.

Evie me tire par le bras pour franchir la porte, lâche de rapides « salut » aux nombreux mecs à l'entrée, qui évaluent les arrivants. Elle ignore leurs hochements de tête approbateurs et nous amène à la cuisine en moins d'une minute.

Avant que je puisse protester, elle remplit à ras bord un verre de bière.

— Je sais que c'est nul de se reposer sur l'alcool, mais à situation d'urgence, mesures d'urgence. Allez, bois.

Voilà comment les gens doivent devenir alcooliques. En essayant d'échapper à leur personnalité.

— Dealeuse, dis-je après avoir avalé la moitié.

— Je te permets juste de passer un moment sympa.

Elle remplit à nouveau mon verre et se prend un soda.

— Et maintenant, allons nous socialiser.

Existe-t-il un mot plus affreux que « se socialiser » ?

Elle me tape sur l'épaule.

— On va commencer en douceur. Tiens, voilà Abby et les autres membres de l'équipe de natation.

Nous nous dirigeons vers leur petit groupe, du côté des baies vitrées. Je parle à ces filles à tous les entraînements, donc en théorie, elles devraient faire partie de ma zone de confort, mais il y a quelque chose dans les fêtes – ou dans quasiment toutes les occasions sociales, en fait – qui capitonne mon estomac de fil barbelé. Je bois à grosses goulées, je dispose mes muscles faciaux en ce que j'espère être un sourire, puis je bois encore. Mon verre se vide trop vite. Evie le saisit pour aller le remplir aussitôt, même si je lui dis que c'est inutile. Pendant qu'elle est partie, je fais mine de suivre les histoires, les blagues et le flirt avec les garçons qui nous ont rejointes. Mais c'est épuisant et, comme à l'habitude, la foule m'apparaît comme une créature vivante dotée de milliers de bras et jambes, qui bougent au rythme d'une musique que je n'entends pas.

Qu'est-ce qui cloche chez moi ?

Au retour d'Evie, j'avale encore une gorgée et je me déteste d'avoir besoin d'une béquille. Surtout une béquille aussi nulle. Thérapie d'exposition ou masochisme ?

Tout à coup, elle se redresse, le corps en alerte. Je suis son regard vers l'entrée, où vient d'arriver Rafe Sellers, un grand footballeur aux cheveux noirs qui lui tombent sur les épaules et qui a reçu une promesse de bourse pour l'université de Los Angeles. Je tire sur la manche d'Evie.

— Tu peux me laisser pour aller lui parler, tu sais.

Elle n'est pas la seule à pousser sa meilleure amie pour la faire progresser.

Elle se mord la lèvre, ce qui me rappelle que pour beaucoup, son attitude bravache est un acte de volonté appris dans son enfance, quand les autres élèves se moquaient de sa famille et la traitaient de mangeuse de grenouilles. À l'époque, elle se cachait aussi dans les coins, mais avec les années, elle a gagné en assurance et depuis, j'ai du mal à suivre.

— Il finira bien par venir par ici, répond-elle.

Ça n'aurait rien d'étonnant. Evie et Rafe flirtent depuis des mois, mais pour l'instant, ce n'est pas allé plus loin. Ce qui implique, à mon avis, qu'il est attardé. Quel mec ne serait pas fou d'Evie, qui est géniale en plus d'être hyperbelle ?

Je ne vais pas lui gâcher ce moment.

— Vas-y, je t'assure, je serai bien, là.

Pour appuyer mes dires, je bois une nouvelle gorgée de bière.

— T'es sûre ?

— Oui, dis-je en m'essuyant le coin de la bouche. Si je change d'avis, j'ai le code, et je n'ai pas peur de l'utiliser.

Elle hoche plusieurs fois la tête, pas encore décidée, malgré le lien invisible qui l'entraîne vers la cuisine, où Rafe et ses potes viennent de disparaître.

Je la pousse doucement.

— Qui se dégonfle, maintenant ?

Après une grande inspiration, elle se lance. Je me tourne vers les gens autour de moi en essayant de trouver de quoi participer à leur conversation, qui se réduit aux cyclistes nus de la parade du solstice. Mais que dire sur ce thème, à part éventuellement, suggérer l'usage de talc bien placé ?

Je bois à petites gorgées, j'approuve de la tête de temps en temps et je regarde mon téléphone. Ça ne fait que vingt-cinq minutes qu'on est là ? Je rote. Il va peut-être falloir ralentir sur la bière.

Abby O'Keefe, tout en enroulant une boucle rousse autour de son doigt, me demande comment se passe mon travail à la piscine. Au moment où j'ouvre la bouche, j'aperçois les derniers arrivés… dont Jack. J'ai un petit hoquet qui fait rire Abby.

— Eh ben, t'es à fond !

Je reste là, incapable de formuler une réponse rationnelle. J'avais réussi à me débrouiller pour occulter la possibilité que Jack soit là aussi. Ce qui était débile.

Ou relevait du déni. Dans ce domaine, je suis une pro. Pendant des années, je me suis accrochée à la croyance ridicule que mon père n'était pas vraiment mort dans un accident de plongée. Que tout cela n'était qu'une énorme méprise.

Abby, redevenue sérieuse, déclare :

— Je vais te donner un petit coup de main.

Elle fait signe à Jack. Qu'y a-t-il chez moi qui lance mes amies en mode mère maquerelle ?

Enfin, j'arrive à sortir un mot :

— Non.

Jack me plaît beaucoup, mais quand je suis en face de lui dans la réalité, je crève d'envie de me cacher. Cela dit, j'ai protesté trop tard. Il se dirige vers nous, les yeux plantés dans les miens. Je n'ai plus qu'à espérer que mes yeux ne soient pas trop vitreux et moi pas trop rouge. Et encore du déni…

En s'approchant, je suis à peu près sûre qu'il me regarde de la tête aux pieds, discrètement. Ce n'est que justice, vu que je fais la même chose : cheveux blonds légèrement humides, yeux d'un bleu franc, carrure de nageur. Il est capitaine de l'équipe en papillon. Ses traits s'adoucissent et il me sourit.

— Aislyn, tu es venue.

— Oui. (On respire, on articule des mots…) Evie m'a forcée.

— J'espérais qu'elle le ferait.

— Euh, oui.

Je ravale un rot. Pourquoi est-ce aussi difficile ? En ligne, j'ai des conversations intéressantes avec Jack et on s'est envoyé des millions de mails au sujet du journal.

Mais en ce moment, j'ai beau ordonner à mon cœur et à ma respiration de se calmer, à mes genoux de tenir le coup et à mon cerveau de se concentrer, mon corps résiste sur tous les fronts.

— Euh, félicitations pour le concours de sciences.

— Pourtant, j'étais sûr que ce serait toi. Tes projets sont toujours un cran au-dessus de tous les autres, répond Jack en tirant sur sa chemise. Il fait une chaleur torride ici.

Je résiste à l'envie de lui dire qui je trouve torride et comme un robot, je pointe le doigt vers les baies vitrées.

— Bonne idée.

Quand il ouvre, la brise du soir est délicieuse sur mes joues en feu. Quelques minutes à ce régime et je pourrais me rafraîchir suffisamment pour éviter de tomber dans les pommes ou de vomir. Avec beaucoup de chance.

Il se dirige vers la porte qu'il vient d'ouvrir.

— Tu viens ?

Oh non, il veut que je l'accompagne dehors. Que je fasse carrément bouger mes pieds.

Tout à coup, je sens une main dans mon dos. Abby me souffle :

— Bravo, tu gères carrément.

Et elle me pousse. Je sors derrière Jack en trébuchant. Une vingtaine d'autres ados sont dans le jardin, mais Jack parvient à trouver deux chaises. C'est un soulagement de ne plus être sur mes pieds, d'autant plus que je ne peux pas m'y fier. L'organe suivant qui me trahit est mon estomac, qui se met à faiblir à l'idée que je suis là, avec l'objet de tous mes… enfin, avec Jack. Je prends une profonde inspiration. Merde, j'ai juste envie de pleurer. De m'effondrer et d'évacuer mon anxiété en un torrent de larmes. Après, plus personne ne me demanderait de refaire de la thérapie d'exposition.

— Qu'est-ce que tu as, dans ton verre ? m'interroge-t-il.

Je regarde dedans, comme si je ne savais pas.

— Euh, de la bière. Y a un fût dans la cuisine, s'tu veux.

Et voilà, j'ai du mal à articuler. J'ai enfin réussi à enchaîner deux phrases entières et j'ai l'air saoule.

— Peut-être tout à l'heure, fait-il avec un haussement d'épaules.

Des mecs comme lui n'ont pas besoin de courage sous forme liquide, ce qui m'incite à me sentir d'autant plus pitoyable. Stop, arrête, pense à quelque chose à dire, comme le ferait quelqu'un de normal…

— Et donc, tu commences à la radio la semaine prochaine ?

Il a décroché un stage qui fera très bien dans son dossier d'inscription à l'université, avec ses dizaines d'autres accomplissements.

— Oui, et pour le premier jour, j'ai les Kids Eat Free en interview.

Je secoue la tête.

— Je peux même pas imaginer faire quelque chose d'aussi… public.

Jack hausse de nouveau ses épaules aux muscles harmonieux, qui forment un V inversé jusqu'à sa taille.

— C'est logique, vu le boulot…

— Mais quand même, devoir être tout le temps au taquet…

Oh non, une goutte de sueur coule sur mon visage. Probablement la première du tsunami qui risque de me submerger d'une seconde à l'autre.

— On croirait que tu parles de pelleter des crottes d'éléphant, dit Jack en riant.

Et maintenant, il va croire que j'insulte le groupe.

— Non, ils sont super. Comme toi. Tu es toujours super.

Je cille plusieurs fois avant de me prendre la tête dans les mains, en partie pour stabiliser ma vision brouillée, en partie pour essuyer une autre goutte sur ma tempe.

Il penche la tête et me dévisage de ce regard qu'il a souvent, qui me fait sentir tellement à nu. En général, c'est une association de ravissement et de terreur, mais ce soir, je préférerais être aussi invisible que possible.

— Je te rapporte quelque chose ? me propose-t-il.

— Non merci, c'est juste un petit vertige. Je suis pas habituée à autant d'alcool.

Je me lève et me penche vers un buisson pour vider le reste de mon verre, mais je trébuche et le verse sur son pied à la place.

— Oh pardon, je suis désolée !

— T'inquiète ! Je vais te chercher de l'eau, ça va aider.

Il se précipite à la cuisine. À ce moment, mon estomac se soulève et je sens une envie irrépressible d'échapper à tous ces regards braqués sur moi. Je me rappelle avoir aperçu des toilettes du côté de l'entrée. Alors, si je pouvais juste arriver à marcher sans me viander… J'essaie. Maintenant que Jack n'est plus avec moi, j'ai presque les jambes stables. J'arrive à l'intérieur et je joue des coudes jusqu'aux toilettes. C'est fermé à clef. Non !

Je marmonne dans ma barbe : « Ne pas dégobiller. Ne pas tomber dans les pommes. » Les secondes s'égrènent, interminables. Jack est sûrement revenu avec mon verre d'eau. Je devrais courir lui dire que je dois rentrer chez moi, que je suis malade, voilà, ça ne serait pas difficile de le convaincre. Mon ventre se tord. Non, interdiction de prendre la fuite.

Enfin, la porte s'ouvre pour laisser passer Jessica et Caleb. Je passe en vitesse à côté d'eux, je claque la porte et je halète en me retenant au lavabo.

Les gestes saccadés, je m'essuie le front avec un mouchoir humide... puis je fais l'erreur de regarder dans le miroir. Mes yeux cerclés de rouge ont une expression douloureuse et ma bouche s'ouvre et se referme comme celle d'un poisson. Je pose une main sous mon menton pour arrêter le mouvement de ma mâchoire, mais elle résiste. Je me contracte pour essayer de garder la bouche fermée, pour éviter d'inspirer encore de ça, de cette folie. J'ai les yeux exorbités sous l'effet de la tension. Ma tête se met à tourner. Vais-je craquer sous le coup de mon tourment intérieur qui grandit jour après jour ? Mon existence est une lutte incessante contre le monde. Et maintenant, me voilà à une fête, oui, une fête, avec beaucoup trop d'alcool dans mes veines.

Je lâche ma mâchoire et m'agrippe au lavabo. Là, les larmes, le mucus et tout ce que je retenais décident d'exploser. C'est aussi à ce moment qu'on frappe à la porte.

— Deux secondes, parviens-je à articuler.

Au bout de cinq minutes de sanglots incontrôlables, j'essaie de me rendre présentable. Quand les coups à la porte deviennent trop insistants, je m'asperge le visage et je sors d'un pas titubant.

Une fille que j'avais dans mon cours de sport en première année me pousse.

— Pauvre conne.

Son hostilité manque de me faire pleurer encore une fois. Je retiens mes larmes et repars vers le patio.

Mais Jack n'y est pas. Dans le jardin non plus. Je pivote lentement pour scruter les alentours sombres. Soudain, une violente averse nous tombe dessus et renvoie tout le monde dans la maison au pas de course. Je suis le troupeau. À l'intérieur, je cherche dans la salle de séjour blindée de monde, mais Jack n'est pas là non plus. Je me couvre les oreilles : les basses de la techno résonnent tellement que les murs en vibrent. Ce n'est qu'en arrivant à la cuisine, là où il y a le plus de gens, que je le repère dans le coin. Il rit comme s'il n'avait jamais rien entendu d'aussi drôle. À côté de lui, Alexandra, notre rédactrice en chef, rigole aussi. Son visage digne de figurer dans un magazine rayonne et leur tête-à-tête fait monter la température de la pièce.

Mon cœur se brise en un millier de petits morceaux. Bien sûr qu'il est avec Alexandra. Pourquoi mon cerveau, si performant en cours, a-t-il mis si longtemps à percuter ? Elle et Jack sont parfaits l'un pour l'autre. Tous les deux aiment beaucoup l'écriture, sont naturellement très beaux et, même si ça me coûte de le reconnaître, super gentils. Je suis jalouse de l'assurance d'Alexandra, d'accord, mais elle n'a rien d'une méchante fille. Et du coup, je me sens encore plus mal.

En ce moment, le bruit et les mouvements tournoient autour de moi comme si j'étais au centre d'un tourbillon, aspirée par un trou noir.

Ma respiration s'accélère et je me sens vraiment malade. Ne pas fuir, ne pas fuir, ne pas fuir. Je ne suis pas obligée de briller, mais je ne dois pas me défiler. Voilà la promesse à moi-même que je dois tenir.

Le fantôme de mon craquage de tout à l'heure essaie de s'imposer de nouveau, l'appétit aiguisé par cet avant-goût de pleurnicheries et de grincements de dents. Tremblante, je retourne au salon, où je trouve Evie sur le canapé, en grande conversation avec Rafe. Enfin, elle fait les questions et les réponses pendant qu'il lui mate la poitrine avec une attention soutenue.

Mes jambes, mues par une volonté propre, me dirigent vers elle. Je devrais m'arrêter. Elle semble tout heureuse. Mais il faut choisir entre céder à mes jambes ou à mon besoin insistant de hurler. Quelques minutes en compagnie d'Evie pourraient peut-être me calmer.

Je me glisse à côté d'elle et me déteste quand elle se force à sourire à sa pitoyable copine. Tout son corps, tout son esprit sont tournés vers Rafe, et je suis un obstacle. Je devrais rejoindre l'équipe de natation ou bien retourner aux toilettes ou à la cuisine. Non, pas la cuisine. Mais pas ici non plus, où je vais casser le coup d'Evie. Mais mon cerveau et mon corps me donnent l'impression de perdre le contrôle à tout moment.

— Miel Pops, dis-je avant d'avoir pu réfléchir.

Ces deux petits mots déclenchent une vague de culpabilité et de détestation. Je voudrais vraiment me rétracter, mais je suis incapable de rester dans cette maison une seconde de plus sans imploser. Ou exploser, selon ce qui fait le plus de dégâts.

Evie se rembrunit, et j'ai l'impression que je viens de renverser une poussette.

— Tu es sûre ? hésite-t-elle.

Oh, comment je peux lui faire ça ? Ce n'est pas parce que je suis au bord de la falaise que je dois l'entraîner dans ma chute. À peine capable de croiser son regard, je marmonne :

— Si tu me donnes tes clefs, j'attendrai dans la voiture jusqu'à ce que tu sois prête. Y a pas le feu, vraiment.

Elle hoche la tête et me tend ses clefs. Je me précipite dehors, sous la pluie. Pourquoi n'ai-je pas pris de blouson ? Parce que je suis un cas désespéré. La tête comme une pastèque, je trottine, puis cours carrément dans la rue, les bras autour de moi. Je me prends une rincée, mais ça n'a plus d'importance.

Un sanglot monte dans ma poitrine et je gémis dans la nuit. On y est. Je me suis permis de prendre la fuite. Enfin. Il y a une certaine liberté à renoncer à cette dernière résistance contre mon problème. Et pourtant, le désespoir est présent aussi.

Je continue de courir, sans m'arrêter à la voiture d'Evie, jusqu'à la rue suivante, vaguement en direction de chez moi. La pluie trempe mes vêtements et dégouline sur mon crâne pour se mêler à mes larmes ; quand je n'en peux plus de courir, je marche d'un pas vif, recroquevillée sur moi-même, hors d'haleine. Je ne saurais pas dire depuis combien de temps je pleure quand une voiture ralentit à côté de moi. Je pense d'abord que cette soirée atroce va se terminer en beauté, sur mon enlèvement par un serial killer.

En fait, c'est Evie qui se penche à la fenêtre et hurle :

— Aislyn ! Mais tu es folle ?

Je m'arrête, sans voix. Jamais, au grand jamais elle n'a suggéré que j'étais folle. Et là, elle vient de le faire en présence de Rafe, qui est au volant et regarde face à lui.

— Je t'ai dit que t'étais pas obligée de partir, je réponds en m'essuyant le front.

— Je n'allais pas laisser ma meilleure amie se morfondre dans ma voiture. Mais quand je suis arrivée, tu n'étais pas là. Allez, monte, on te ramène.

Que faire d'autre ? J'obéis et je tends à Evie son double de clefs.

— Désolée.

— On peut toujours y retourner après. Pas de souci.

J'ai un spasme dans la seconde qu'il me faut pour comprendre qu'elle parle de Rafe et non de moi avec ce « on ». Je suis soulagée de ne pas devoir y retourner, mais son soudain changement de camp me fait mal. Heureusement, elle ne me demande pas de détails. Il lui reste au moins cette loyauté.

Une fois chez moi, elle m'assure que tout ira bien, de la façon dont on s'adresserait à un malade en phase terminale. Je me traîne sur la terrasse. Tout à l'heure, j'étais un peu ronde, maintenant, je suis vidée. Je me passe la main dans les cheveux et me tamponne le visage avec mon tee-shirt. J'ouvre la porte en douceur.

Ma mère est endormie sur le canapé, ses cheveux blonds un peu plus foncés que les miens rabattus sur sa joue, l'ordinateur encore sur les genoux. J'étouffe un grognement en constatant qu'elle regardait des annonces pour des temps partiels. Pour compléter ce que je n'ai pas réussi à obtenir avec le prix, évidemment. Elle ne peut pas inventer des heures dans la journée pour travailler encore plus. Papa aurait-il pris le risque de cette sortie en plongée libre s'il avait su dans quelle situation impossible il la laisserait ?

Je frissonne et recouvre délicatement d'un plaid les épaules osseuses de maman. Il va falloir que je me débrouille pour financer mes études. Mais la conscience d'avoir succombé au désir de m'enfuir ce soir me fait douter de ma capacité à accomplir quoi que ce soit désormais.

En haut, la toux de Sammy a des tonalités rauques différentes de la normale. Comme des ornithologues qui apprennent à identifier chaque nuance de plumage, ma mère et moi guettons toujours le moindre signe d'infection pulmonaire. Il faudra prendre sa température demain matin. Pour l'instant, c'est mieux qu'il engrange autant de sommeil que possible. Moi aussi, d'ailleurs.

Arrivée sous la couette, je me sens en sécurité dans le calme de ma chambre, comme si j'avais échappé à un ouragan. Mais également isolée, comme si j'étais en train de manquer quelque chose.

Je m'endors avec une grande amertume. Maintenant que je me suis autorisée à m'échapper une fois, qu'est-ce qui va m'empêcher de fuir à la moindre occasion ? Un mauvais pressentiment me souffle que ma phobie sociale s'aggrave à vitesse grand V, pour bientôt franchir un point de non-retour.

Un géant pharmaceutique cherche à faire interdire un nouveau médicament

Article de Harrison Makitani, *Pharma Today*.

VidaLexor, l'un des plus gros groupes de recherche pharmaceutique, cherche à faire interdire un brevet que souhaite déposer Nova Genetics concernant une nouvelle thérapie génique pour traiter la dystrophie musculaire. Le docteur Geoff Gordon, propriétaire et directeur général de Nova Genetics, proteste : « C'est une tragédie. Ceux qui s'opposent à nos traitements de pointe sont motivés par le profit et non par le bien-être des patients. Aujourd'hui, un changement de modèle important a lieu dans le domaine de la médecine : pourquoi soumettre nos patients à une vie sous médicaments, alors qu'une seule intervention suffirait ? L'heure de la thérapie génique est venue. »

Linda Galleon, PDG de VidaLexor, réplique : « Les personnes qui ont vraiment à cœur la sécurité de leurs patients exigeront des tests extrêmement approfondis concernant des traitements qui pourraient s'avérer plus mortels que les maladies qu'ils cherchent à soigner. »

4.

Samedi matin, je suis réveillée par les vibrations de mon téléphone :

Partie faire de la voile. On reparle dès que je rentre! me dit Evie.

Elle souhaite sans doute ressasser ce qui s'est passé hier soir et trouver une manière « d'arranger » les choses. De m'arranger moi, si c'était possible. Franchement inutile de reprendre tout ça dans les détails les plus douloureux tout de suite. Elle va naviguer en famille toute la journée. La tête lourde, je me dirige vers la chambre de Sammy, où maman procède aux tapes dans le dos matinales.

Je m'affaisse dans une chaise avant de signaler :

— Hier soir, sa toux était plus forte.

Sammy répond, la voix vibrante sous les coups :

— Ma température est normale, donc on est tout bon pour aujourd'hui, à moins que tu trouves un prétexte pour y échapper.

Je secoue la tête.

— Du calme, Sammy. Tu sais que je veux qu'on y aille.

Et c'est vrai. À peu près. Comme les patients atteints de mucoviscidose doivent éviter les contacts entre eux pour ne pas risquer les infections croisées, Sammy ne participe à la fête des familles de Nova Genetics qu'une ou deux fois l'an. Et encore, les enfants dans son cas sont répartis dans des groupes différents.

C'est maman qui a le dernier mot. Après avoir repris la température de Sammy trois fois et l'avoir surveillé de près pendant le petit déjeuner, elle le décrète apte à sortir et il est tout soulagé.

Sur le trajet, il entonne une vieille chanson grunge avec maman et me fait signe :

— Allez, chante avec nous !

Il a l'air déçu avant même que je secoue la tête. Je ne me joins jamais à eux, ce qui les pousse généralement à hurler d'autant plus fort et me faire sentir exclue.

Nous nous garons devant Nova Genetics, où, heureusement, les manifestants sont sur le côté, surveillés par des agents de sécurité supplémentaires engagés pour la journée. Une fois que nous sommes à pied, un gardien vérifie nos pièces d'identité et nous laisse entrer dans le campus impeccable. Des vols de mouettes passent au-dessus de nous et des dizaines de points de vue permettent d'admirer l'eau. L'ambiance devrait être sereine, mais elle me paraît trop calme, comme si on se retrouvait à l'école en dehors des heures ouvrables.

Nous avons à peine pénétré les lieux que Bailey, la bonne copine de Sammy, s'avance vers nous en boitant, entourée de sa famille. Elle est atteinte de dystrophie musculaire et même si les effusions ne sont pas encouragées ici, elle serre Sammy dans ses bras maigrelets.

J'inspire un bon coup pour me préparer à la journée à venir, laquelle comprendra sûrement des réunions où il nous faudra partager notre ressenti, qui me laisseront plus épuisée que des heures à pousser des rochers. À moins que je ne prenne la fuite. Après tout, c'est ma technique, désormais.

La sœur de Bailey, une fille pulpeuse aux longs cheveux châtains appelée Chloé, qui a un an de plus que moi et m'a été assignée comme « binôme de soutien » par Nova il y a longtemps, me salue tout en s'appliquant du gloss. Je la trouve plus rayonnante que d'habitude, ce qui rend ses lèvres charnues et brillantes un peu *too much.* Elle a dû tomber amoureuse du mec parfait 3.0.

Sally Sims, la coordinatrice petite et dynamique, nous accueille avec un rire, puis donne un coup de coude à Chloé.

— C'est gentil de ta part d'avoir apporté les papiers pour Bailey, l'autre jour.

Chloé hausse les épaules.

— C'est pas un gros effort. Il se passe toujours quelque chose de sympa par ici.

S'adressant à elle et moi, Sally enchaîne :

— Je vous présente le dernier membre de notre groupe des frères et sœurs, Shane.

Elle désigne un grand brun aux cheveux ondulés qui lui arrivent au menton, en train de bâiller à côté d'une fille d'environ mon âge, au grand sourire et au physique d'elfe. Syndrome de Williams, je parie.

Sally étreint Chloé avant de nous annoncer :

— Vous allez chercher des palourdes avec Joe Firelli.

— Pourquoi ce n'est pas Steffie qui vient avec nous ? se plaint Chloé.

Steffie Wong est la soigneuse des animaux des laboratoires de Nova, et elle est donc considérée comme la membre de l'équipe idéale pour rester avec les jeunes.

Sally pousse un soupir.

— Elle est malade. Mais ça devrait être une belle journée.

Disons qu'au moins, ça devrait être largement plus chouette que de se rassembler en cercle dans l'une des salles de conférences pour raconter les défis qui se posent à notre famille.

Je m'avance à côté de Chloé et d'une fille appelée Rosa, qui a d'immenses yeux bruns et d'épais cheveux brillants, et se montre aussi timide que moi lors des réunions. Ou c'est peut-être parce que l'anglais n'est pas sa langue maternelle. On se sourit, ce qui représentera en gros notre interaction du jour.

Après la distribution de bouteilles d'eau – sans bisphénol A – par Sally, nous sommes une vingtaine d'ados à marcher vers une plage voisine du domaine de Nova Genetics. Pendant que nous transportons nos seaux remplis de matériel pour traquer les palourdes, Joe Firelli, qui est habituellement psy, nous inflige un petit topo sur les panopes du Pacifique, les palourdes que nous allons ramasser ; ça ressemblerait bien à quelque chose qu'il a mémorisé de Wikipédia. N'importe quel habitant de Puget Sound, dans l'État de Washington, serait capable d'identifier les panopes du Pacifique comme des palourdes. Grâce à mes cours avancés de SVT, je pourrais même retranscrire leur arbre généalogique en remontant plusieurs embranchements.

Les frères et sœurs se répartissent en plusieurs groupes pour aller repérer le siphon en forme de tube caractéristique des palourdes, comme des symboles « infini » un peu rugueux. J'ai peur que Chloé parte avec les garçons, mais elle reste avec moi, ce qui est un soulagement. On se fréquente suffisamment depuis toutes ces années pour que je réussisse à être moi-même avec elle.

— Par ici !

J'enfonce un gros tube en plastique dans le sable avant de fouiller à l'intérieur avec ma pelle. Chloé rejette ses boucles brunes en arrière.

— Prends ton temps. Elle ne pourra pas s'échapper, la pauvre. Autant qu'elle profite de ses dernières minutes.

Je pousse un soupir.

— Je croyais que tu n'étais plus vegan ?

Chloé se passionne pour des causes comme d'autres filles collectionnent les paires de chaussures.

— N'empêche, je respecte toujours l'existence de la palourde.

Je repose ma pelle.

— Tu préfères qu'on aille patauger ?

— Pff, non, répond-elle avec un petit reniflement. C'est le cycle de la vie, tout ça…

On se relaie pour creuser et on bavarde. Même si on reste en contact en ligne, on récapitule quand même notre vie depuis la dernière journée des familles. Chloé s'est dotée d'un nouveau copain sportif appelé Jesse, ce qui explique son attitude. Moi, j'ai obtenu 2200/2400 à mes examens d'entrée aux universités. Rien de neuf, et pourtant… après le fiasco d'hier soir, ma vie a encore sombré, peut-être au niveau qui m'empêchera de remonter.

Je remplace ma pelle par une truelle et dévoile lentement une partie beige de la palourde qui ressemble à une trompe d'éléphant.

Chloé essuie son front bronzé.

— On dirait un gode.

Je ramasse du sable.

— Si tu le dis… J'avoue que mes connaissances en anatomie masculine sont plus théoriques qu'autre chose, mais ce truc mesure plus de trente centimètres.

Elle sourit, comme si elle détenait un secret.

Mon téléphone se manifeste dans ma poche et je regarde mes mains couvertes de sable.

— Bah, tu peux survivre sans ta dernière notif Facebook, fait Chloé.

Elle affiche une expression hautaine, comme si, maintenant qu'elle avait fini le lycée, elle était dix mille fois plus sophistiquée que moi – bon, il faut reconnaître que ce n'est pas difficile.

Je pique dans le sable caillouteux.

— Mouais, si on entend la sonnerie de M. Quarterback, je parie que tu trouveras un moyen de répondre.

— Il joue ailier, et je lui ai demandé de ne pas me rappeler avant ce soir.

— C'est pour ça que tu n'arrêtes pas de mater le nouveau, Shane ?

Elle éclate de rire.

— Il est carrément sexy, mais je suis pas du genre à tromper mon copain. Est-ce que par hasard, il ferait beaucoup d'effet à la petite Aislyn ?

— En fait, je suis intéressée par quelqu'un d'autre.

Là, le souvenir d'hier soir me revient et je soupire.

Je surprends le regard de Shane, qui n'est pas loin du tout. Nous a-t-il entendues ? Je me mets à pelleter plus vite et Chloé m'assène une tape sur le bras.

— Attention à ce que tu fais !

Je viens de heurter la coquille de la palourde. Je me penche pour creuser à la main pendant que Chloé fronce le nez avec dégoût, comme si j'étais en train de maltraiter des bébés phoques.

Dès que notre proie est recueillie, je m'essuie les mains pour sortir mon téléphone. C'est un texto d'Evie :

Impossible d'attendre pour te raconter : embrassé Rafe hier soir ! On a plein de trucs à se dire !

Je suis contente pour elle, mais, même si c'est dur de le reconnaître, un peu tristounette. Toujours cette sensation d'être à part. Je bois un peu d'eau et frissonne d'horreur en repassant la fête d'hier dans ma tête.

Quelques minutes plus tard, je suis prête à reprendre la chasse, mais quelques garçons du groupe se sont mis à graviter autour de Chloé. C'est habituel qu'elle attire des mecs, mais aujourd'hui, elle a gravi un échelon. Il doit y avoir quelque chose chez une fille déjà en couple qui envoie de sacrées phéromones. Evie va pouvoir en profiter.

Ce n'est pas grave, je peux chercher seule. Après tout, c'est ce que je réussis le mieux : rester toute seule avec mon absence de phéromones.

J'avise un endroit où il me semble capter du mouvement dans le sable, mais le temps que j'y arrive, le sol est simplement bosselé.

— En voilà une, signale une voix derrière moi.

Je me retourne vers Shane, qui se dresse dans toute sa beauté sombre. Il désigne un endroit à un mètre et quelque sur ma gauche. Avoir un garçon mignon à proximité, ou n'importe quel garçon, d'ailleurs, enclenche systématiquement un processus de trahison de mon organisme. Merde. Il croira peut-être que j'ai attrapé un coup de soleil.

— C'est toi qui l'as trouvée, elle est pour toi, dis-je en m'étranglant à moitié.

— Je suis déjà arrivé à ma limite de viande fraîche.

Il sourit, attendant ma réponse.

— Ah, euh, merci.

J'appelle Chloé, qui m'ignore. Elle compte vraiment me laisser seule avec un mec que je ne connais pas ? Une douleur familière se réveille dans mon ventre.

— Je vais t'aider, propose Shane en allant récupérer le tube laissé par Chloé.

Si seulement il pouvait rester là-bas… Je respire le plus profondément possible et fais ce que je peux pour calmer la panique.

Il revient vers moi en demandant :

— Tu veux creuser la première ? T'as l'air d'avoir envie d'attaquer quelque chose.

Je le regarde, à la recherche de signes qu'il se moque de moi. Chloé l'aurait-elle acheté pour qu'il me tienne compagnie ? Pas moyen que je cherche des palourdes avec lui alors que sa comparaison avec un vibromasseur me trotte encore dans la tête. Je me racle la gorge.

— En fait, euh, je vais me rafraîchir un petit peu, mais merci.

Sans attendre qu'il réponde ni me donner le temps de réfléchir à si ma décision entre dans la catégorie « fuite », je retire mes sandales et cours sur les cailloux jusqu'à l'eau. Aïe, aïe, aïe… enfin, j'arrive à destination. Ouf. On respire. On se calme. Ce n'est pas Jack. Ni quelqu'un que je reverrai souvent. Peut-être jamais, avec un peu de chance. À part que je ne devrais pas compter sur la chance.

La marée remonte et le contact de l'eau sur mes pieds les apaise, assez froide pour les anesthésier. J'aimerais bien éliminer toute autre sensation dans mon corps… J'aperçois un aigle qui s'élève avant de disparaître entre les arbres. Je me trempe jusqu'aux genoux et ferme les yeux. Les vaguelettes clapotent autour de mes jambes sans un bruit et mon ventre commence à se remettre. Je pourrais presque oublier…

— Tu viens de me mettre un sacré vent, t'as travaillé ça à l'entraînement ?

Je sursaute : Shane m'a suivie. Quand je retrouve mon souffle, je réponds :

— Écoute, je suis désolée, c'est que je ne me sens pas super bien.

— Ah, donc l'excuse B, c'est que t'as tes règles ?

Mais pourquoi il me harcèle ? Je cille sans trop savoir quoi dire, les larmes perlant à mes yeux, ce qu'il interprétera sûrement comme un autre prétexte ou des histoires.

En fait, il part sur autre chose.

— D'après Chloé, tout juste si tu ne vis pas ici. Quel ennui.

Je déglutis.

— C'est pour mon frère.

Il passe une main dans ses cheveux épais.

— Ma sœur, je pense qu'elle s'en fiche. Mais ma mère a dit qu'elle voulait bien raquer une semaine d'essence pour ma voiture si je venais aujourd'hui.

— Donc, c'est du gagnant-gagnant, conclus-je en m'entourant de mes bras.

— Tu trouves ? On gagne, même à chercher des palourdes bizarroïdes ?

Je trempe les mains dans l'eau et un bout d'algue me passe entre les doigts.

— Creuser, ce n'est pas si mal, juste un peu sablonneux.

Il se lèche les lèvres.

— J'aime bien les filles qui n'ont pas peur de s'en mettre partout.

Je lui jette un regard méfiant. C'était un genre d'allusion sexuelle ? Je devrais le planter là. Ce n'est pas très poli, mais, en même temps, il vient de suivre quelqu'un qui était clairement mal à l'aise en sa présence.

Je dis juste :

— Oui, ben…

Mes pensées s'arrêtent là. Argh. Je suis vraiment pas douée à ce jeu, si c'est bien un jeu. Shane esquisse un geste vers la plage.

— Donc, tu veux revenir creuser, avant qu'ils nous traînent à l'intérieur ?

Je regarde autour de nous. Chloé et ses admirateurs ont disparu.

— Pas trop.

Il ne peut pas me laisser, seule à ma misère dysfonctionnelle ? Il m'examine d'une façon qui me semble hostile.

— Tu sais, les filles qui pensent qu'il faut faire plus d'efforts pour elles n'en valent généralement pas la peine.

Sans attendre ma réponse – de toute façon, je n'en ai pas –, il part en shootant dans le sable.

Mais quel con ! Comment ose-t-il faire des suppositions à mon sujet ? Je me retourne côté crique et je me trempe jusqu'aux cuisses. Mais même l'eau ne peut pas apaiser ma gorge nouée ou mon cœur qui tambourine.

Quand Joe Firelli nous rassemble enfin, j'ai les jambes engourdies par le froid. Je traverse la plage en boitant à moitié. Chloé surgit de nulle part, toute rouge et souriante, avec trois mecs dans son sillage. Shane me lance des regards noirs et chuchote quelque chose à son voisin.

Joe passe examiner nos prises dans les seaux et applaudit.

— Beau travail ! Apportons tout ça à la cafétéria pour que les cuisiniers nous les préparent.

Ils devraient le laisser sortir de son bureau plus souvent.

Nous retournons vers Nova Genetics, où Joe nous fait déposer les palourdes et laver les mains.

— Après le repas, nous nous retrouverons dans la salle de conférences pour une séance rapide.

J'ai comme un poids sur la poitrine. Ces séances où chacun est censé participer me tuent. Quelqu'un remarquerait-il si je me cachais derrière la banquette délavée et faisais une sieste jusqu'à ce que cette super journée soit finie ? Chloé se glisse à côté de moi, tout en fossettes.

— Vous étiez mignons, tous les deux.

— Tu as vraiment besoin de travailler tes capacités d'observation. Pourquoi t'as fait exprès de me laisser avec lui ?

— Ah, mais je n'ai rien fait, répond-elle, surprise. Il voulait juste te parler. Y a pas mort d'homme.

Je détourne le regard. Depuis le temps, elle devrait savoir que pour moi, c'est compliqué. Même si ça ne devrait pas. Elle me tapote le bras.

— Je vais me rattraper, d'accord ? Pendant la réunion débile tout à l'heure, je blablaterai tellement que tu n'auras pas le temps de passer sur le gril. On sera quittes, OK ?

— Sans doute.

Je ne lui demande pas pourquoi elle pense avoir besoin de se rattraper si elle n'a pas lancé Shane sur moi.

En retournant vers le bâtiment principal, je remarque que le docteur Sternfield bavarde avec Rosa, qui hoche la tête et se mord la lèvre. Lui parle-t-elle aussi de ses nouvelles recherches ? Je suis jalouse.

Je me dirige vers elles, mais Sammy me fait me détourner. Il est en train de rire, imité par le docteur Gordon – père de Mme Sternfield et président de Nova Genetics. Il mesure quasiment le double de Sammy, est doté d'épaules qui pourraient probablement exploser du béton, mais avec ses cheveux d'une couleur indéfinissable et ses lunettes rondes teintées, il ressemble plutôt à un koala géant.

Il nous salue par notre prénom, avec chaleur, puis demande :

— Comment s'est passée la chasse ?

— C'était génial, ment Chloé. Sauf pour les palourdes, mais elles sont sûrement au paradis des panopes du Pacifique.

Il rit et ajoute, parlant de sa fille ;

— Charlie adorait récolter ses palourdes. Elle a participé ?

J'ai beaucoup de mal à imaginer le docteur Sternfield patouiller dans le sable, vêtue de son tailleur impeccable.

— Pas aujourd'hui, non.

— Ma fille, toujours accro au travail, conclut-il avec fierté.

Sammy est pris d'une quinte de toux dont nous attendons patiemment la fin... qui ne vient pas. Je lui donne des tapes dans le dos, que je trouve chaud à travers son tee-shirt. Il a le visage moite de tant d'efforts et tire un mouchoir de sa poche.

— On va s'asseoir, tu veux ? lui dis-je. On dirait que tu as de la température.

— Je vais bien, s'étrangle-t-il.

Maman nous a déjà repérés de loin et se précipite vers nous. Je soupire, car Sammy déteste qu'on fasse tout un plat de ses problèmes. En quelques minutes, maman et le docteur Gordon l'emmènent consulter un des médecins de Nova. Je vois bien son expression pitoyable pendant qu'on l'entraîne, toujours en train de tousser.

Je voudrais tant endurer une partie de sa douleur à sa place…

Avant que l'humeur de tout le monde sombre dans l'abattement, Sally Sims fend la foule en sautillant dans ses ballerines toutes mignonnes et déclare :

— C'est l'heure du repas miamesque !

J'ai assisté à suffisamment de réceptions ici pour deviner que le buffet comprendra des pinces de crabe et du risotto à la truffe. Avec un peu de chance, Sammy sera bientôt remis. Je cherche Chloé, mais elle est plongée dans une conversation avec Shane, sans doute pour lui expliquer que je suis une inadaptée sociale et qu'il ne doit pas le prendre personnellement. Super, je vais devoir manger seule. De toute façon, je n'ai pas beaucoup d'appétit. Tête basse, je suis le mouvement.

Près de la porte, je suis submergée par un parfum au jasmin. Je me tourne vers le docteur Sternfield, tout de blanc vêtue, de son bandeau en soie dans les cheveux jusqu'à ses escarpins vernis. À ce moment, un rayon de soleil passe par la grande fenêtre au-dessus et l'illumine comme une bonne fée des temps modernes.

Et des souhaits, je n'en manque pas.

Dopage génétique : fin des sports de compétition ou début d'un match d'un genre nouveau ?

De Lance Starkman, *Sports & Loisirs*

Le rapide gain en masse musculaire de Will Williams, étudiant en quatrième année et deuxième ligne pour l'équipe de football des Warriors, provoque une hostilité déclarée chez les équipes adverses. Williams répète que s'il a pris vingt-deux kilos en un an, c'est grâce à un entraînement intense en haltérophilie, un régime super protéiné et « une poussée de croissance comme au bon vieux temps ». D'autres pointent du doigt la nouvelle science du dopage génétique, où un ADN altéré est injecté dans le corps de l'athlète pour accroître ses performances en élevant son seuil de tolérance à la douleur, son endurance et sa croissance musculaire.

Le Conseil international du sport est en train de créer un test sanguin de détection des gènes altérés. D'après une déclaration du docteur Sampson Vogler, « dans un ADN introduit de manière artificielle, il manque certaines séquences qu'on trouve dans l'ADN naturel. Nous savons quoi chercher et où le chercher. Ce test devrait être inclus à notre batterie habituelle avant la fin de l'année ».

Jusqu'ici, la science est sans doute capable de rattraper les tricheurs. Seulement, certains estiment que ce n'est qu'une question de temps avant que ceux qui cherchent à contourner le test développent un ADN transgénique qui ne sera pas porteur des signes de manipulation. Comme la fausse monnaie parfaite, les faussaires indétectables sont destinés à faire fortune.

5.

Contrairement aux autres employés, qui ont troqué leur tenue de travail contre un jean et un polo pour la journée, le docteur Sternfield porte une robe en lin sous sa blouse de laboratoire. Cependant, pour la première fois dans mon souvenir, ses cheveux auburn sont lâchés.

— Bonjour, Aislyn. Tu as faim ou pas ?

— Pas trop, en fait.

— Une petite visite à nos amis aux longs bras, ça te dirait ?

Comme si je pouvais refuser d'aller jouer avec les chimpanzés.

— Oh, oui.

Elle ouvre la marche dans un couloir calme.

— C'est un soulagement d'échapper à la paperasse pendant une journée.

Je devrais faire la conversation avant d'en venir au fait, bien sûr, mais je ne peux m'empêcher de demander tout à trac :

— Alors, est-ce que Sammy est un… candidat valable ?

Avec un clin d'œil, elle répond :

— Je ne peux pas te fournir de détails pour l'instant, mais je dispose d'une bonne marge de manœuvre.

— Merci pour tout ce que vous pourrez faire. Ce serait tellement précieux pour nous.

Je pensais qu'on allait dehors, aux cages géodésiques, où les chimpanzés jouent habituellement, mais le docteur Sternfield va attendre devant un ascenseur sans signalisation, qui exige l'insertion d'une clef. Nous descendons de deux étages. Là, la climatisation est à fond. Nous empruntons une galerie tortueuse pour entrer dans une partie du bâtiment où je n'ai jamais mis les pieds. Devant une lourde porte, elle expose son œil à un scanner rétinien et tape un code. À ma connaissance, aucun autre laboratoire ici n'a autant de sécurité.

La salle est équipée d'un éclairage à spectre complet, mais ça ne m'empêche pas de frissonner de me sentir enfermée. Il fait beaucoup plus froid que dans le couloir et ça sent l'alcool à brûler.

Nous passons à côté des cages, jusqu'à celle qui affiche : « Ruby ». C'est ma préférée et Steffie me laissait la nourrir quand elle était bébé. Elle devrait être habituée aux humains, mais en fait, elle se cache toujours dès qu'on parle trop fort. Je la comprends.

Pourtant, aujourd'hui, elle vient à notre rencontre et tend sa main noueuse, comme si elle voulait serrer la nôtre. C'est une première. Le docteur Sternfield rit et tapote ses longs doigts. Je jurerais que Ruby sourit avant d'effectuer une petite révérence.

Le docteur Sternfield se penche vers moi pour me chuchoter, alors que personne d'autre n'est là :

— Charisma.

— Ah oui, elle en a du charisme ! Mais comment vous l'avez dressée ?

Elle caresse la tête de Ruby.

— Dressée ? Je crois que tu ne comprends pas. Je lui ai donné le traitement dont je t'ai parlé, pour la sociabilité. Charisma, ou CZ88, son nom officiel.

Je titube sous le choc.

— Comment ? Vous avez déjà un traitement de prêt ? Je pensais que vous faisiez seulement une étude.

Une lueur dans le regard, elle répond :

— C'est que je dois faire attention à quelles informations je révèle à quelles personnes. Mais j'ai un très bon pressentiment sur la confiance que je peux t'accorder, Aislyn. Je travaille là-dessus depuis mon internat en médecine. Les chimpanzés représentent mon deuxième test sur des mammifères. Le premier groupe a donné les rats les plus charmants qu'on puisse rencontrer.

Mon cœur cogne fort dans ma poitrine. Je laisse Ruby me prendre la main entre les barreaux.

— Ça alors. Ça alors. Elle est avenante, c'est incroyable. Sur combien de chimpanzés avez-vous testé Charisma ?

— Cinq. C'est une vraie fête des primates ici, parfois.

— Steffie doit adorer.

Les yeux du docteur Sternfield brillent un instant, puis elle sourit.

— Oh oui, elle s'amuse bien.

J'observe Ruby, qui paraît danser.

— Elle a l'air vraiment heureuse. Vous pouvez quantifier son bonheur ?

Elle pince les lèvres.

— C'est un élément subjectif à évaluer chez les humains, alors encore plus chez les animaux. Mais nous sommes en mesure de tester son stress. Les niveaux de norépinéphrine, de cortisol et d'adrénaline ont décliné de façon significative chez Ruby.

Inutile de procéder à une analyse sanguine pour montrer que mes hormones du stress dépassaient largement les courbes à la soirée, malgré la bière. Quel est mon niveau de bonheur habituel ? Quand je chatte en ligne avec Jack, il remonte, mais en ce moment ? Bas, vraiment ras des pâquerettes.

— Même si les chimpanzés sont très heureux, poursuit le docteur Sternfield, de là à passer des tests sur les animaux à des essais cliniques sur des sujets humains, il y a un gouffre. Tu sais comment on appelle ça en recherche et développement ? La Vallée de la Mort. Là où des projets parfaitement viables rencontrent une fin prématurée.

Elle avait déjà utilisé ce terme auparavant, mais il ne m'avait jamais causé une telle déception.

— Vous ne pouvez pas laisser mourir ce projet. Il pourrait être tellement génial.

— Je sais bien, fait-elle avec un sourire entendu. Mais « génial » ne suffira pas à le faire approuver par des circuits officiels dans un avenir proche. Mon père tient absolument à ce que Nova ne cible que des maladies, et plus mortelles elles sont, mieux c'est.

— Parfois, je me dis que ce que je ressens, c'est pire qu'une maladie, glissé-je à voix basse.

— Je comprends, Aislyn, soupire-t-elle. Mais d'ici à ce que le monde soit prêt à l'amélioration génétique, je me déplacerai probablement en déambulateur.

Mon souffle se bloque dans ma gorge.

— Alors vous n'allez pas le tester sur des humains prochainement ?

De nouvelles larmes se forment sous mes paupières, et pourtant, je devrais avoir épuisé mon quota hier soir.

Le visage dur, elle tape de son escarpin sur les carreaux blancs du sol.

— C'est d'un ridicule ! Tu imagines combien de personnes handicapées par leur phobie sociale je pourrais aider ?

— Ça changerait la vie.

Elle m'évalue du regard.

— J'ai regardé tes réponses au questionnaire pour l'étude de ta dynamique familiale. Ton envie de parler en public, d'être entendue, mais le fait que ça te terrifie. Lorsque je suis entrée à l'université à quatorze ans, j'étais la plus petite de la salle, avec la plus petite voix, et j'étais incapable de lever la main alors que je connaissais toutes les réponses.

Ne pas lever la main, je connais. Garder ce qu'on a dans la tête enfermé, je connais aussi.

— C'est difficile de croire que la thérapie génique pourrait rendre quelqu'un plus courageux.

Elle pince les lèvres.

— Ma foi, la personnalité est quelque chose d'extrêmement complexe. Le CZ88, Charisma, cible de multiples gènes qui travaillent en harmonie, des blocs d'ADN qui pourraient être négligés par d'autres chercheurs. Mais la poubelle d'un scientifique est le trésor d'un autre.

Je n'arrive pas à me figurer les gènes comme de petits sacs-poubelle ou coffres au trésor, mais le docteur Sternfield n'hésite jamais à utiliser des comparaisons parlantes. Dans l'une des premières explications qu'elle m'a données du fonctionnement de la thérapie génique, elle m'a dit d'imaginer le vecteur viral comme un paquet envoyé par la poste à des tissus spécifiques du corps. Dans ce paquet, un ADN altéré, capable de prendre la place de gènes défectueux ou de leur ordonner de fonctionner différemment. Le virus pourrait contenir une certaine quantité d'ADN avant de craquer, mais s'il en contenait trop peu, il faudrait en ajouter pour le rembourrer, comme pour des emballages de cacahuètes.

À l'instar de mon mentor, je donne un coup de pied dans le carreau.

— Et si vous réussissiez à faire approuver votre projet, il faudrait combien de temps avant d'avoir quelque chose de prêt à tester sur des êtres humains ?

Elle incline la tête et me regarde longuement.

— C'est déjà prêt, répond-elle enfin.

Ma vision se trouble.

— Vous pourriez le faire aujourd'hui ?

— Aujourd'hui, acquiesce-t-elle avec ce qui ressemble le plus à un sourire chez elle.

Je frissonne.

— Et c'est sans danger ?

Elle se hérisse.

— Je teste des traitements depuis des années, avec des résultats spectaculaires en termes de sûreté.

Après un grand soupir, elle ajoute :

— Mais Charisma a beau être extrêmement sûr, l'Agence des produits alimentaires et médicamenteux empêchera ce traitement d'être testé cliniquement. Voilà pourquoi mes jours chez Nova Genetics sont comptés.

Soudain paniquée, je m'exclame dans un couinement :

— Quoi ?

— Je dois être là où je peux aider le plus de personnes possible, et actuellement, ce n'est pas aux États-Unis.

Non, c'est impossible. Toucher du doigt un rêve, et me le faire arracher avant de mettre la main dessus. Sans réfléchir à ce qui sort de ma bouche, je dis :

— Et si vous faisiez un préessai avant de partir ? Sur quelqu'un qui en a vraiment besoin ?

Elle fronce les sourcils.

— Es-tu en train de me suggérer ce que je pense ?

Je ne sais pas…

— Ce n'est pas grave si tu dis non, reprend-elle. Tout le monde n'est pas prêt à opérer des changements gigantesques dans sa vie.

Elle est vraiment en train de me le proposer. Quel meilleur cobaye que quelqu'un dont la vie est un énorme désastre ?

— Quand faudrait-il que je me décide pour vous donner les papiers ?

Elle secoue la tête.

— Nous ne pouvons pas nous offrir le luxe d'une décision qui traîne. Ni de paperasse non plus. Mais si tu envisages sérieusement d'améliorer ta vie, je pourrais t'aider tout de suite. Vraiment tout de suite.

Je me fige sur place.

— Vous n'avez pas besoin de garder trace de tout pour publier vos résultats ?

Elle caresse de nouveau Ruby.

— Et moi qui croyais que nous étions sur la même longueur d'onde. Merde aux circuits officiels ! Tant pis. La prochaine fois que tu viendras pour une réunion des familles, je serai passée à autre chose.

Les murs autour de moi vibrent, ou alors ce sont juste mes veines. Je me masse les tempes.

— Désolée, il faut juste que je m'habitue à l'idée. Et faire ça en secret pourrait vous attirer beaucoup d'ennuis, non ?

— Seulement si les gens s'en rendent compte. Mais je te fais confiance, Aislyn. Et je veux t'aider, aider les autres, immédiatement. Tout comme je veux aider Sammy à faire partie de l'essai AV719, même s'il a eu plus d'infections et montre moins de capacités pulmonaires que la moyenne des enfants de onze ans atteints de mucoviscidose. Avec les sommes d'argent en jeu, on préfère sélectionner les patients qui ont les meilleures chances que leur état s'améliore, pour arriver au taux de réussite le plus élevé possible.

Ma panique à l'idée de passer à côté d'un traitement miracle redouble quand je pense à Sammy.

— C'est trop injuste. Ils devraient aider ceux qui en ont le plus besoin.

Elle me pose les mains sur les épaules, et c'est bien la première fois qu'elle va plus loin que me serrer la main. Je sens ses ongles à travers mes manches.

— Je suis prête à le soutenir, même si ça signifie qu'on ne s'en tient pas strictement aux règles sur le papier. Est-ce que tu me suis, Aislyn ?

Tout autour de moi me semble flou, hormis ses yeux, qui brillent comme des cristaux.

— Si j'accepte, comment je prendrais le traitement ?

— Une injection, tout simplement. Sans doute une seule dose, mais je ne peux pas le garantir à cent pour cent. Nous ne savons pas à quelle vitesse le vecteur viral se propagera et à quel point ton ADN sera affecté. Évidemment, ce sera à toi de choisir si tu reçois ou non des doses supplémentaires.

À côté de nous, Ruby se balance par terre, paraissant plus satisfaite que je ne l'ai jamais été. Je réfléchis.

— Je peux en parler à ma mère ? Elle ne dirait rien, ses enfants sont plus importants que tous les règlements.

Le docteur Sternfield me relâche.

— Oh là là, avec un QI comme le tien, j'aurais cru… Écoute, on oublie tout ça, d'accord ?

Elle essuie ses paumes l'une contre l'autre comme si elle s'était salie, puis se dirige vers la porte.

Deux secondes. Qu'est-ce qui se passe ? Je suis tétanisée. Sammy et moi pourrions tous les deux changer de vie grâce à Nova, grâce au docteur Sternfield. Surmonter ma timidité maladive m'aiderait même à monter au créneau pour lui. Comment puis-je laisser passer cette chance ? Maman serait la première à comprendre.

J'aspire tellement d'air que j'en ai le vertige, puis je la rappelle :

— Non, écoutez-moi. Je comprends très bien pourquoi vous devez garder le secret, surtout avec ces fous qui manifestent dehors. Je suis partante.

Elle m'observe pendant d'interminables secondes et finit par hocher la tête.

— D'accord, Aislyn, si tu es sûre.

— Absolument.

Certes, c'est une expérimentation tellement secrète que je ne peux même pas en parler à ma mère. Certes, le marchandage du docteur Sternfield en mode passif-agressif est à la limite du chantage… mais je sens qu'on est sur le seuil de changements incroyables.

Elle sort une pince de sa poche et s'attache les cheveux en chignon.

— Comme nous avons toujours ton échantillon de sang, je connais déjà les anticorps qui auraient pu faire obstacle. Tu en as quelques-uns de coriaces, tu sais. Sans doute à cause de ton voyage en Asie il y a quelques années. Mais rien qui empêche le traitement, heureusement.

Ouf. C'est fou de se dire que d'avoir accompagné Evie et sa famille en Indonésie à la fin du collège aurait pu me gâcher mes chances.

— On ne peut pas imaginer mieux, sauf si Charisma se prenait sous forme de capsule.

De son ongle manucuré, elle suit sa lèvre inférieure.

— Ah, je rêve de commercialiser un jour une version qui se vende en pharmacie. Une poudre qui s'inhalerait et traverserait la barrière hémato-encéphalique. On pourrait la vendre dans des boîtes jaune vif décorées de cœurs roses. Qu'est-ce que tu en penses ?

Elle m'envoie un clin d'œil. Était-ce une blague destinée à me mettre à l'aise ?

En tout cas, je n'arrive pas à rire. Je suis mon mentor vers une porte qu'elle déverrouille par un autre code, qui mène à une petite pièce. À l'intérieur, elle me fait asseoir pendant qu'elle se lave les mains, puis enfile des gants. Elle attrape alors une grande seringue.

— Je sais que c'est impressionnant, mais si ça peut te rassurer, je me suis déjà fait des injections avec des aiguilles encore plus grandes. Deux secondes de douleur pour une vie améliorée.

Elle me tamponne le bras d'un coton imbibé d'alcool, et en l'espace des deux secondes annoncées, m'injecte la solution. Le geste sûr, elle me pose un petit pansement. Je pourrais jurer que je sens le contenu de la seringue circuler dans mon bras. Même si je suis plus qu'impatiente d'avoir de l'assurance, je ressens une peur bleue. Pas possible, je l'ai vraiment fait.

Le docteur Sternfield retire ses gants.

— Si tu paniques, respire profondément. Si tu as besoin de parler à quelqu'un, tu as quelque chose que je ne donne qu'à très peu de gens : mon numéro personnel. Sers-t-en, d'accord ? Nous allons changer le monde, toi et moi.

Je regarde le tout petit pansement qui en cache tellement.

— Je veux juste changer.

— Ça se comprend. Maintenant, si on retournait en haut pour voir s'il reste quelques truffes ?

Nous n'échangeons plus un mot en sortant de la pièce. Je me frotte le bras en me demandant ce qui se répand sous ma peau, dans mes artères. Pourrais-je arracher le pansement et aspirer le liquide, comme du venin de serpent? Combien de temps cela va-t-il prendre avant que cela fasse effet? Un jour? Une semaine? Voilà les questions que je devrais poser au docteur Sternfield, mais maintenant que c'est fait, je ne parviens pas à me résoudre à lui adresser la parole, alors qu'elle se trouve à un pas de moi dans l'ascenseur, une expression satisfaite sur le visage.

Avant de partir d'un pas précipité, elle me chuchote :

— Souviens-toi, pas un mot sur Charisma, ni sur l'essai clinique de Sammy, OK? À personne!

À peine ai-je bredouillé mon accord qu'elle a disparu. Une petite voix persiste à me souffler que j'aurais dû exiger davantage de détails. Bon, bientôt, normalement, je n'aurai plus jamais peur de m'imposer. Mon avenir me paraît maintenant beaucoup plus dégagé, attendant d'être rempli d'occasions, de liberté et peut-être même de Jack, si je peux réparer les dommages d'hier soir. Je retourne à la cafétéria d'un pas léger. Là, il me manque toujours le courage de rejoindre Chloé, Shane et les autres qui rient à une grande table.

Pour la dernière fois, j'espère, je me planque dans un coin pour manger seule.

Tout en savourant mon saumon grillé et mes asperges – les palourdes, non merci –, je profite d'avoir de nouveau du réseau : j'ai encore un SMS d'Evie, avec plus de détails. Elle et Rafe se sont embrassés « comme des malades » après la fête. Bien sûr, je suis ravie pour elle, mais plus intéressée par le reste du message : Jack n'a pas compris pourquoi j'étais partie plus tôt et une fois qu'il l'a su, il est rentré chez lui aussi.

Vraiment ? Mais pourquoi j'ai réagi au quart de tour et flippé en le voyant avec Alexandra ? Maintenant, il va se dire que je suis une pauvre fille. Bon, il le pensait sans doute déjà après s'être fait renverser de la bière dessus. Je n'ai pas le temps d'appeler Evie pour en savoir plus, car Sally Sims annonce que nous avons deux minutes pour nous rendre à notre activité suivante. Pff. Si j'avais les codes d'accès au labo du sous-sol, j'irais m'y planquer avec Ruby.

J'avale ce qui reste de mon repas, gagne la salle de conférences et prends place dans le cercle de chaises. Rosa arrive à la dernière minute, un peu pâle. Bizarre. C'est pas son genre de se faire remarquer comme ça. Un éclair de suspicion me traverse le cerveau. Je regarde son bras, mais comme moi, elle a des manches qui peuvent couvrir un pansement éventuel.

Joe annonce le début de la réunion.

— Excellent travail ce matin ! Quelle partie avez-vous préférée ?

Des mains se lèvent pour parler de l'eau, de la chasse, du soleil, etc. La glace étant brisée comme il se doit, Joe se lance dans le domaine de la thérapie.

— Quelqu'un a quelque chose à partager depuis notre dernière rencontre ?

On se regarde en chiens de faïence, puis une fille appelée Kiera se met à parler. Depuis notre dernière réunion, elle s'est teint les pointes de ses cheveux roux en doré, ce qui donne l'impression qu'elle a la tête en feu. Elle ronchonne au sujet de ses parents qui font preuve de plus d'attention pour son frère Jacob, atteint de la maladie de Huntington.

Cela incite Joe à nous demander à tous si nous sommes jaloux de l'attention que nos parents témoignent à nos frères ou sœurs. Moi, ça ne me dérange pas que maman soit aux petits soins pour Sammy. Je le suis aussi.

Une sensation familière me noue le ventre à la perspective de parler devant tous les autres. Le Charisma n'a pas encore dû faire effet. Chloé a intérêt à tenir sa promesse.

Un ado après l'autre râle que c'est horrible d'être ignoré dès que le frère ou la sœur est dans les parages. Mais quels gamins ! Quand c'est au tour de Shane, il étire ses longues jambes devant lui.

— Ça ne me gêne pas que ma sœur attire l'attention.

— C'est vrai ? s'enquiert Joe en levant ses sourcils fournis. Sois honnête. Nous sommes entre amis.

Avec un petit sourire, Shane enchaîne :

— Ah ouais ? Quand les gens la remarquent, ils remarquent aussi que je l'aide. Vous imaginez le nombre de filles que je ramasse parce qu'elles me prennent pour un saint ?

Le mec d'à côté lui tape dans la main. Joe se renfrogne.

— Alors, tu te sers de l'affection de ta sœur pour draguer ?

— Ouais, pourquoi m'en priver ? C'est gagnant-gagnant.

Il me lance un regard sans sourire. Je lève les yeux au plafond.

— Bon, commente Joe, embarrassé, c'est vrai qu'il n'y a pas de raison de ne pas voir le côté positif de vos problèmes. Tant que tu n'exploites personne.

Shane sourit largement.

— En plus, c'est une super stratégie pour rompre. Quand ça commence à me saouler, je peux faire semblant d'être tellement inquiet pour ma sœur que je n'ai pas de temps à consacrer à une relation.

Un ou deux mecs ricanent avec lui. Tous les autres restent sans voix.

— Qu'en pensez-vous, les autres ? demande Joe, dont le regard s'arrête sur moi. Aislyn, dis-nous la première chose qui te vient à l'esprit.

— Connard.

Oh non, je viens vraiment de dire ça ?

Le groupe rit, à part Shane. Joe tape dans ses mains pour qu'on retrouve notre calme.

— Eh bien, merci pour votre franchise, Aislyn et Shane. Quelqu'un d'autre veut partager quelque chose ?

Chloé lève la main et, fidèle à sa parole, se lance dans une longue histoire, comme quoi elle aime Bailey mais se sent diminuée que leurs parents consacrent autant d'énergie à sa petite sœur. Même si je sais que c'est de la flûte, je me laisse happer par son histoire. Tous les yeux sont rivés sur elle. Elle continue et continue jusqu'à l'heure de se retrouver dans la salle de bal pour la suite de la journée.

Pendant que nous sortons en masse, elle sautille à côté de moi.

— Bien marché, hein ?

Oui, bien. Mais je ne songe qu'au traitement qui s'infiltre dans mon organisme, s'attaque à d'innocentes cellules et fait allez savoir quoi. L'insulte que j'ai proférée marquait-elle le premier changement de ma personnalité ? Peut-être que c'est ça d'être extravertie, d'avoir du mal à contrôler ses impulsions. Je n'y avais jamais réfléchi ainsi. Mais si le Charisma m'a déjà poussée à une action aussi atypique, à quoi dois-je m'attendre pour la suite ?

6.

Revenu dans la salle de bal, Sammy a les paupières gonflées, mais il est moins rouge que tout à l'heure.

— Le médecin m'a mis sur un nébuliseur, rien de grave.

Maman, le bras drapé autour de son épaule, décrète :

— On y va.

Il ne proteste pas, ce qui me suffit comme preuve qu'il n'est vraiment pas en forme.

Nous saluons par des gestes l'équipe de Nova et les autres familles. Je cherche du regard le docteur Sternfield, mais elle n'est nulle part en vue. Elle est sans doute en train de recruter d'autres cobayes dans son bureau miniature secret. J'en connais assez au sujet des essais, qu'ils soient clandestins ou non, pour être consciente qu'un échantillon représentatif d'une personne ne suffira pas.

À l'extérieur, nous retrouvons un après-midi ensoleillé, ainsi que des manifestants. Ils agitent leurs banderoles en déclamant :

— Cessez de jouer avec la nature !

Les gardiens supplémentaires s'assurent que nous retournons sans encombre à notre voiture. Je suis tout de même énervée que Nova ne nous ait pas laissés utiliser le parking VIP dans l'enceinte. On n'y voit qu'une berline noire dont émergent un homme et une femme en uniforme militaire.

Lorsqu'ils aperçoivent les militaires, les opposants se répandent en accusations frénétiques de « supersoldats ». Maman entraîne un Sammy inquiet tandis que je considère les manifestants avec dégoût. Avec tous les problèmes urgents qui assaillent le monde, ils gaspillent leur énergie à s'élever contre des avancées médicales qui pourraient aider tant de personnes.

Soudain, une femme aux yeux hagards se détache d'eux pour me pointer du doigt.

— Je la reconnais ! Elle était là vendredi.

Tous les regards se tournent vers moi. Je me raidis, nauséeuse. C'est la femme coiffée à la Cléopâtre avec son haleine d'oignon. Elle brandit un téléphone vers moi.

— Qu'est-ce que vous faites ?

Avec un rire caquetant, elle garde son appareil braqué sur moi.

— Je te donne un goût de ta propre médecine.

Je rentre la tête, perplexe, puis je me souviens que le docteur Sternfield les avait filmés. Mais eux, à qui montreraient-ils mon image ? Moi, qui viens effectivement de subir des modifications génétiques… Enfin, je l'espère.

Nous rentrons dans la voiture à la hâte et partons. Au premier feu rouge, maman met un de ses CDs de Pearl Jam dans le lecteur et s'efforce d'alléger l'atmosphère en encourageant Sammy à chanter avec elle à propos d'un jeune qui pète les plombs. Et soit j'ai fondu un fusible aussi, soit le traitement a déjà desserré un écrou dans mon cerveau, parce que je me joins à eux sans y réfléchir à deux fois.

Sammy ouvre des yeux ronds et maman me lance des regards intrigués. Elle doit faire un écart pour éviter un chevreuil.

Sans cesser de chanter, j'envoie un message à Evie pour lui soutirer des infos sur Jack. Lui ai-je vraiment manqué à la fête ? Et pourquoi riait-il avec Alexandra ? Elle répond : *Il est intéressé. OK ? Certains d'entre nous trouvent les filles timides et déjantées très drôles !*

Hier soir, personne ne trouvait ça drôle, Evie comprise. Je meurs d'envie de lui parler de l'expérimentation du docteur Sternfield, mais elle flipperait, même s'il était plus que temps que je passe à l'action. Et puis je suis tenue au secret. Malgré tout, mon désir de me confier à quelqu'un gonfle ma poitrine. Un besoin oppressant de raconter quelque chose de nouveau. Même si d'habitude, je raconte tout à Evie, c'est parce que j'en ai envie, pas parce que je le dois.

Nous rentrons, épuisés mais satisfaits. Je monte l'escalier sur la pointe des pieds en imaginant le Charisma qui se répand dans mon corps, comme le parfum des gardénias dans une île tropicale, caressant tout sur son passage. Tous mes petits gènes qui ont enfin droit à une révision. Aaaah. Cette nuit, pour la première fois, je m'endors toute fébrile à l'idée de ce que va m'apporter la journée à venir. Peut-être devrait-on appeler le traitement Optimisme.

Le lendemain matin, en me levant du lit, je sens une douleur vive me vriller la tempe. Je vais jusqu'à mon bureau en trébuchant et me massant la tête. Heureusement, le mal disparaît aussi vite qu'il est venu. Le docteur Sternfield n'a pas parlé d'effets secondaires, donc ça pourrait être dû à toute l'activité d'hier.

En ligne, je clique sur une vidéo que Chloé a postée dans la nuit : une rave après la journée passée à Nova Genetics. Je reste abasourdie et je relis la date. Où a-t-elle trouvé l'énergie, un dimanche soir ?

Une caméra tremblotante la suit sur scène, devant des étudiants. La techno aux basses saturées s'arrête pour la laisser faire un bref discours sur les pistes cyclables, absolument indispensables aux habitants de Puget Sound. Des allers-retours dans la foule capturent l'expression ravie des spectateurs. Vraiment ? Chloé a toujours eu le sens de la mise en scène, mais je n'avais jamais eu conscience qu'elle avait un tel talent pour parler en public.

Sammy fait irruption dans ma chambre et sautille vers mon bureau.

— Oh, Chloé ressemble à une star d'Hollywood !

— C'est clair !

J'ajoute un « bien dit ! » aux soixante autres commentaires sous la vidéo, même si je n'ai pas enfourché mon vélo depuis un an.

Je prends mon porridge avec Sammy en fredonnant, puis je pars au travail. Le Charisma rendra-t-il ma journée supportable, voire sympa ? Les heures passent sans que je sois prise d'une envie irrépressible de chanter en public ou autre exhibition dans ce genre. Et les petits qui prennent des cours de natation veulent tous être dans l'équipe de l'autre moniteur pour les jeux. Ma journée de travail ressemble à celle de samedi, en version neutre. Bon, si tout ce que m'apporte le Charisma, c'est une absence d'événements négatifs, j'estime que c'est déjà pas mal. Je quitte la piscine plus soulagée qu'autre chose.

Après le travail, je commence *Des fleurs pour Algernon*, qui est sur ma liste d'ouvrages à lire pour l'année prochaine. Au bout de cinquante pages, je laisse là ma lecture pour aller me regarder dans le miroir. Être plus extravertie devrait me rendre différente, non ? Ce sont les mêmes yeux gris méfiants qui me regardent. Je tente quelques sourires pour évaluer s'ils laissent entrevoir une sociabilité accrue, mais je ressemble plus à une échappée de l'asile qu'à une personne magnétique.

La sonnette m'interrompt dans mon inspection, me faisant sursauter.

En bas, Evie entre d'un bond et regarde dans la pièce d'un air entendu.

On court en haut, hors de portée d'oreilles de maman. Une fois sur mon lit, Evie m'examine d'un air sombre.

— Alors, comment tu te sens ?

L'espace d'une seconde, je me dis qu'elle est au courant, puis je me souviens que la dernière fois qu'elle m'a vue, j'étais trempée de la tête aux pieds après avoir fui la maison de Drew comme une cinglée. J'esquive son observation.

— Bah, je m'en suis remise. On va dire que c'était la bière. Allez, raconte-moi pour Rafe.

Elle me regarde encore un moment, puis, ayant vérifié que je ne suis plus en mode hystérique, elle me décrit, hors d'haleine, la suite de sa soirée avec Rafe, puis hier soir, et me raconte qu'ils doivent se retrouver demain. Je l'applaudis en toute sincérité.

— Génial !

Elle se tourne sur le dos, les bras qui dépassent du lit.

— C'est comme si ça avait pris des années, et maintenant, paf, trois fois en cinq jours… Et s'il se lasse de moi ?

— Oh, commence pas. Plus il va te connaître, plus il voudra être avec toi.

Elle se frotte les bras en frissonnant.

— Notre dernière année de lycée pourrait être super… Si seulement toi et Jack…

— Oui, je sais.

— Ce n'est pas perdu, Aislyn. Il t'aime vraiment beaucoup, ça se voit. Mais tu dois lui montrer que tu ressens la même chose. Sans partir en courant. Je sais que ce n'est pas facile. On pourrait toutes les deux vivre l'année de terminale dont on a rêvé.

Elle ponctue ses paroles en bourrant de coups de poing la couverture à côté d'elle, mais ses yeux se font tristes, comme si elle me prévoyait une dernière année pas folichonne du tout. Une année où elle multiplierait les nouvelles expériences dont je serais exclue. Mais après l'énorme risque que j'ai pris hier, ça ne se passera pas forcément de cette façon. Comment ne pas partager une information aussi gigantesque ? Ce n'est pas comme si Evie allait me dénoncer à la Food and Drug Administration.

Mais je ne peux pas. Elle soupire, longuement et fortement.

— J'étais tellement sûre que la solution était dans la thérapie d'exposition. Chez certains patients, ça modifie carrément les neurones.

— Tu renonces à me changer, alors ? Parce que pas moi !

Elle se tourne vers moi, appuyée sur son avant-bras.

— Je ne renoncerai jamais quand il s'agit de toi. C'est juste que je ne sais plus quoi essayer.

La voix lui manque et je m'assieds à côté d'elle sur le lit.

— Créative comme tu es, je suis sûre que tu trouveras une nouvelle exposition qui soit autre chose qu'une fête. D'ici à ce que je gère ça mieux, en tout cas. Mais je pourrais peut-être tenter quelque chose de tout petit. Une mini-exposition.

— Tu es sûre ? Sur l'échelle de l'inhibition, il y a beaucoup de choses en dessous des fêtes, tu sais.

— Par exemple ?

Elle cherche du regard jusqu'à trouver mon téléphone.

— Si tu envoyais un message à Jack ? Vous vous êtes déjà parlé en ligne.

— Au sujet du journal. Et c'est toujours lui qui envoie le premier message.

— Justement, répond Evie en allant prendre mon portable. Cette fois-ci, tu devrais amorcer la conversation. Remonte en selle avant de te trouver trop bien par terre.

Elle agite lentement le téléphone sous mes yeux.

Elle est loin de savoir que je suis partie sur une tout autre monture, même si je ne sais pas encore la maîtriser.

— Je sais pas trop… Qu'est-ce que je lui dis ?

— « Bonjour », par exemple ?

Mon pouls s'accélère.

— C'est tout? Bonjour, genre « salut, Jack, c'est Aislyn, la nana chelou qui vient te harceler » ?

De nouveau affalée sur mon lit, Evie émet de petits bruits désapprobateurs.

— Ne sois pas aussi négative. Il sera trop content de recevoir ton message.

— Tu n'en sais rien.

Avec un soupir théâtral, elle répond :

— Il est venu te voir direct chez Drew, et il s'est tiré de la soirée dès qu'il a su que tu n'étais plus là.

— Et alors ?

— Et alors, pas besoin d'être un génie pour comprendre. Atterris, un peu !

Elle me prend la main pour y déposer le téléphone.

Elle n'a pas tort, mais ça ne rend pas l'idée de faire le premier pas plus facile. Pourtant, ça ne me semble pas complètement impossible. Juste un texto, hein ? Un tout petit texto.

Je déglutis et tape :

Salut.

Mes doigts restent au-dessus du bouton « Envoyer ». Evie s'approche :

— À tes marques, prête, pars !

Je prends une immense inspiration, puis j'appuie sur « Envoyer ». Evie en est soufflée. Quant à moi, je suis aussitôt assaillie par l'anxiété. Oh non, qu'est-ce que je viens de faire ? Jack va penser que je suis désespérée. Que je suis bizarre. Que je...

Salut, toi !

Tout juste si je ne lâche pas mon téléphone.

— Waouh, il a répondu en dix secondes !

Evie rebondit sur le lit.

— Ou plutôt cinq. Alors, qu'est-ce que tu vas répondre ?

— Répondre ?

— Oui, réplique-t-elle d'une voix lente, en articulant bien. Là, tu vas devoir lui poser une question compliquée, genre ce qu'il est en train de faire. Allez, tu t'en tires très bien !

Bon d'accord, je suis vraiment pitoyable, à recevoir des conseils pour rédiger des SMS sur la pluie et le beau temps. Avant de pouvoir réfléchir et changer d'avis, je me lance.

Quelques secondes suffisent pour qu'arrive sa réponse : *J'attends Zeke pour aller au skate park. Qu'est-ce que t'as fait ce week-end ?*

Cherché des palourdes hier.

Dans la catégorie sabotage de vie amoureuse, je me débrouille comme une chef... Des palourdes, sérieux ?

Miam, suis jaloux. Et maintenant ?

Je traîne avec Evie. J'aimerais bien me prendre une glace.

D'accord, faiblard et sorti de nulle part, mais mieux que tout à l'heure.

Demain, ça te dit ?

Ah ! Je sens ma poitrine se comprimer et mon cerveau me hurle de m'enfuir, mais je réponds : *Je suis toujours partante pour manger une glace.*

Avec moi ?

Avec lui, sur lui, tout ce qu'il veut.

OK.

Super !

Je n'arrive pas à y croire. On va vraiment faire une sortie tous les deux. Evie ne parvient pas à masquer son autosatisfaction. Quoique, elle n'essaie même pas, mais je lui pardonne. Tout comme je suis sûre qu'elle me pardonnera d'avoir accepté le Charisma. Quand je lui dirai. Un jour.

Après avoir convenu avec Jack qu'on se retrouvait après le boulot, je repose mon téléphone et pousse un long cri de joie.

Evie saute du lit.

— C'est pas génial, ça ? s'écrie-t-elle en se frottant les mains. Bon, c'est le moment de te choisir la tenue parfaite.

Elle ouvre mon placard pendant que je reste sur le lit, abasourdie par ce qui s'est passé. Par ce qui pourrait arriver demain soir. Mais… si ce qui m'a donné assez de courage pour envoyer un texto à Jack n'était pas assez puissant pour un tête-à-tête ?

Evie soulève un short noir effrangé.

— C'est le moment de faire du vide. Je peux mettre ça dans la pile « à donner » ?

— Euh, d'accord.

Bon, il faut que je respire. Que je trouve sur quoi une fille normale flipperait avant un rendez-vous galant. Le maquillage. Voilà, c'est ça. Je me dirige discrètement vers le miroir pour faire des essais avec un fard à paupières rarement utilisé pendant qu'Evie continue son tri sévère.

Une fois qu'elle a quelques propositions de tenues sur mon lit, plus une grosse pile de fringues à donner, elle vient à côté de moi. Nos visages se reflètent en face de nous.

— Tu as quelque chose de différent.

— Ça doit être l'éclat du désir. Ou alors, le fard à paupières « azur vaporeux » ?

Elle me lorgne.

— C'est plus que ça. Tu as l'air, je sais pas, plus pétillante. Même ta voix n'est pas tout à fait la même. Plus voilée.

Je réponds, deux octaves en dessous de ma voix normale :

— Tu me gênes, là.

Elle prend un peu de fard sur son doigt pour s'en passer sur chaque paupière.

— Peut-être que l'assurance accumulée grâce à la thérapie d'expo transparaît dans ton attitude.

Ou alors, c'est la thérapie génique qui transparaît... Je respire profondément pour faire cesser le tremblotement de mon ventre.

Nous nous remettons à trier des vêtements et je repense aux textos avec Jack. Ce n'était pas forcément lié à Charisma. Ça pourrait s'expliquer par le fait qu'il me plaît vraiment beaucoup. Comme Chloé, rayonnante du fait qu'elle a un nouveau copain. Flasher sur quelqu'un, ça peut changer une personnalité en profondeur. C'est de ça que parlent toutes les chansons.

Arrivées à l'heure de se coucher, Evie et moi nous sommes mises d'accord sur les tenues acceptables pour la « nouvelle moi ». Nous discutons vernis à ongles quand mon téléphone me signale un SMS commun de Chloé : *Regardez les infos sur KBLB : encore mieux que la rave !*

Je montre son message à Evie, qui fronce les sourcils.

— C'est tout ? Aucune indication sur ce que c'est ?

— Ben, elle se dit que les gens vont regarder.

Evie ouvre un flacon de vernis « Secrets écarlates », qu'elle s'applique sur le petit doigt.

— Et tu vas regarder ?

— Bof, non. Dis, même moi, je sais que cette teinte de rouge, tu n'en mets que sur les ongles des pieds.

Avant qu'elle ne proteste, mon téléphone vibre de nouveau. C'est Chloé qui dit : *Vous ne le regretterez pas !*

Je ris et j'allume mon ordi portable.

— Maintenant, je suis curieuse.

Evie se fait les ongles pendant que je trouve le site. Une vidéo de Chloé est à la une. J'apporte l'ordinateur sur le lit pour qu'Evie puisse regarder elle aussi. Chloé est interviewée pendant un radio-trottoir pour un festival de musique et elle fait tout un speech, puis le reporter lui demande de revenir le lendemain.

— Tu m'avais jamais dit que Chloé était si photogénique ! s'exclame Evie avant de souffler sur ses ongles.

— Je n'y avais jamais réfléchi avant.

Mais maintenant, j'y réfléchis. Si je suis plus pétillante, Chloé est carrément bouillonnante. Et elle avait un truc en plus hier. Peut-être que les choses avec son footballeur ont été plus loin qu'elle ne le laissait entendre. En tout cas, ça lui réussit. Et moi aussi, les choses me réussissent. J'ai rendez-vous avec Jack ! Rendez-vous !

Alors je laisse Chloé conquérir le monde avec sa notoriété nouvelle. C'est très bien. En fait, je n'ai à me plaindre de rien, si ce n'est, éventuellement, d'avoir la moitié de mon placard transformée en pile de fringues à donner. Et de devoir attendre jusqu'à demain pour retrouver Jack. Mais un peu d'impatience, ce n'est pas la fin du monde. Vraiment loin de là.

Une soigneuse très appréciée du zoo terrassée par une maladie inconnue

Article de Jenna Dawson, *La Voix de Puget Sound.*

L'interne vétérinaire Stephanie Wong, connue sous le surnom de Steffie, qui s'occupait des primates à Nova Genetics, est décédée samedi suite à une maladie foudroyante. Pendant son temps libre, elle était bénévole dans des zoos, où elle apprenait aux enfants comment vivent les animaux et comment œuvrer pour leur préservation. Elle était considérée comme une experte en comportement des primates et travaillait avec Nova Genetics pour tester des travaux novateurs dans le domaine de la thérapie génique, de la manière la plus éthique possible. « Nous partageons plus de 99 % de notre patrimoine génétique avec les chimpanzés », rappelait-elle souvent à ses élèves lors des visites. « Traiter les autres primates de façon "humaine", cela signifie agir avec compassion et dignité envers eux, comme ils se traitent entre eux. » Elle exigeait ainsi que les tests médicaux sans animaux soient toujours le premier choix.

Stephanie laisse derrière elle ses parents et sa sœur. Une cérémonie est prévue dans la semaine. Ni fleurs, ni couronnes. Donations au Sanctuaire des Chimpanzés du Sierra Leone.

7.

Le lendemain matin, à la piscine, j'accueille mon groupe d'élèves de cinq ans. Parmi eux, Molly, une petite aux joues rebondies et à la grande frange, qui a refusé de décoller du bord du bassin hier. Sa mère lui crie depuis le banc :

— Mets-toi dans l'eau, ma puce !

Molly secoue obstinément la tête.

Avec Patrick, qui donne le cours de natation avec moi, je montre aux autres enfants comment faire des bulles dans l'eau et des démarrages, pendant que Molly regarde face à elle d'un air boudeur. Quand je l'invite à nous rejoindre, elle se raidit.

— Peut-être la prochaine fois, dis-je.

Je m'éloigne d'elle pour lancer un jeu requins contre poissons en me préparant mentalement pour ne pas me sentir rejetée quand les enfants demanderont à être dans l'équipe de Patrick, comme ils l'ont fait hier. Pourtant, un événement étrange se produit : l'un après l'autre, les enfants déclarent qu'ils veulent « être avec Aislyn ». Ça alors… Même Patrick s'efforce de masquer sa surprise.

Au bout de cinq minutes de jeu, je viens devant Molly, deux gamins rieurs pendus à mes bras, et je lui propose avec douceur :

— Tu veux faire une promenade à dos de tortue géante ?

Elle acquiesce en pinçant les lèvres. Je flotte sur plus que de l'eau en l'attirant sur mon dos. Elle s'accroche comme une folle et je lui demande de serrer moins fort.

Elle relâche un peu, mais j'ai soudain la tête qui tourne. Une douleur intense me lance derrière les yeux. Je devrais ralentir un petit peu. Je fais de petits pas et reste près de la zone où on a pied, au cas où j'aurais besoin de vite reposer Molly. En fait, tout se passe bien : à la fin, elle affiche un grand sourire et je me sens mieux.

Le cours suivant se déroule aussi facilement que le premier. Encore une fois, les enfants préfèrent être dans mon équipe. Je blague en disant à Patrick qu'il a dû manger de l'ail au petit déj, mais il prétend que ma popularité nouvelle est due à une amélioration soudaine de mon enseignement. Il ne peut pas mettre le doigt dessus exactement, mais affirme que je suis « plus présente ».

Serait-ce une histoire de gènes ?

En passant à la surveillance, je sens tout mon corps vibrer d'une énergie étrange. Peut-être cette fameuse « présence ». Ou alors, c'est moi qui me fais des idées.

Cinq minutes après, Heath, qui d'habitude, est avec une pom-pom girl ou une autre, vient traîner à côté de ma chaise.

— Alors Aislyn, t'es prête pour la dernière année au bahut ?

J'ajuste ma visière.

— Je crois. Je vais commencer par profiter de l'été.

Il m'observe lentement.

— Tu n'es pas comme je croyais.

— Moins muette ou moins irrécupérable ? Tu postes encore des photos pour humilier les gens ?

Il sursaute et rit avec nervosité.

— Je mets des trucs comme ça en ligne à longueur de temps. Mes potes le prennent pas au sérieux.

— Et tes ennemis ?

Il reste sans voix un instant.

— Eh ben. Tu retiens pas tes coups, toi. (Il baisse les yeux et se racle la gorge.) Et sinon, t'es avec quelqu'un ?

Je manque de tomber de ma chaise de surveillance.

— De quoi ?

— Ben tu sais, t'as un copain ?

Derrière son sourire, il y a une appréhension que je n'ai jamais remarquée avant. Je regarde vers lui, puis vers la piscine.

— Euh, pas vraiment.

Mais j'ai de meilleures chances que je n'en ai jamais eues.

Heath me lance un regard aussi affûté qu'une épée de samouraï.

— Tu voudrais qu'on se retrouve, ce soir ? Qu'on aille voir un film ?

Il veut aller au ciné avec moi ? Avec celle qu'il a traitée de « gâchis » ?

— J'ai un truc de prévu, dis-je en scrutant le grand bassin.

— Demain, peut-être ?

À ce moment, j'aperçois un garçon prêt à dévaler le toboggan avec un copain sur ses épaules. Je siffle avant de lui donner un avertissement par le mégaphone. Au lieu de m'ignorer, l'un d'eux esquisse un salut militaire et l'autre crie un : « Pardon ! », puis ils descendent l'un après l'autre. Même mes talents pour communiquer sont meilleurs !

Heath me tapote la cheville.

— Aislyn ? Demain, alors ?

— Euh, non merci.

C'est sans doute mal de ma part de trouver ce refus si jouissif…

La déception dans le regard, il repart.

Je baisse les yeux sur moi, comme si j'allais trouver une explication à son intérêt soudain. Mais non, le tri dans ma garde-robe n'a pas transformé le maillot une pièce orange des MNS. Je pose une main sur ma longue queue-de-cheval. Rien de spécial aujourd'hui, même pas de maquillage – à moins qu'on ne compte la charmante trace de crème solaire qui zèbre mon nez. Je ne lui ai quand même pas laissé croire que je m'intéressais à lui ? Mais non, je regardais à peine dans sa direction. J'émets peut-être des phéromones dans l'attente de ce soir.

Mon emploi du temps m'emmène ensuite au snack-bar. Je me masse la tempe, car je suis prise d'une migraine et inspire profondément pour me calmer avant de venir retrouver Camilla, qui est au même poste. Au bout de quelques minutes, le mal de tête se dissipe.

Normalement, tant de monde et de bavardages auraient de quoi me faire défaillir, mais je salue un garçon du cours de natation qui m'a demandé si j'étais une sirène, comme si j'avais réalisé mon rêve en vendant des burgers à la choucroute et des barres de céréales. Il me sourit de toutes ses dents. Bientôt, je blague avec lui et sa sœur, ainsi qu'avec les autres dans la file. Je continue d'accueillir les clients de manière agréable sans me forcer et le rythme devient confortable, comme si ces échanges m'apportaient quelque chose.

Avec un grand sourire, je dis bonjour à Alex, qui est en option maths avec moi. Son menton tout juste ombré de barbe se détache visiblement de sa mâchoire et pour une fois, ce n'est pas moi qui rougis.

En me tendant ses billets, il me chuchote :

— Quelqu'un t'a déjà dit qu'il aimerait calculer la surface sous tes courbes ?

Je sursaute. Beurk, il essaie vraiment de flirter, là ?

— Sérieux ? Si tu t'en vas tout de suite, je ne raconterai à personne ce que tu viens de dire. Voici ton cône au praliné.

Il s'éloigne, non sans regarder par-dessus son épaule. Je dois faire ressortir le meilleur et le pire chez les gens, aujourd'hui. Enfin, ça reste profitable, étant donné que les autres clients m'épargnent les lourdeurs mathématiques.

À seize heures, je me dirige vers ma voiture d'un pas léger en espérant que la facilité avec laquelle se déroule ma journée se poursuivra jusqu'au soir. J'ai du mal à ne pas dépasser la vitesse limite pour rentrer chez moi.

Quand j'arrive, maman m'annonce qu'elle emmène Sammy faire des courses en gros, ce qui signifie toujours beaucoup d'échantillons gratuits d'aliments bien riches dont elle espère qu'ils lui profiteront un petit peu. Je me prépare un sandwich en guise de dîner et surfe sur mon téléphone. Chloé a mis en ligne une nouvelle vidéo. On en est à trois ! Mais elle ne se limite pas à ses propres infos. Apparemment, un mec appelé Sebastian, qu'elle a rencontré chez Nova, a réussi une audition aujourd'hui pour une troupe de danseurs de la région et arrive au niveau suivant de sélection. Je mets en route la vidéo.

Elle est de mauvaise qualité, mais les sauts et pirouettes sont sensationnels. Il y a même un commentaire de félicitations du gros con, Shane. Tiens, il n'a pas mis longtemps à se connecter à l'univers de Chloé.

Curieuse de savoir si son attitude de bad boy n'était que pour se faire mousser devant les autres ados, avec une touche supplémentaire à mon intention, je vais sur sa page. J'ai les yeux agressés par un défilé de photos de lui sur une bannière qui annonce : *Tenez-vous prêtes, les filles ! Je suis dispo et j'accepte les candidatures pour mes copines à venir. Satisfaction garantie. Envoyez photos et numéros.*

Je cligne des yeux. C'est quoi ce délire ?

Le plus surprenant, c'est le nombre de photos postées sur sa page pour participer au « processus de sélection », qui a commencé hier. Il a reçu des dizaines de réponses de filles qui n'ont l'air ni folles, ni désespérées et qui se montrent en robe de soirée, en maillot deux pièces et autres tenues intermédiaires. C'est comme les émissions de téléréalité où plusieurs filles sont en concurrence pour être avec un seul mec et que la gagnante hérite d'une relation vouée à l'échec.

Je secoue la tête, perplexe et je me prépare à aller retrouver un garçon bien mieux que Shane ou que n'importe quel beau gosse de la télé.

Jack est suffisamment vieille école pour passer me prendre à dix-huit heures trente précises dans sa Ford gris métallisé. On respire, profondément. Le Charisma me permet peut-être de faire une sortie avec un garçon, mais ça ne signifie pas que ce sera facile. Les jambes flageolantes, j'ouvre la porte.

Je m'accroche au chambranle quand nous nous trouvons face à face. Encore une grande inspiration.

— Euh, entre, dis-je en reculant.

OK, jusqu'ici, tout va bien. Je ne lui ai rien renversé dessus et je ne me suis pas évanouie.

Jack entre dans le vestibule et jette un coup d'œil.

— Ta mère ne veut pas me rencontrer ?

Waouh, vraiment vieille école. C'est trop mignon. Je prends mon sac sur le guéridon et lui explique :

— Elle est partie faire des courses avec mon frère. Mais je lui ai laissé un mot avec ta description, ton numéro de Sécurité sociale et ton casier judiciaire.

C'est vraiment moi, qui parle par phrases entières et réussis même à glisser une blague ?

Il sourit.

— J'espère qu'elle ne t'empêchera pas de ressortir avec moi en voyant que j'ai fait un casse dans un labo pour me procurer de la drogue.

Je lui renvoie son sourire et mon visage picote quand il évoque déjà l'idée qu'on remette ça.

Sur le trajet vers mon glacier préféré, j'arrive à discuter sans être en hyperventilation. Jack parle plus lentement et plus doucement qu'à l'accoutumée, comme on fait avec un chaton, comme je l'ai fait avec Molly tout à l'heure. Qui sait, il va peut-être me proposer une promenade à dos de tortue géante ? En voilà une idée alléchante...

Une fois que nous avons acheté nos cônes, nous trouvons un banc en fer forgé devant une petite fontaine où des enfants esquivent les jets d'eau crachés par des fées de bronze. Jack savoure sa glace lentement et en le regardant, je comprends pourquoi il est interdit de lécher un cône en public dans certains pays.

— Ça me plaît que tu ne fasses pas semblant d'être au régime, comme tant d'autres filles.

— Euh, tu ne sous-entends rien par là ?

— Non ! s'exclame Jack, horrifié. Tu es... ben, parfaite. De toute façon, je ne sous-entends jamais les choses alors que je peux simplement les dire.

C'est sûrement vrai. J'ai toujours apprécié son honnêteté directe, même quand c'est pour critiquer un article que j'ai édité pour le journal.

Assis sur le banc, nous savourons notre glace et quand nous avons fini, comme il fait encore clair, nous nous baladons dans les étals extérieurs des boutiques du coin. Sous un auvent rayé aux couleurs vives, je désigne un mannequin habillé d'une veste couverte d'épingles à nourrice.

— Non mais franchement, Evie peut m'inonder de numéros de *Vogue* autant qu'elle veut, ces fringues sont vraiment ridicules.

Les yeux brillants, Jack lance :

— Une fille qui aime les desserts et déteste la mode trop alambiquée. Mais où étais-tu planquée pendant tout ce temps ?

Mon souffle se bloque dans ma poitrine. *Je suis là*, ai-je envie de dire, en nous imaginant comme ça. Même si j'étais persuadée que ce ne serait jamais possible.

Dans un parc au bout de l'allée piétonnière, un groupe s'est installé pour un concert gratuit. Ils revisitent des vieux tubes de l'été. On se balance tranquillement au rythme de la musique en applaudissant quelques bambins qui se donnent à fond sur la piste de danse.

Avec un soupir satisfait, je laisse la musique s'insinuer dans mon corps, jusque dans mes gènes altérés. Aaah. Ma respiration et mon cœur sont en parfaite harmonie avec la chanson. L'espace d'un instant, j'éprouve une sensation très étrange, comme si j'avais fusionné avec les gens autour de moi. C'est une impression de chaleur et de puissance, de se sentir entièrement reliée au monde. J'ouvre les yeux d'un coup. Que se passe-t-il ? Je croyais qu'avec le Charisma, je ressentirais davantage d'assurance et non ce genre de chaleur un peu cotonneuse.

Je prends mon souffle pour me retirer mentalement dans ma bulle de méfiance habituelle, l'esprit flottant en marge du groupe. Pourtant, les gens autour de nous ne paraissent pas aussi distants et « étrangers » que d'habitude. C'est peut-être la présence de Jack qui joue.

En lisière du public, un cameraman d'une chaîne de télé locale, qui doit avoir perdu un pari pour être ici, nous filme. Sa caméra se dirige sur moi, puis s'attarde. Ma première réaction est de me cacher derrière une femme aux cheveux volumineux, mais bizarrement, je me défais de ma timidité et je regarde droit vers l'objectif. Au bout d'un moment, la caméra finit par revenir à des plans de la foule.

Jack se penche vers moi.

— Le mec de la télé te trouve à son goût, on dirait.

— C'est n'importe quoi.

— Non, c'est complètement logique.

Je sens mes capillaires s'échauffer dans mes joues. Si le docteur Sternfield modifiait le gène qui nous fait rougir, elle pourrait gagner une fortune. Enfin, un traitement à la fois.

Au moment où le soleil se couche, nous retournons vers la voiture de Jack, avec de la musique en fond sonore et un reste de tiédeur dans l'air. Il me lance un petit regard, puis me prend la main, tranquillement. Ma peau en contact avec la sienne est électrisée, c'est de la folie. Paume contre paume, les coudes qui s'effleurent, nous marchons ensemble. Moi et Jack. Oh, c'est trop beau…

Le trajet retour passe vite et nous nous retrouvons devant chez moi, main dans la main, à les balancer entre nous comme un pont de corde. Je déteste dire au revoir, mais je savoure cet instant. Les jambes en coton, je me dandine devant lui, un léger tremblement dans la poitrine.

Il dégage une mèche de cheveux de ma joue avant de me souffler :

— J'ai passé un super moment.

— C'était génial.

— Comme dans l'article que tu avais écrit en première année, sur un après-midi parfait que tu te rappelais avec tes parents et ton frère, à la plage. Que tout s'était aligné et que tu avais flotté dans le mouvement, mieux que dans un rêve.

— Tu te souviens de ça ?

— Bien sûr. Ça m'avait rappelé quand j'avais campé dans la forêt vierge en famille, avant le divorce de mes parents.

Je hoche la tête ; je sais ce que c'est d'avoir ses meilleurs souvenirs du côté « avant » d'une horrible ligne de démarcation dans la vie. Mais ce soir, je suis dans un « maintenant » vaporeux, l'une de ces précieuses perles que j'ajouterai à mon collier de moments exceptionnels.

Jack me regarde et secoue la tête comme s'il avait du mal à y croire.

— Je t'ai toujours trouvée super, mais je n'avais pas réalisé à quel point avant ce soir. C'est comme si tu brillais…

— OK, je sais que je suis pas bronzée, mais…

— Tu vois ce que je veux dire.

Vraiment ? Mon corps a l'air de voir. Je me sens chaude, vivante et très, très heureuse.

Jack s'avance vers moi et je l'imite. On se rapproche encore et je ferme les yeux. Je m'humecte les lèvres. Enfin, enfin…

La lumière de la terrasse s'allume et nous faisons tous les deux un bond en arrière. La porte d'entrée s'ouvre en grinçant et maman passe la tête. Elle ouvre des yeux ronds en apercevant Jack.

— Ah, j'avais cru entendre du bruit…

J'attends qu'elle comprenne et qu'elle referme avant que l'ambiance, déjà cassée, devienne impossible à restaurer. Mais elle ne capte pas mes messages télépathiques qui lui crient de dégager. Au contraire, elle reste là jusqu'à ce que Jack lui tende la main et se présente.

Elle apprécie visiblement son geste, mais elle ne repart toujours pas. Elle fait exprès, ou quoi ? Ce n'est pas parce qu'elle n'a jamais essayé de refaire sa vie après la mort de papa qu'elle a le droit de foutre les choses en l'air entre Jack et moi.

Pendant un long moment, nous restons dans un silence inconfortable. Enfin, Jack ressort ses clefs de voiture et annonce qu'il va partir. Mon corps se dégonfle comme un ballon de foot dans lequel on a shooté trop fort.

— On pourrait aller à la fête d'Erin, demain ? propose-t-il alors en se dirigeant vers le trottoir.

— Oui, pourquoi pas ?

Je remarque que maman fronce les sourcils, mais au moins, j'ai de l'espoir. Je retourne à l'intérieur avec elle en réprimant mon envie de lui lancer une de mes tongs dorées soigneusement choisies pour la soirée. Bizarre. La violence ne fait pas partie de ma palette de réactions normalement. Ça va peut-être avec le fait de briller ?

Qui aurait cru les gènes aussi imprévisibles ?

8.

Le lendemain matin, j'appelle Evie à la première heure pour lui relater ma soirée parfaite presque jusqu'au bout.

Elle pousse un gros soupir.

— OK, la prochaine fois, il faudra que tu passes plus vite à l'action. C'est trop de pression d'attendre la dernière minute. Je suis sérieuse, trouve un moyen d'être en tête à tête avec lui dès la première heure. Tu vois ce que je veux dire ? Après, tout ira comme sur des roulettes.

C'est rigolo d'écouter ses conseils en matière de garçons, sachant qu'elle n'a que deux temps d'avance sur moi. En élèves hyper sérieuses, on a passé beaucoup de temps à explorer les possibilités et à regarder MTV, mais avoir enfin l'occasion de vraies expériences… c'est sans comparaison.

Elle rit et se met à chantonner :

— Aislyn a un copain ! Aislyn a un…

Je lui raccroche au nez et je descends d'un pas sautillant. En bas, Sammy avale la gélule d'enzymes qu'il doit prendre à chaque repas et maman lève les yeux de son café.

— Triste nouvelle dans la lettre hebdomadaire de Nova Genetics aux familles. Steffie, la soigneuse, est décédée. Il paraît qu'elle traînait des soucis de santé, notamment de l'asthme.

Je m'effondre sur une chaise, soudain beaucoup moins affamée.

— Mais je croyais que c'était juste un rhume… Elle était toujours super gentille avec le groupe des ados.

Je suis sûre que la thérapie génique aurait finalement guéri les problèmes de Steffie. Quelle injustice abominable qu'elle ait travaillé pour une entreprise qui fait des découvertes médicales importantes, mais qu'elle n'ait pas reçu d'aide à temps. J'espère que ma participation à cet essai, même non approuvé, pourra faire avancer la science.

Après un petit déjeuner morose, je pars au travail. Ma tristesse s'efface quand au cours de natation, Molly saute dans le bassin pour se jeter dans mes bras. Patrick et moi échangeons des regards stupéfaits.

Ma journée se passe avec la même facilité qu'hier. Non, davantage même, c'est une libération, comme si j'avais été libérée après des années de chaînes et de muselière. Mon audace nouvelle me pousse à vouloir tester le fonctionnement du Charisma. En me déplaçant parmi les gens, j'envoie un sourire à un mec, je bats des cils vers un autre. Le premier paraît content, le deuxième intrigué. Intéressant. Je passe le restant de l'après-midi à jouer avec ma nouvelle personnalité comme avec un gadget. Les plus petites mimiques se révèlent aussi puissantes qu'une pincée de cannelle dans un chocolat chaud. Je vais devoir apprendre à les utiliser avec précaution.

Comme je ne suis pas prête à laisser derrière moi l'énergie débordante du groupe, je m'attarde après la fin de mes heures. Je me détends sur une chaise longue chauffée par le soleil, au son des bruits joyeux des baigneurs. Je me regarde dans mon téléphone comme dans un miroir. Cette blonde aux yeux gris n'a pas l'air différente, mais elle doit retrouver un mec et va à une soirée, alors qu'est-ce que j'en sais ?

Je regarde où c'en est côté virtuel. Sur la page de Chloé, plusieurs messages lui souhaitent de vite se remettre. C'est dommage de tomber malade alors qu'elle est tellement dans son élément avec les vidéos d'infos. Je m'apprête à lui envoyer mes propres vœux de convalescence, mais avant que j'aie fini, Chloé nous avertit que c'était une fausse alerte et qu'elle se sent désormais très bien. Je pousse un soupir de soulagement, un peu plus gros que je ne devrais.

Elle poste une vidéo de festival vegan accompagnée d'une pétition contre les OGM. Eh bien. Elle a déjà épousé diverses causes, mais je ne l'avais jamais vue militer ainsi. Maintenant, je peux seulement la décrire comme plus charismatique. Un soupçon m'habite. Comme je ne peux résister à la curiosité, je lui envoie un message : *Super, ta dernière vidéo. Ma vie aussi a changé en mieux. On discute ?*

Ce n'est pas divulguer des secrets, quand même ?

Je fais défiler les commentaires sous la vidéo de Chloé. Celui de Shane dit : « Je suis tes traces ! »

Qu'est-ce que c'est que cette histoire ? Je clique vers sa page, où je trouve encore plus de photos de lui, mais aussi celles de filles qui « postulent » pour rejoindre son harem. Une mystérieuse bannière : « Restez connectés ! » défile de droite à gauche.

Je me frotte la joue. C'est une sacrée coïncidence que Chloé et Shane aient tous les deux autant accru leur présence en ligne cette semaine. Pourtant, il n'y a pas de raison que le docteur Sternfield leur ait donné du Charisma. Ils n'avaient pas besoin d'être plus extravertis.

Troublée par mes doutes, je vais faire un tour sur autant de pages de frères et sœurs Nova que possible. La plupart me paraissent tout à fait ordinaires, exception faite de celle de Rosa, plus expansive que d'habitude. Ses posts récents en anglais sont de type : « TROP BONNE journée ! » et ceux en espagnol sont remplis de points d'exclamation.

À ce moment, une douleur fulgurante naît derrière mes yeux. Si d'autres ont subi la même thérapie que moi, connaissent-ils des effets secondaires ? Sans le leur demander directement, il y a quelqu'un que je peux contacter. J'aurais dû le faire plus tôt. J'affiche le numéro du docteur Sternfield, qui répond à la deuxième sonnerie.

— Bonjour, Aislyn. Comment ça se passe ?

— C'est plutôt génial, en fait.

— Comme prévu, dit-elle en riant.

— Il y a juste un problème. J'ai eu quelques maux de tête bizarres et des petits vertiges aussi.

Après une pause presque imperceptible, elle répond :

— C'est tout à fait normal. Ton cerveau produit de nouvelles protéines et crée de nouvelles connexions neuronales. Une fois que tout sera en place, ces symptômes disparaîtront.

— Les autres personnes à qui vous avez donné du Charisma ont-elles les mêmes effets secondaires? Apparemment, Chloé est tombée malade.

Elle garde le silence plus longtemps, cette fois-ci.

— Si j'avais autorisé d'autres personnes à expérimenter cette thérapie génique, ce ne serait pas prudent de t'en parler. Je ne veux pas influencer la façon dont tu perçois les changements dans ta vie par des manifestations anecdotiques chez d'autres. Tu sais comment fonctionne la recherche.

Baissant la voix, elle ajoute :

— Aislyn, tu as bien gardé le secret?

— Évidemment.

Et pourtant, j'aurais vraiment envie d'en parler à Evie…

— C'est bien. Comme je te fais confiance pour être discrète, j'ai une nouvelle à t'annoncer : Sammy fait partie des enfants retenus pour l'essai AV719. Je ne serais pas surprise qu'il soit… hmmm, sélectionné au hasard.

— Oh, c'est génial! Merci beaucoup.

— N'oublie pas, tu ne dis rien tant que ce n'est pas officiel, compris? Il ne faudrait pas tout compromettre.

— Bien sûr, dis-je en adressant un geste à des MNS qui passent.

— Et maintenant, raconte-moi un peu ta nouvelle vie.

Je lui donne quelques détails, y compris la fête avec Jack ce soir. Je me sens rougir rien que d'y penser.

— C'est comme si je devenais celle que j'ai toujours rêvé d'être, vous voyez ?

— Tu n'imagines pas comme ça me fait plaisir, Aislyn. Et franchement, les maux de tête passent tellement vite qu'ils ne posent aucun problème.

Je raccroche rassurée. J'ai la chance de faire partie de son étude secrète, comme si j'avais gagné au loto. Moi, la fille qui a écopé du lot de grandir sans son père et de souffrir d'un trouble de la personnalité handicapant.

Aussi satisfaite qu'un chat au soleil, je rassemble mes affaires et sors, non sans échanger des saluts avec une demi-douzaine de gens.

Ce soir, Jack est encore là à l'heure précise. En sortant, je lui dis :

— C'est une bonne chose que tu aies passé le barrage de police.

— Dans cet État, en tout cas, plaisante-t-il à son tour. Mais si tu veux que j'enfreigne des lois, tu n'as qu'un mot à dire.

— Voyons, je trouverai quelque chose.

Nous flottons dans la douceur du coucher de soleil.

— J'ai du mal à croire que je suis avec la même Aislyn, dit Jack.

Je m'arrête net. Il est avec la même, non ? Je suis toujours moi, juste un peu plus prête à laisser d'autres voir ce moi. Je m'effleure les tempes, même si je n'ai pas mal à la tête. Ma peau picote comme si mon corps essayait de trouver ses marques. Habiter une nouvelle personnalité, ce doit être comme un escargot qui s'accoutume à une nouvelle coquille, qui se tortille et adapte son intérieur jusqu'à ce que tout soit parfaitement ajusté.

Heureusement, ma sensation de me démantibuler se dissipe vite alors que nous avançons dans les rues ombragées par les arbres. Quand Jack se gare, je trouve que mes jambes ne tremblent pas autant que la dernière fois. En plus, la musique qu'on entend dans la maison d'Erin me souhaite la bienvenue plus qu'elle ne m'agresse.

Evie et Rafe occupent déjà un coin et ils nous saluent en levant leur verre en plastique rouge. Rafe l'embrasse dans le cou et elle me lance un regard entendu. Alors comme ça, ils ont trouvé suffisamment de temps « en tête à tête » pour ne plus avoir peur de manifester leur affection en public. Eh bien, avec un peu de chance, Jack et moi allons les rattraper bientôt. Pour l'aspect tête à tête, en tout cas.

On se joint à une conversation au sujet du père de quelqu'un qui se fait injecter du Botox et de la sœur d'une fille qui s'est fait opérer des seins pour son dix-huitième anniversaire.

Zoé, une fille un peu artiste qui est plus l'amie d'Evie que la mienne, secoue la tête avec désapprobation.

— Je ne voudrais jamais être aussi fausse.

Le mec à côté d'elle jette un œil à sa poitrine généreuse.

— Facile à dire pour toi.

Elle lui met une tape sur le bras.

— On devrait tous accepter ce qu'on est, tout le reste, c'est artificiel.

Les autres acquiescent, mais je redresse les épaules.

— À chacun de faire ses choix. Tant qu'ils ne deviennent pas dingues en enchaînant les opérations, c'est leur décision. Comme se teindre les cheveux ou faire un régime. On est qui pour juger ?

Tout le monde me regarde sans rien dire et Evie me scrute avec intensité.

Zoé tire sur son lobe percé de nombreuses fois.

— Toutes ces pubs retouchées donnent l'impression aux gens qu'ils sont des mochetés s'ils ne sont pas pareils. Je refuse de souscrire à ça.

— On n'a pas à se plier aux idéaux hollywoodiens impossibles, répliqué-je. Mais pour la plupart, on s'altère tous les jours pour être plus attirants. Si tu voulais être cent pour cent naturelle, tu ne mettrais pas de déodorant et tu ne te coifferais pas.

L'expression choquée de Jack est presque comique, mais il parvient à bredouiller :

— C'est vrai, je ne veux pas que quelqu'un me dicte ce que j'ai le droit ou non de faire. Je suis capable de refuser les trucs débiles.

Evie ne me quitte pas des yeux. Avec un geste vers la cuisine, Jack me propose :

— Tu veux quelque chose à boire ?

J'ai un bref flash-back de la soirée chez Drew.

— Un soda ?

Jack sourit et part m'en chercher un. Les gens autour de nous passent de la chirurgie esthétique à une nouvelle boîte qui admet les mineurs dans le centre-ville. Le mec à côté de Zoé déclare :

— Ils fourguaient du mauvais ecsta là-bas la semaine dernière. Tory Simmons a dû subir un lavage d'estomac.

Zoé pousse un grand soupir.

— Merde, si les gens ne se remodèlent pas physiquement, ils le font mentalement.

— Comme avec de la bière? dis-je en désignant son verre.

Tout le monde rit, y compris Zoé, qui est assez futée pour ne pas contester mon argument. Persuader les autres de voir les choses à ma façon me grise et me remplit d'énergie.

— Tu as une seconde? me souffle Evie en me tirant le coude.

— Bien sûr.

Elle m'emmène dans un garage vide qui sent la térébenthine. La porte à peine fermée, elle se retourne vers moi.

— Qu'est-ce qui se passe?

— C'est-à-dire?

Elle énumère en comptant sur ses doigts :

— Tu as envoyé un texto à Jack. Tu es sortie avec lui! Tu es venue à une soirée sans que je te supplie et sans vomir. Et maintenant, tu es le centre d'attention. Tu t'y complais, même. Après le week-end dernier, je n'arrive pas à croire que c'est possible.

J'essaie de retenir mon sourire.

— Tu es la première à vanter les mérites de la thérapie d'exposition, sans ça point de salut. Peut-être que tes efforts ont fini par payer!

— La thérapie d'exposition t'a fait faire un gros craquage il y a quelques jours encore.

— Alors qu'est-ce qui pourrait l'expliquer?

Je dois reconnaître que je m'amuse.

Elle croise les bras et se met à faire les cent pas.

— Je ne sais pas. C'est peut-être moi qui flippe parce que tu n'es vraiment pas la Aislyn que je connais.

Elle a la mâchoire serrée et ça paraît cruel de ne pas mettre ma meilleure amie au parfum. En outre, elle se doute déjà qu'il se trame quelque chose et si j'essaie encore de le garder secret, je vais imploser. Je prends mon souffle avant de me pencher vers elle.

— Si je te raconte un truc, tu promets de ne jamais en parler à personne ?

Evie se balance sur la pointe des pieds.

— Tu vas bien, on est d'accord ? Ça ne va pas être une horreur ?

Je lui assure avec le sourire :

— Pas du tout. Tu promets de ne pas dire un mot ?

— Bien sûr, mais raconte-moi.

Je me prépare et déglutis.

— D'accord. Il y a un médecin à Nova qui travaille sur une thérapie génique destinée à rendre les gens plus sociables et dimanche, j'ai eu l'occasion qui ne se présente qu'une fois dans une vie : tester le traitement.

Oh, c'est un délice de partager mon secret…

Intriguée, Evie demande :

— Et ça ressemble plus à du Prozac ou à de la cocaïne ?

Je ris et, avec un soulagement qui me fait tourner la tête, lui donne les détails. Evie, elle, pâlit et secoue la tête.

— Oh là là, Aislyn. C'est vraiment extrême. Et si ça ne marche pas ?

— Tu as déjà vu que ça marche. À fond. À la réunion des frères et sœurs, j'ai même réussi à traiter un mec de connard.

Elle pince les lèvres, une flamme dans ses yeux noirs.

— Je ne sais pas si je dois être fière de toi ou te gifler.

Je fais mine de reculer.

— On devrait peut-être retourner à la fête et profiter de ma nouvelle personnalité avant que tu te décides.

Sur un soupir théâtral d'Evie, nous sortons du garage.

Jack me fait un signe interrogateur quand nous rejoignons le groupe et je lui chuchote :

— On parlait entre filles.

Je goûte le soda qu'il a rapporté et lui rends le verre. Il pose les lèvres exactement à l'endroit où étaient les miennes et avale longuement. Sa mâchoire bronzée porte juste une trace de barbe, dorée comme ses cheveux. J'ai très envie de passer le doigt dessus en prenant mon temps.

Soudain, la pièce tourne. Houlà. Je m'accroche au bras de Jack.

— Tu vas bien ?

Il essuie le soda qui lui a éclaboussé la joue et le lèche sur son doigt. Rafe rit.

— Eh ben, il y en a une qui tient l'alcool, ici…

Je retrouve mon équilibre.

— Je vais bien.

Jack m'entraîne vers le canapé.

— Viens, on va s'asseoir.

Même si je me sens de nouveau normale, je le laisse faire. Nous nous pelotonnons dans les coussins, nos corps serrés ensemble. Il sent le cèdre et la pluie de printemps. J'aurais peut-être dû avoir un vertige plus tôt.

— Si tu as besoin de rentrer, tu me dis, propose-t-il en posant notre verre sur une table basse.

— Je pourrais rester ici, à cet endroit, toute la soirée.

— Je te comprends, me chuchote-t-il.

— OK, ça suffit, vous deux, tonne Johnny Sonoma, qui est dans l'équipe première de tous les sports.

Il s'affale à côté de nous et prend Abby O'Keefe sur ses genoux.

Très vite, on a cinq ou six personnes de plus avec nous, sur le canapé, par terre ou sur les accoudoirs. Jack et moi nous mêlons bientôt aux rires et aux conversations plus ou moins cohérentes de gens que je connais à peine. Ils sont super sympas, pourquoi je ne l'avais jamais remarqué ? C'est énergisant d'être le centre de gravité de la fête. D'autres se joignent à nous, nous regardent en restant à l'écart et essaient de placer un mot. Mais nous sommes au cœur de l'animation. À un moment, je capte le regard d'Evie, à l'autre bout de la pièce. Elle secoue la tête avec incompréhension.

Nous avons beaucoup de choses à discuter, elle et moi. J'ai besoin que ma meilleure amie m'aide à comprendre tout ça.

Pour l'instant, je me contente d'apprendre des choses sur les gens qui sont dans la même année que moi, tout en restant blottie contre Jack, qui a la peau délicieusement chaude. Ensuite, la lumière baisse encore d'un ton tandis que le volume de la musique augmente. Johnny et Abby se mettent à danser, imités par plusieurs couples. Jack me lance un regard interrogateur.

— D'accord, dis-je en me levant avec lui, la tête tout à fait claire.

Tout le monde se met à danser aussi et je retrouve l'impression de l'autre soir : comme si j'étais reliée à une masse d'humanité qui palpite et se meut. Plutôt que de m'en détacher, cette fois, je me noie dans cette sensation. Mentalement, je me déplace dans la foule, en parfaite harmonie avec mon corps, que Jack serre si fort que je sens chaque bouton de sa chemise.

Dans un brouhaha de musique et de rires, Jack et moi nous regardons, les yeux dans les yeux. Nous nous rapprochons, tout doucement, jusqu'à ce que nos lèvres se touchent. Nous reculons en nous souriant, avant de nous incliner vraiment pour nous retrouver dans un baiser chaud et frémissant. Oh, si se tenir les mains est comme une flamme, s'embrasser, c'est chaud comme un brasier. Pour une fois, mon corps semble savoir quoi faire mieux que mon cerveau, alors je le laisse guider. Nous nous fondons l'un dans l'autre pendant de longues minutes parfaites.

Quelqu'un finit par nous crier :

— Trouvez-vous une chambre !

J'émerge de mon brouillard pour me rendre compte que Jack et moi ne sommes pas les seuls à avoir perdu la notion du temps. Nous reculons, levons les bras et dansons sans nous soucier d'autre chose que de la musique. Bien des chansons plus tard, je remarque que ma robe me colle au dos et que je suis essoufflée.

Jack m'attrape par le coude et m'escorte vers le couloir, où il regarde son téléphone.

— Merde, tu devais être chez toi il y a vingt-cinq minutes.

Je pose la tête sur son torse.

— T'en fais pas, ma mère se sera sûrement endormie.

Zoé et une autre fille avancent vers nous, caméra en main.

— Vous avez quelque chose à déclarer au monde ? Un argumentaire en faveur de la chirurgie esthétique, peut-être ?

Je m'éclaircis la gorge. Que dire « au monde » ? La première chose qui me vient :

— Éclatez-vous, mais si vous vous éclatez trop, n'oubliez pas de faire don de vos organes avant.

Tout le monde rit, et je fais semblant aussi, même si mon commentaire décalé vient sans doute du fait qu'un jour, Sammy aura probablement besoin d'une greffe des poumons.

Quelques minutes plus tard, quand je dis au revoir à Evie, elle me donne un coup de coude.

— OK, moi aussi, je veux du tu-sais-quoi.

Je regarde vers Rafe, qui est resté scotché à elle toute la soirée.

— Tu te débrouilles parfaitement sans.

Jack fonce pour me ramener chez moi, mais en fait, nous prenons notre temps une fois la voiture garée devant la maison. Dès que nos peaux entrent en contact, je frissonne. Pas question de l'amener à ma porte, où maman pourrait nous interrompre. À vingt-trois heures quinze, je l'embrasse une dernière fois et cours dehors, avec un sourire qui me fait mal aux joues.

J'ouvre la porte en silence et pousse un soupir soulagé en ne trouvant personne dans le salon. Mais alors que je monte sur la pointe des pieds, la toux de Sammy résonne assez fort pour faire vibrer les murs. Je vais jeter un œil dans sa chambre, où maman lui tend des mouchoirs et une bassine.

Ils se tournent tous les deux vers moi, un certain reproche dans les yeux.

— Désolée pour le retard.

Maman tape dans le dos de Sammy.

— Tu n'aurais pas pu appeler ?

Sammy est pris d'une nouvelle quinte éprouvante et met la tête dans la bassine.

— J'ai complètement oublié l'heure. Je suis vraiment navrée.

Sammy s'essuie la bouche.

— Laisse-la respirer, maman. Elle n'a jamais eu de petit copain, avant.

L'expression sévère de ma mère évoque plutôt un fusil chargé qu'une absolution, mais elle se contente de dire :

— Tu devrais dormir si tu veux être en forme pour le travail demain.

Je hoche la tête et ferme la porte.

Mais je me sens trop en ébullition pour aller au lit. Je déguste le souvenir électrique de mon premier vrai baiser et du second, du dixième, du vingtième. Comme si je pouvais dormir après ça.

Je me mets à l'ordi et avant de réfléchir, je poste quelques réflexions en vrac sur la soirée. D'autres qui y étaient répondent, et bientôt, c'est le défilé des notifications et des demandes d'amitié. Quelqu'un met en ligne une vidéo de nous en train de danser. Au milieu de l'activité, je découvre une réponse de Chloé à un message privé antérieur : « Contente que ta vie roule bien. Peut-être que toutes ces connaissances théoriques sur les mecs vont devenir réelles. Au fait, tu as vu la page de Shane aujourd'hui ? »

Je lâche un grognement, ce qui ne m'empêche pas d'aller regarder. Apparemment, il est passé au deuxième round de qualification pour les copines. M'attendant à moitié à une proposition d'orgie, j'apprends en fait que le niveau 2 signifie que des étudiants en cinéma le suivent pour produire *The Shane Show*, qui sera diffusé sur une chaîne câblée de la ville.

C'est une blague ? Quelle fille voudrait participer à ce truc ? Je soupire. Aucune dose de Charisma ne pourrait me convaincre de faire ça.

À moins que…

Une idée machiavélique en tête, je souris et remplis le formulaire d'inscription en ligne. Comme je ne dispose pas de photos de moi en bikini, je mets un lien vers la vidéo de la fête. Il faut que quelqu'un remette ce gars en place.

J'envoie le formulaire. Ensuite, une pointe de culpabilité me souffle d'utiliser ma personnalité améliorée à des causes plus nobles que celle de dégonfler l'ego de Shane. Quand je me glisse sous la couette, je n'ai toujours pas d'idée de ce que peut être cette cause, mais je m'endors avec l'espoir de pouvoir faire une différence dans le monde. Par miracle. De ça, je ne doute pas une seconde.

Après seulement six heures de sommeil, je me réveille avec une féroce envie de me lever et d'aller bosser. Pendant seize ans et onze mois, mes matins ont toujours été assombris par la peur d'affronter la journée. Il est temps de rattraper le temps perdu.

Je prends mon téléphone et sens la pièce tourner en trouvant des dizaines de messages sur la page de Chloé, qui s'est évanouie hier soir dans un club. Elle prétend que c'est juste qu'elle a été très occupée ces derniers temps. Mais pas trop occupée pour inviter tous les gens qu'elle connaît à une énorme fête du solstice, ce soir à la plage, dont elle promet qu'elle sera mémorable.

Je porte une main à mon front. Bon, pas de température, mais j'envoie quand même des nouvelles au docteur Sternfield, au cas où.

Mon téléphone vibre. J'espère qu'elle répond pour me rassurer, mais c'est Evie qui m'annonce : *Ta vidéo a été repérée par le site « Les ados parlent »*.

Ma vidéo ? Je regarde le site, où cet enregistrement de mon message lors de la soirée chez Erin a déjà été vu plus de deux mille fois. Plusieurs commentaires de personnes annoncent qu'ils se sont renseignés sur le don d'organes. Vraiment ? Je pivote plusieurs fois sur mon fauteuil de bureau. Alors c'est donc ça que ça fait de faire le buzz… Waouh !

De retour sur ma page, je fais défiler des dizaines de félicitations et encore des demandes d'amitié. La plupart des messages sont positifs, mais par-ci, par-là, je trouve des commentaires anonymes de type : « Qu'est-ce que ça fait de passer de loseuse à diva ? » ou : « C'est quand que tu te tapes la redescente ? »

J'affiche le numéro d'Evie sur mon téléphone. Ma vue se brouille un instant et la pièce tourne doucement. Je ferme les yeux. Aïe, j'aimerais bien que mes synapses, ou je-ne-sais-quel-bidule dans mon cerveau, soient plus sages.

Quand Evie me répond, je lui annonce :

— J'ai déjà des *haters.*

— Les cons.

— Mais je veux quand même faire d'autres vidéos. Des tas de gens se sont inscrits pour donner leurs organes. C'est énorme.

— C'est vrai, répond-elle, mesurée. Mais ta prochaine vidéo pourrait être plus planifiée, non ? Je t'aurais aidée à choisir une tenue plus flatteuse et je t'aurais coiffée.

Elle est vexée ?

— Je sais, mais ça reste génial, non ? Et maintenant, tu n'auras pas à me traîner à des fêtes. Je peux devenir l'amie que tu as toujours voulue.

— Tu étais déjà l'amie que je voulais, soupire-t-elle.

Et si je l'étais, pourquoi avait-elle instauré des quotas minimums de soirées ? Mon instinct me souffle cependant qu'il serait préférable d'avoir cette conversation en personne. Marrant, il y a trois jours, j'aurais opté pour un échange par messages interposés. Maintenant je veux du face-à-face, pour éviter les malentendus.

Evie rompt le silence.

— Et donc, quel est ton projet suivant dans la domination du monde ?

— Je ne sais pas encore, mais tu seras la première informée.

— Bon, j'aime mieux ça.

Finalement, peut-être que tout va bien entre nous.

Je descends d'un pas léger, certaine que la journée va s'améliorer. Sammy agite une boîte de céréales dans ma direction. Maman verse des verres de jus d'orange.

Je m'avance vers eux d'un pas résolu, souhaitant que tout le monde puisse se sentir aussi optimiste que moi, malgré ma tête qui tourne légèrement.

Mais au moment où j'ouvre la bouche pour parler, c'est le noir total.

Étrange série noire chez les héroïnomanes

Article de Stephan Mott, Planète Portland.

Le personnel médical de Portland signale une tendance alarmante chez les usagers d'héroïne de la ville. Au cours des trois dernières semaines, une quinzaine d'entre eux a sombré dans le coma après des épisodes de comportement maniaque, ce qui est en contradiction avec les effets sédatifs habituels des opiacés. Les représentants des forces de l'ordre estiment qu'une nouvelle drogue pourrait être en vente et interrogent les consommateurs de drogues par injection afin d'en identifier la source. Toute personne pensant y avoir été exposée est priée de contacter d'urgence son médecin traitant ou la clinique gratuite de Hazelwood.

9.

Quand je rouvre les yeux, je suis sur le sol de la cuisine.

— Qu'est-ce qui se passe ?

Maman est à genoux à côté de moi, le téléphone à l'oreille.

— Elle vient de se réveiller.

J'essaie de me relever, mais la pièce tourne.

— Détends-toi. Reste allongée, me dit maman.

Excellente idée, vu les points lumineux qui dansent devant mes yeux.

— Combien de temps je suis restée dans les pommes ?

— Une minute à peine. (Elle me pose la main sur le front et reparle à son interlocuteur.) Peut-être un tout petit peu de température. Aislyn, tu as mangé quand pour la dernière fois ?

— Hier soir.

Elle écoute ce qu'on lui dit au téléphone, l'expression grave, puis couvre le micro.

— Aislyn, est-ce que tu as ingéré ou inhalé quelque chose d'inhabituel à la soirée ?

Ingéré ou inhalé ? Ah, d'accord…

— Si tu parles d'héroïne ou de crack, non.

Devrais-je mentionner la thérapie génique ? Pas pour l'instant. Il faudrait d'abord que j'en parle au docteur Sternfield.

Après quelques questions supplémentaires, maman raccroche.

— Je t'emmène aux urgences.

Je me redresse seule.

— Mais je vais bien !

Elle me tire par le coude et me force à m'asseoir sur une chaise.

— Tu ne vas pas bien si tu t'évanouis, même quelques secondes. On va te mettre quelque chose dans le ventre, puis direction l'hôpital.

Pendant que maman me nourrit d'autorité d'un œuf et d'une tartine, je demande à Sammy d'aller en haut chercher mon téléphone. Il a l'air content d'être celui qui assiste le patient, pour une fois.

Il revient et me le tend avec une courbette.

— Je peux faire autre chose pour vous ?

— Euh, laver ma voiture ?

J'avale à grosses bouchées, consciente du regard de maman, qui se demande sans aucun doute quelle drogue menant à la pente fatale j'ai pu prendre.

— Je me sens beaucoup mieux. D'ailleurs, aucune de nous deux ne peut se permettre de manquer le travail.

— Je vais décommander mon client. Tu pourras appeler la piscine sur la route. On y va, maintenant, répond-elle d'un ton qui n'admet pas la réplique.

Je traîne des pieds jusqu'à la voiture. Le ciel est devenu gris et il fait frisquet. Typique pour un mois de juin sur notre côte. En nous rendant vers l'hôpital des enfants Florence Bishop, j'appelle la piscine pour prévenir de mon absence et j'envoie un SMS au docteur Sternfield avec les dernières nouvelles.

À chaque arrêt, maman m'examine avec acuité.

— Tu as les yeux vitreux.

Je me force à sourire.

— Je vais bien, j'ai sans doute fait trop de trucs cette semaine.

J'ai très envie de lui parler de Charisma. Je doute que l'évanouissement de Chloé soit une coïncidence, mais elle a prétendu qu'elle était surmenée, comme je viens de le faire. C'est peut-être tout. Trop d'une bonne chose. Et l'inconvénient d'en parler à maman, c'est qu'elle pourrait exiger que le docteur Sternfield inverse le processus de cette bonne chose. Je frissonne à l'idée de redevenir celle qui peut à peine articuler une phrase avec Jack. Celle qui était invisible à tous hormis quelques amis, à part quand elle s'humiliait aux concours de sciences et autres soirées. Charisma est un miracle. Mon cerveau doit simplement s'y accoutumer.

Maman se racle la gorge.

— Tu es sûre que tu n'as rien à me dire ?

Depuis quand est-elle aussi soupçonneuse ?

— Euh, comme quoi ?

Et depuis quand j'esquive autant ?

Elle fronce les sourcils face au pare-brise, qui encadre un paysage de bruine.

— Tu es très lunatique en ce moment, maussade dimanche matin, puis tu exultes complètement avec Jack un jour plus tard.

— Désolée de te l'annoncer, mais je suis une ado. C'est notre spécialité, d'être imprévisibles.

— Mais pas toi, soupire-t-elle.

C'était bien le problème.

Nous ne parlons plus pendant le reste du trajet, mais mon téléphone vibre. Je m'attends à une réponse du docteur Sternfield, mais c'est Jack qui demande si on peut se revoir ce soir. J'en ai de nouveau le vertige. Je ne sais pas ce qui m'arrive, mais ça n'a pas intérêt à interférer sur mon temps avec Jack.

Sous les regards suspicieux de maman, je réponds oui. Je raconte aussi à Chloé que j'ai également perdu connaissance, ce qui l'incitera peut-être à échanger des infos avec moi. Après un dernier SMS au docteur Sternfield, au cas où le premier ne serait pas passé, je repose mon téléphone.

Aux urgences, l'infirmière pince les lèvres.

— Comme il n'y a aucun symptôme grave, l'attente risque de durer.

Voilà, même elle n'est pas inquiète.

Nous prenons place sur nos sièges en plastique, destinés à nettoyer facilement le vomi et non à être confortables. Avec Sammy, nous faisons partie des habitués. Je sais donc que mon téléphone ne passera pas dans pratiquement tout le bâtiment. J'essaie d'ignorer l'info-pub sur la liposuccion qui beugle à la télé pendant que Sammy s'assied sur un coussin qu'il a emporté et sort son carnet de croquis. Pourquoi n'ai-je pas pensé à prendre de quoi m'occuper, moi qui ai dû patienter ici tant de fois ?

Une info-pub et deux dessins animés plus tard, un aide-soignant dont les piercings tombent autant que ses épaules me demande de le suivre. Maman restera en salle d'attente avec Sammy, sauf si on a besoin d'elle.

Nous longeons un couloir envahi de chariots de matériel, puis arrivons à la salle où l'aide-soignant me pèse et me mesure avant de prendre ma température et ma tension. Il tape sur le clavier de sa tablette.

— Bon, tu as l'air stable maintenant. Mais ici, on ne plaisante pas avec les pertes de connaissance.

— Oui, ma mère non plus.

— Les parents sont comme ça. Profites-en tant que tu peux, me conseille-t-il avant de quitter la pièce.

J'enfile la chemise de nuit en papier à cigarette et m'allonge sur la table d'examen. Les murs sont couverts de dessins de lianes et de singes pour faire oublier aux enfants qu'ils sont coincés dans un hôpital. Ça ne marche pas. Ils devraient embaucher Sammy pour faire une fresque.

Quelques minutes plus tard, une grande femme mince aux courts cheveux gris et aux yeux bleus saisissants arrive d'un pas vif.

— Bonjour Aislyn, je suis le docteur Sandra Culdicott.

Son visage marqué donne l'impression qu'elle n'a pas souri depuis bien longtemps. Elle ne ressemble pas aux médecins enjoués qu'ils emploient ici.

Elle m'examine rapidement en me débitant une longue liste de questions. Je n'omets que le Charisma dans mes réponses. Ce qui, évidemment, est le seul élément en mesure d'expliquer l'évanouissement.

Elle tapote sur sa tablette.

— Comme tu n'es visiblement pas déshydratée, je ne te mets pas sous perfusion de sérum phy. En revanche, je vais prescrire des analyses métaboliques basiques que tu feras au laboratoire, ainsi qu'une analyse d'urine et un électroencéphalogramme. Si tout est normal, nous te renverrons chez toi et tu devras voir ton médecin traitant d'ici quelques jours pour te suivre. Mais si tu t'évanouis de nouveau, reviens tout de suite ici.

Combien tout cela va-t-il coûter à maman ? Je suis envahie par la culpabilité. Mais si je révèle la thérapie génique que j'ai subie, allez savoir combien de tests supplémentaires le médecin pourrait prescrire… Maman devra payer bonbon et je serai gardée ici toute la journée, voire plus.

Une demi-heure plus tard, lorsque l'appareil qui a pris mes mesures a craché une guirlande de résultats et qu'un infirmier du labo a prélevé les fluides corporels nécessaires pour prouver que je ne suis pas en train de passer l'arme à gauche, je suis relâchée. Nous sortons dans la bruine et je regarde mon téléphone.

— Si on se dépêche, je peux arriver à temps pour mes deux dernières heures de boulot.

Maman s'arrête comme si quelqu'un l'avait attrapée au lasso.

— Pour que tu t'évanouisses dans l'eau ? Non, tu restes à la maison te reposer.

Sammy me lance un regard compatissant.

À la maison, une fois que maman a repris en vain ma température, elle dépose Sammy chez une voisine afin que je n'aie aucune excuse pour ne pas faire la sieste pendant qu'elle travaille. Évidemment, maintenant, le soleil brille fort, promettant une fin d'après-midi radieuse.

Pas fatiguée le moins du monde, je regarde mon téléphone. Chloé n'a pas répondu à mon message. Enfin, si, mais seulement pour m'inviter encore une fois à sa fête où il y aura un feu de joie et qu'il ne faut *suuurtout* pas manquer. Ça pourrait être sympa d'y aller avec Jack et ça me donnerait l'occasion de voir Chloé de près pour déterminer si elle aussi a pris du Charisma.

Quand je lui envoie le topo, Jack est partant. Ça me donne le temps de faire une rapide sieste pour souscrire à mes obligations. Après tout, les instructions de maman édictaient de dormir dans la journée, elle n'a rien dit à propos de la soirée.

Lorsque Jack arrive deux heures plus tard, nous nous saluons par un baiser, qui n'est timide qu'un moment avant d'être remplacé par un autre, plus long.

— Tu es prête ?

— À tout.

Il écarquille les yeux d'une manière extrêmement satisfaisante.

Nous partons vers Ballard, situé à presque cinquante kilomètres de chez nous, en passant par le centre de Seattle, qui reste pour moi « la grande ville », même si Tacoma n'a rien d'un trou paumé. Sur la route, nous achetons des épis de maïs à griller sur le feu et, avec un clin d'œil, Jack prend une grosse bonbonne de jus de fruits de la passion. Nous y ajoutons un *bubble shake* : une préparation laiteuse couleur lavande, délicieusement sucrée, parsemée de billes de tapioca.

Avec le vent chaud qui souffle dans la voiture et Mumford and Sons à plein volume dans les haut-parleurs, nous roulons dans un génial sentiment d'anticipation en nous passant régulièrement le *bubble shake.* On doit chanter fort pour couvrir le bruit de l'air qui s'engouffre et du moteur, mais surtout, on rit, jusqu'au moment où je manque de m'étrangler sur une bille de tapioca.

Jack ralentit.

— Attention, il ne faudrait pas que cette soirée se termine à l'hôpital.

— Ah, non ! J'y ai passé assez de temps pour la journée.

— Comment ça ? Tu vas bien ?

Il tourne légèrement les épaules, comme s'il était prêt à rebrousser chemin.

— Mais oui, c'était juste… pour mon frère. Il doit y aller beaucoup pour sa mucoviscidose. Mais il va bien.

J'ai l'impression d'avoir renversé une dose d'acide dans cette mer de félicité. Je me promets d'arrêter de mentir.

Bientôt, Jack me fait de nouveau rire, et ce jusqu'au parc Golden Gardens. La pluie du matin a dégagé le ciel au-dessus de l'eau, jusqu'aux reliefs déchiquetés des montagnes Olympiques au loin.

Nous marchons tranquillement vers la plage caillouteuse, où quelques percussions résonnent en plus des vagues. Plusieurs femmes vêtues de robes aux couleurs vives sont assises en tailleur derrière des couvertures remplies de bijoux en cristal et de grands cerceaux décorés aux couleurs de l'arc-en-ciel.

— Joyeux solstice ! nous lance une des femmes, qui porte de longues tresses et une robe flottante. Voulez-vous que je lise votre avenir ?

Jack n'a pas l'air contre, mais je refuse. Je n'ai pas besoin d'une fausse voyante pour me révéler que mon avenir a changé pour le mieux.

Chloé virevolte parmi des dizaines de lycéens et d'étudiants. Je reconnais le beau mec noir large d'épaules aux grandes fossettes : c'est son copain, Jesse, que j'ai vu sur sa page. Si ce n'est pas le Charisma qui explique l'éclat nouveau de Chloé, c'est clairement lui, qui lui enlace la taille.

Jack et moi ajoutons notre contribution sur les tables et nous nous servons du jus que nous avons apporté. Sur un barbecue, des brochettes de poulet et d'ananas grésillent et chargent l'air d'une senteur sucrée. Je m'imprègne de l'atmosphère, sûre que les inconnus qui bavardent gaiement autour de nous sont des occasions à explorer plutôt que des menaces à éviter.

Avant que Jack et moi puissions rejoindre un groupe sympa, quelqu'un m'agrippe par-derrière en s'écriant :

— Aislyn !

Je mets un instant à reconnaître Rosa, du groupe des frères et sœurs de Nova. Son visage en forme de cœur est tout rouge et ses grands yeux bruns plus que brillants.

Elle m'accueille à bras ouverts… littéralement. Est-ce vraiment Rosa ? Depuis quand prend-elle les gens dans ses bras ? Depuis quand suis-je d'accord pour qu'on me prenne dans les bras ? Mon estomac se noue légèrement en constatant les changements pas si imperceptibles de sa personnalité.

Elle émet un rire cristallin.

— Alors comme ça, Chloé t'a convaincue de venir aussi. Génial. C'est vraiment la soirée idéale. Je me sens tellement pleine d'énergie, de vie… Je viens de passer les essais pour l'équipe des pom-pom girls à mon lycée. C'est pas géant ?

Je recule d'un pas. Et moi qui croyais que Rosa n'était pas confiante pour s'exprimer dans notre langue !

Un garçon aux cheveux courts et sombres et aux sourcils marqués vient se placer à son côté, elle lui prend le bras et le présente : Jonathan. La fierté dans sa voix indique que leur relation est toute neuve. Ma voix doit être la même quand je présente Jack.

J'essaie de ne pas regarder Rosa de façon trop insistante.

— C'est bizarre de te voir en dehors de Nova. Tu n'es pas pareille.

Ce doit être le Charisma, mais le reconnaîtra-t-elle ?

— Tu parles, l'endroit où je suis différente, c'est à ces réunions minables. Tu les trouves pas horribles, toi ?

Comment lui demander sans mettre la puce à l'oreille des autres ?

— Cette journée n'a pas été entièrement perdue, en fait. Le docteur Sternfield ne t'a pas emmenée voir les chimpanzés ?

Elle bat des cils plusieurs fois, puis un sourire se dessine sur son visage.

— Seulement Ruby. Elle était super sociable.

Ça, c'est un aveu ou je ne m'y connais pas.

— Débordante de charisme ?

Rosa jette un œil vers Jonathan et répond, nerveuse :

— Sans doute. Il est excellent, ce guitariste.

Le vœu de silence est toujours en cours.

Je renonce à tirer les vers du nez de Rosa pour l'instant et je m'abandonne à la musique, aux gens, à cette soirée parfaite. C'est vrai, le mec qui joue de la guitare est excellent. Peut-être a-t-il lui aussi été génétiquement amélioré. Ha.

Jack et moi, sans jamais arrêter de nous toucher, rencontrons les amis et *followers* de Chloé : des étudiants, des musiciens, des artistes, ainsi que des gens dont la mission dans la vie semble être de trouver les meilleures fêtes. Je tends mon bras à une fille, qui y dessine des motifs alambiqués d'arabesques qui me rappellent l'océan. Tout près, les vraies vagues s'écrasent sur la plage rocailleuse. Chloé sautille juste devant la partie humide du sable caillouteux. J'entraîne Jack vers elle et elle nous salue en levant son verre.

— Je suis contente que tu sois venue, Aislyn. (Elle regarde Jack.) Je parie que je sais qui tu es.

Je confirme en rougissant et elle esquisse une moue exagérée.

— Shane va être déçu.

Jack est intrigué, mais garde le sourire.

— Shane ?

Je soupire :

— Un débile qui était à la réunion des familles de Nova.

Chloé sourit et le montre du doigt.

— Et qui est venu avec son équipe de tournage ce soir.

À vingt mètres de là, Shane rit avec deux filles qui portent des tops dénudant des épaules couvertes de tatouages impressionnants. Un mec caméra à l'épaule et une fille qui tient un micro au bout d'une perche suivent le moindre de leurs mouvements.

Chloé crie pour capter l'attention de Shane, qui lui fait signe et s'approche.

— Ma nouvelle inscrite ! s'exclame-t-il.

— Inscrite ? répètent Jack et Chloé à l'unisson.

Ah oui, c'est vrai ! Il est temps de mener à bien ce petit plan. Je fais signe au cameraman que je veux qu'il me cadre, et quand c'est chose faite, je réponds à Shane :

— Alors c'est bon, je suis sélectionnée ?

Shane jette un regard vers Jack.

— Si c'est OK pour ton petit chéri, c'est OK pour moi.

Jack paraît perplexe, même quand je lui ai déposé un baiser rassurant sur la tempe. Je regarde droit vers l'objectif.

— En fait, rien de tout ça n'est « OK ». Si vous pensez que vous devez participer à un concours pour avoir le droit de traîner avec un mec qui s'éclate avec des tas d'autres filles en même temps, va falloir réfléchir un peu mieux. Chloé, tu supporterais d'être avec un mec qui te trompe ?

— Sûrement pas, répond-elle en riant, même un mec sexy comme Shane.

Celui-ci se pose la main sur le cœur, faussement outragé et les filles tatouées se pressent autour de lui en me lançant des regards noirs. La plus petite me lance :

— Tu ne sais pas ce que tu rates.

Tous les trois entament des rotations en rythme avec les percussions. Le cameraman roule des hanches de façon inquiétante. Bon, j'aurai au moins essayé.

Avec Jack, je trouve une place près du feu de joie qui crépite. Quand je lui explique toute l'histoire avec Shane, il rit. Ouf. En me rapprochant de son visage, il souffle :

— Mais plus d'inscriptions, d'accord ?

Je l'embrasse négligemment.

— Je suis totalement et complètement prise.

De minuscules braises flottent dans l'air ; nous profitons de la conversation, de la nourriture, de la musique. Rosa et Jonathan reviennent avec nous. Qui aurait cru que je ferais une soirée avec des ados du groupe de Nova, dont au moins deux d'entre nous qui se montrent bien plus extraverties que d'habitude ? Et plus heureuses, aussi.

Merci, Charisma.

Shane reste la cible principale de la caméra, mais je remarque que pour les autres plans, elle se tourne plus souvent vers Chloé, Rosa et moi que vers les autres. Soit Shane a donné des indications au cameraman, soit on est bel et bien étincelantes.

À un moment, Chloé convainc Rosa et moi de tester avec elle un étrange cocktail qu'elle prétend aphrodisiaque. Jack ne me retient pas et nous rions comme des baleines tout en trinquant devant la caméra.

L'air est imprégné de senteurs de cannabis et d'un parfum fleuri, comme si on était sur une île tropicale. Je ferme les yeux et savoure la rumeur joyeuse autour de moi. Bientôt, je sens les lèvres chaudes de Jack sur les miennes et j'inspire son odeur.

Nous nous balançons l'un contre l'autre tandis que le soleil plonge dans l'horizon. Je me gorge de tiédeur, de légèreté et d'amour. Dans une autre vie, j'aurais pu être une hippie. La nuit est à nous et je n'ai absolument pas envie de partir. Je ne veux même pas ouvrir les yeux.

C'est un grand cri qui me tire de ma brume si agréable.

Toutes les têtes se tournent vers une masse de dentelle rose par terre. Rosa.

10.

Cinquante téléphones portables sont dégainés en même temps, pour appeler les secours ou pour filmer, je ne sais pas.

Jonathan s'agenouille à côté d'elle en criant :

— Rosa, réveille-toi !

Soudain, Chloé m'entraîne à part pour me dire à l'oreille :

— Elle va bientôt reprendre conscience. Moi, j'avais juste perdu connaissance une ou deux minutes. C'est normal.

— Normal pour quoi ?

— Tu sais pour quoi. Et on ne doit rien dire.

— Même si ça peut aider ?

— En quoi ? fait-elle d'une voix plus agressive. Ça ferait flipper tout le monde sans rien arranger du tout.

Heureusement, il y a parmi les fêtards une infirmière qui la prend en charge. Avant même la première sirène, Rosa a repris connaissance. Je dois reconnaître que Chloé a raison. Il n'y a rien à part les symptômes « normaux » de Charisma.

Normal ou pas, les soignants tiennent à emmener Rosa à l'hôpital, alors qu'elle les a suppliés de ne pas le faire. Avant d'être mise dans l'ambulance, elle nous crie :

— Si vous arrêtez la fête, je vous en voudrai !

On lui fait de grands gestes en lui souhaitant un bon rétablissement, puis nous nous murmurons des paroles rassurantes. Les percussions nous bercent bientôt de leur roulement hypnotique.

Je regarde l'heure avant de dire à Jack :

— On devrait y aller.

Sur le chemin de Tacoma, notre silence las n'est interrompu que par le bip de mon téléphone. C'est le docteur Sternfield qui me répond : *L'évanouissement est dû au fait que votre corps est en surrégime, avec toute l'excitation que ce nouvel état vous procure. Il faut manger plus, boire plus et dormir plus. Vos rêves se réaliseront, du moment que vous restez calme et ne dites rien.*

Je pousse un long soupir.

— Tout ira bien pour Rosa. Elle fait juste trop de choses en même temps.

— Ça me rappelle quelqu'un..., répond Jack, qui reproduit sur le volant le rythme des tambours de la plage. C'est dingue que ça ait changé aussi vite entre toi et moi.

— On aurait dû sauter le pas il y a longtemps.

Il me caresse le bras du bout des doigts.

— Tu l'as dit.

L'ambiance chaude est pimentée par l'attente de davantage. Une fois devant chez moi, nous nous souhaitons bonne nuit avec langueur et nous promettons de nous retrouver demain. Frissonnant des pieds au sommet du crâne, c'est dans un état flottant que je rentre dans la maison.

Où maman attend sur le canapé et me fusille du regard.

— Tu as vu mon mot ?

— Tu devais te reposer ! fait-elle d'une voix sèche.

— Et je l'ai fait, mais j'avais aussi un truc de prévu avec Jack. Je serai en état de travailler demain.

Elle tire le plaid sur ses épaules pour mieux s'en recouvrir.

— Je ne sais pas ce que tu as, depuis quelques jours.

C'est sûr, elle ne sait pas. Je dois me souvenir à quel point mon changement d'attitude doit sembler bizarre.

— Maman, je n'ai jamais été aussi heureuse. J'espère que tu seras contente pour moi.

Elle soupire.

— Évidemment que je veux ton bonheur. Mais Sammy aussi a de quoi être heureux ce soir, et il voulait célébrer ça avec nous deux : il est accepté pour l'essai AV719 !

— Oh mon Dieu, c'est génial !

Je viens l'embrasser. Nous devons tant au docteur Sternfield et à Nova Genetics. Un jour, je révélerai à maman combien exactement.

Notre embrassade spontanée fait retomber la tension. Nous sommes toujours d'accord pour souhaiter le mieux pour Sammy.

Maman me replace les cheveux derrière l'oreille.

— Et maintenant, va dormir.

Je monte, le cœur léger. Tant de bonnes choses dans la balance, ça l'emporte largement sur quelques petits effets secondaires. Sammy en ressentira sûrement quelques-uns avec l'essai du nouveau traitement. Nous devons tous nous habituer.

Le lendemain matin, je reçois un message de la Croix-Rouge, qui a vu mon appel au don d'organes et voudrait savoir si je serais prête à faire une annonce sur le service public pour encourager les dons de sang. Je m'arrête, l'esprit à mille à l'heure. Charisma représente bien plus que fréquenter Jack. Mes nouvelles capacités pourraient faire une différence importante.

Je lis les demandes de services marketing, dont l'un me propose de me payer pour chaque mention que je fais du nom d'une marque. Un autre me suggère d'ouvrir ma page aux annonces publicitaires, me promettant qu'avec mon « potentiel de star », je pourrais gagner de quoi me financer la fac en un rien de temps. Alors là... Pouvoir me payer mes études enlèverait un tel poids à ma mère... J'ai vraiment bien fait d'accepter l'injection du docteur Sternfield.

Subjuguée par les opportunités qui se présentent à moi en ligne, je regarde où en est le *Shane Show*. Des tas de photos et de clips sont sur la page et dans les images où j'apparais, je ne peux que me décrire comme exubérante. Quelques messages donnent à penser que le programme de Shane sera diffusé par RealTV. Les médias grand public ne perdent pas leur temps.

Sur ce, je descends pour féliciter Sammy de faire partie du panel, mais, quand j'arrive dans la salle à manger, je m'arrête net devant l'expression peinée de ma mère. Il faut qu'on arrête de se retrouver dans ces conditions. Je lui demande :

— Qu'est-ce que c'est, maintenant ?

— À toi de me le dire.

Oh oh… On garde son calme et on évalue les dégâts.

— Te dire quoi ?

Elle fait tourner son mug sur la table.

— J'ai reçu un appel de la mère de Chloé, qui m'a appris que Rosa et Chloé s'étaient toutes les deux évanouies dans la semaine. Tu étais au courant ?

— J'ai su que Chloé était malade, mais elle est déjà rétablie.

— Eh bien, au cas où, j'ai contacté le docteur Gordon. Il a organisé une réunion des frères et sœurs qui étaient là dimanche dernier, pour qu'on tire tout ça au clair.

Je sens mon estomac se tordre. Tout le monde pourrait-il se taire jusqu'à dissipation des effets secondaires ?

— Maman, c'est sûrement rien du tout.

— On se retrouve dans une heure au Florence Bishop. C'est l'hôpital le plus proche de Nova.

Maman et le docteur Gordon : duo de choc.

— Mais je dois aller au travail. J'ai déjà loupé hier, ils vont me virer.

— J'ai prévenu ta chef. La santé avant tout.

Inutile de contester son mantra préféré. Alors que je suis enfin une MNS correcte, je vais perdre mon job en étant aussi souvent absente. Génial. Avec de grands « Pff… », je me fais cuire un œuf, démontrant à maman que je me sens en pleine santé. Parce que je le suis. À part l'inquiétude que quelqu'un nous trahisse et gâche la meilleure chose qui me soit jamais arrivée.

Je mange en vitesse et repars dans ma chambre mettre Evie au courant. Elle pousse un sifflement.

— Alors tu vas tout avouer ?

Je chuchote, même si ma porte est fermée.

— Je ne vois aucun avantage à faire ça.

— Franchement, Aislyn, après être tombée dans les pommes ?

— Je te dis, il y a une explication.

— Et dans tous les cas, pourquoi le docteur machin ne t'a pas avertie avant ?

Je me roule en boule en serrant le combiné.

— Elle s'en est peut-être rendu compte après coup.

— Pas génial, comme excuse.

Je soupire.

— Tu restes quand même de mon côté, hein ?

Elle marque une pause plus longue que nécessaire.

— Bien sûr. C'est juste que si je ne peux plus compter sur toi pour être la voix de la raison, on est toutes les deux dans la mouise.

Elle raccroche.

Elle compte sur moi pour être raisonnable, je compte sur elle pour m'encourager quand j'angoisse. Aucune des deux n'est à la hauteur.

Nous déposons Sammy chez les voisins avec un sac à dos plein de fournitures artistiques et de comics. Il se dirige vers la porte tel un soldat qui se prépare au combat. J'espère que les enfants l'inviteront à jouer avec eux, pour une fois.

À l'hôpital, dans le centre de Tacoma, on nous indique une salle où est dressé un buffet à notre intention. Rosa et ses parents sont déjà là, serrés les uns contre les autres, les bras croisés et l'air sombre.

Je vais vite embrasser Rosa.

— Tout va bien ?

— Beaucoup mieux. J'en ai trop fait. J'ai même les oreilles qui bourdonnent. J'ai le corps en surrégime, tu vois ?

Tiens, elle aussi a demandé des explications au docteur Sternfield.

Nous nous servons en maïs et pain de viande puis nous asseyons à table avec Chloé et son père. Je prends des nouvelles de Chloé, qui remplit sa fourchette de purée grumeleuse.

— Juste un petit vertige. Rien de grave.

Son père, un homme massif aux cheveux châtains grisonnants, lève son couteau.

— Rien de grave ? Il n'y a aucune raison qu'un jeune s'évanouisse. Je n'ai jamais perdu connaissance de ma vie. (Il pointe le couteau vers Rosa et moi.) Vos parents considèrent aussi qu'il n'y a rien de grave ?

Je baisse les yeux sur mon assiette, reconnaissante que maman soit à une autre table.

— Je me sens bien, maintenant.

— Moi aussi, renchérit Rosa en se frottant l'oreille.

Il secoue la tête.

— Les jeunes…

Pendant que nous mangeons, je balaie la salle du regard. Maman est avec un petit groupe d'autres parents, certainement en train d'échanger des informations. Shane blague avec des jumelles qui rient toutes les cinq secondes. Heureusement, son équipe de tournage ne l'a pas accompagné.

Le calme se fait quand le docteur Gordon entre avec deux dames en blouse blanche. L'une est le médecin aux cheveux courts qui m'a examinée hier, la deuxième, bien plus jeune, porte une queue-de-cheval blonde et des lunettes à monture d'écaille.

Le docteur Gordon serre quelques mains et se racle la gorge.

— Merci à tous d'être venus dans un délai si court. Et merci aux docteurs Culdicott et Fisk pour leur présence.

» Jusqu'ici, nous avons connaissance de trois cas d'adolescentes qui se sont évanouies depuis notre réunion des familles. Par conséquent, nous étudions l'éventualité d'un facteur commun. Plus nous en saurons, mieux nous pourrons vous aider.

Kiera, celle qui a les cheveux blond-roux aux pointes couleur feu, lance :

— Vous n'auriez pas pu simplement nous envoyer un texto ?

Le docteur Gordon joint les mains.

— C'est plus efficace de parler à tout le monde en face à face et de rechercher des symptômes physiques. Il est crucial de ne pas céder à la panique ou de propager des rumeurs avant de savoir de quoi il retourne.

Kiera émet un son agacé.

— Quels sont les symptômes, exactement ?

Le docteur Gordon énumère en comptant sur ses doigts :

— Maux de tête, fièvre légère, brèves pertes de connaissance. On nous a également rapporté des changements de personnalité.

— Genre Dr Jekyll et Mr Hyde ? s'exclame un garçon aux joues rondes et rouges, qui se met à secouer la tête, les yeux exorbités.

Des rides creusent le front charnu du docteur Gordon.

— Rien d'aussi sinistre. Les personnes se sont mises à agir de manière plus extravertie qu'à l'accoutumée.

— Comme Chloé ! crie l'une des jumelles.

Celle-ci, rayonnante, lance :

— N'oubliez pas de regarder KBLB ce soir !

Je ne comprends toujours pas pourquoi elle a voulu du Charisma, mais au moins, je suis rassérénée par sa fougue.

La voix de ma mère se détache du brouhaha.

— Existe-t-il des symptômes communs avec la maladie de votre soigneuse Steffie Wong ?

Tout le monde se fige dans la salle. Pourquoi maman fait-elle peur à l'assemblée ? Nous nous sommes évanouies, nous ne sommes pas mortes.

Le docteur Gordon lève les bras pour nous calmer.

— Nous déplorons amèrement la perte de Steffie. Cependant, rien n'indique de corrélation.

L'assemblée est agitée de murmures et de hochements de tête. S'ensuivent quelques questions qui n'évoquent rien de nouveau. C'est le moment d'entrer dans le vif du sujet. Les médecins appellent chacun un nom et trois ados partent se faire interroger.

Chloé nous pousse du coude, Rosa et moi.

— On répondra intelligemment, hein ?

— Bien sûr, lançons-nous en chœur.

— Parfait. Allez, on va voir les autres.

Nous tirons des chaises pour nous asseoir à la table où il y a le plus de jeunes. Je reçois un regard assassin de Shane.

— Qu'est-ce qu'il y a ? fais-je en dégageant une mèche de cheveux de mon visage.

Il croise les bras.

— Rien, j'admire le changement de personnalité de la fille qu'on connaissait sous le nom de princesse des glaces.

Je prends la même pose que lui pour répliquer :

— Qu'est-ce que ça peut faire au mec mieux connu actuellement sous le nom de gigolo ?

Il s'humecte les lèvres avant de me sourire.

— Alors, tu t'es évanouie combien de fois ?

— Tu peux réserver tes réponses aux médecins, me dit Rosa en posant la main sur mon bras.

Je réplique :

— Et toi ? Un peu de fièvre, peut-être ?

— Je suis naturellement chaud comme la braise.

Je lève les yeux au ciel et bientôt, les médecins appellent les trois suivants, dont Chloé et l'une des jumelles. Elles y vont comme si c'était une idiotie à supporter. Kiera soupire :

— Quelle perte de temps, ces trucs. Juste parce qu'il y a eu deux ou trois malades.

Dix minutes plus tard, les médecins me font venir, ainsi que Rosa et l'autre jumelle. Allez, finalement, je vais peut-être m'en tirer assez tôt. Et voir Jack ce soir…

Rosa me chuchote :

— Ne t'en fais pas, on va bien. Je ne me suis jamais sentie aussi vivante, autant en lien avec le monde. Je vois tous les autres plus clairement, leurs sentiments, ce qui les anime. C'est génial, je veux toujours être comme ça. Pas toi ?

Bien sûr que si. Ce qui signifie que notre secret n'est pas en danger.

Je m'assieds avec le docteur Culdicott, qui me demande de détailler tout ce que j'ai fait à Nova Genetics le week-end dernier. Je m'exécute, en omettant l'épisode Charisma. Quand je raconte que je suis allée voir le chimpanzé, elle s'étonne que je n'en aie pas parlé lorsqu'elle m'a examinée hier.

— Ah bon ?

Du coin de l'œil, je regarde Rosa, qui s'adresse au docteur Gordon avec de grands gestes exagérés. Des traces de sueur se forment sous ses bras malgré l'air conditionné et elle se balance sur la chaise d'une manière qui semble un peu précaire.

Mon attention étant accaparée, je n'ai pas entendu la question du docteur Culdicott.

— Pardon ?

— Je te demandais si tu avais touché les chimpanzés.

— Euh, oui, j'ai serré la main de Ruby.

— Et ensuite, tu es allée déjeuner ? Tu t'es lavé les mains, entre-temps ?

Comme une écolière prise en faute, j'avoue que non.

— Aaaah.

Elle se met à taper sur son ordinateur avec autant de frénésie que si elle venait de découvrir les manuscrits de la mer Morte.

J'ai de nouveau l'œil attiré par Rosa, qui s'est plaqué les mains sur les oreilles. En regardant autour de moi, je constate que toute la salle est tournée vers elle. Oh oh.

Elle s'effondre sur le docteur Gordon en gémissant. Le docteur Culdicott court vers eux et installe Rosa par terre. L'autre médecin, celle aux lunettes, appelle à l'aide.

Un silence pesant s'installe dans la pièce.

Rosa fait un geste faible pour éloigner les médecins.

— Je vais bien, articule-t-elle d'une voix râpeuse.

Je retiens mon souffle et la pression s'accentue dans ma tête. Allez Rosa, relève-toi…

L'anxiété, mais aussi la curiosité, se lit sur tous les visages. L'excitation, même. Un aide-soignant dégingandé à la barbe rousse nous crie de le laisser passer avec un lit à roulettes. La foule s'écarte et l'appréhension devient plus palpable lorsque Rosa devient inerte dans les bras du docteur Culdicott. Celle-ci la dépose sur le lit avec l'aide-soignant, puis ils la sortent de la salle, suivis par le docteur Fisk.

Le gouffre de silence qui suit ne dure qu'un moment. Xavier, le stagiaire du docteur Sternfield, débarque dans la pièce en renversant une chaise. Que fait-il là ? Il n'était pourtant pas à la réunion des familles.

Je l'ai toujours entendu parler d'une voix douce, mais aujourd'hui, ses mots résonnent comme ceux d'un présentateur télé.

— Ça suffit ! lance-t-il. Je sais ce qui rend les gens malades.

11.

Tout le monde dans la salle se tourne vers lui. Je m'avance imperceptiblement vers la porte.

Le père de Chloé tape sur la table.

— Alors, dites-nous !

Une mère aux traits déformés par l'angoisse tire sur la manche de Xavier.

— Avant que d'autres jeunes s'évanouissent.

Le reste des parents, au comble de l'inquiétude, resserrent le cercle autour du stagiaire. Il redresse les épaules et lance :

— Je crois que les ados ayant perdu connaissance ont subi une thérapie génique.

Et voilà. Les cendres volcaniques de la vérité retombent sur le public.

Le docteur Gordon, aussi stupéfait que les autres, agite un doigt vers Xavier :

— Attendez une seconde, attendez une seconde !

Mais personne n'attend rien. Le père de Chloé s'époumone :

— Une thérapie génique ? Mais pourquoi diable ?

À côté de moi, Chloé jure entre ses dents. La masse de corps autour de nous fait monter la température, qui devient vite étouffante. Pourtant, je ne parviens pas à forcer mes genoux bloqués à bouger et la vieille sensation familière de me noyer m'enserre les poumons.

Xavier se racle la gorge.

— Pour devenir plus sociables, moins inhibées.

La salle entre de nouveau en effervescence. Le docteur Gordon tente de s'interposer au milieu des parents fébriles et s'exclame :

— Je vous demande de vous calmer. Je vous assure que Nova Genetics n'est pas le théâtre de thérapie génique sauvage, et certainement pas pour traiter les inhibitions, ainsi que le prétend ce jeune homme. Vous devriez avoir honte d'effrayer tout le monde sans raison.

Xavier ne recule pas.

— Vous avez une meilleure explication ? Des palourdes contaminées, peut-être ?

Le docteur Gordon vire au cramoisi.

— Merci à tous de patienter pendant que je tire les choses au clair avec le jeune homme.

Il fait sortir Xavier par une porte latérale.

Le silence retombe tandis que chacun tente de digérer l'afflux d'informations, avant que des exclamations d'incrédulité retentissent de plus belle. Le père de Chloé la prend par les épaules.

— Tu as fait quoi ? lui hurle-t-il au visage.

À ce moment, j'aperçois maman qui fonce sur moi, ses yeux en mode lance-flammes. Je m'abrite derrière une chaise, comme si c'était une solution.

Sur son visage, de la peur et de la rage comme je ne lui en avais jamais vu.

— Tu étais au courant de quelque chose ? me presse-t-elle en me prenant le bras. Plus de mensonges. C'est dangereux.

Je lève les mains pour me rendre.

— On peut en parler plus tard ?

La porte se rouvre et le docteur Gordon passe seulement la tête.

— Aislyn et Chloé, je voudrais que vous veniez également.

— Pourquoi j'ai pas eu droit à la thérapie génique ? se plaint Kiera. C'est pas juste.

Dans un silence tendu, maman me traîne vers la porte, qui débouche sur un couloir. Chloé nous suit avec ses parents.

Le docteur Gordon lance à Xavier un regard lourd de sens.

— Racontez-leur ce que vous m'avez dit.

— Il y a trois semaines, un chercheur m'a proposé une thérapie génique expérimentale appelée Charisma, ou CZ88. Sans me révéler quelle association de gènes était visée exactement, mais j'avais suffisamment confiance pour accepter. Le lendemain, j'ai eu un réel sentiment de puissance, je n'ai pas eu peur de demander à mes parents si je pouvais m'inscrire en option arts plastiques, ce qu'ils estiment être une perte de temps pour un étudiant qui se destine à la médecine. Et je n'étais plus aussi intimidé pour parler aux gens qui venaient pour le séquençage de gènes.

Il déglutit et ses yeux arrêtent de briller.

— Mais ensuite, j'ai commencé à souffrir de maux de tête et de vertiges. Je me suis évanoui il y a une semaine, et encore une fois hier soir.

Le docteur Gordon porte les mains à son front.

— Maintenant, je vais vous reposer la question : de quel chercheur s'agissait-il ?

L'assurance de Xavier faiblit une seconde.

— Je préférerais parler à quelqu'un de plus officiel.

Le visage sombre, le père de Chloé s'approche de lui.

— Par exemple ? Un avocat ? fait-il, la voix venimeuse. Et pourquoi ? C'est vous qui avez fait ça à ma fille ?

— Non, répond Xavier, les poings serrés.

Le père de Chloé lui plante un doigt boudiné dans le torse.

— Dans ce cas, arrêtez de tourner autour du pot. Qui est à l'origine de tout ça ?

Le jeune stagiaire regarde Chloé, puis moi. Je lui adresse un signe d'assentiment. Le secret est déjà éventé, alors inutile qu'il se fasse agresser. Après une longue inspiration, il avoue :

— Le docteur Sternfield.

— Charlie ? s'étrangle le docteur Gordon. Impossible.

Xavier reste droit comme un i, même si je sens qu'à l'intérieur, il est effondré de trahir sa directrice de stage et son idole.

— Je voudrais que ce soit faux.

Le docteur Gordon se tourne vers moi.

— Et toi, Aislyn ? Charlie t'a donné quelque chose ?

— Euh…

Maman me foudroie du regard.

— La vérité. Tout de suite.

Le corps inerte de Rosa tout frais dans ma mémoire, je dis :

— Oui.

Ma réponse est accueillie par un concert d'exclamations.

— Et toi, Chloé ?

Elle croise les bras.

— Le docteur Sternfield est un putain de génie ! Son traitement a carrément porté ma personnalité à un niveau supérieur.

— Le génie en question devrait être en prison ! s'énerve son père.

Le docteur Gordon desserre sa cravate.

— S'il vous plaît, recueillons les faits avant de condamner.

À côté de nous, la porte s'ouvre, laissant filtrer une vague de brouhaha dans le couloir, ainsi que Shane et son père. Je ne devrais pas être étonnée que le traitement soit à l'origine de sa collection de filles à grande échelle, mais à quoi pensait le docteur Sternfield ?

— À ce qu'on dit, la vérité libère, lâche Shane en haussant les épaules.

Son histoire concorde avec la nôtre. Lui, Rosa et moi avons reçu le CZ88 le week-end dernier. Sebastian et Chloé l'ont reçu une semaine avant, et Xavier quelques jours plus tôt. Aucun de nous ne sait s'il y en a d'autres.

Maman tire sur son collier.

— Maintenant qu'on connaît la vérité, il faut qu'on en parle aux médecins.

Au mot « vérité », le regard qu'elle me glisse pourrait faire tomber un oiseau du ciel.

Le docteur Gordon sort maladroitement son téléphone.

— Je dois d'abord appeler Charlie, connaître sa version de l'histoire, déclare-t-il avant de s'éloigner.

Maman m'entraîne à l'écart. Son pouls bat visiblement dans sa gorge et elle est écarlate.

— Tu as été d'accord pour servir de cobaye à un traitement contre la timidité ?

Le poids de sa colère me tombe dessus. J'explique :

— Le docteur Sternfield m'a promis que ce serait sans danger. Elle est de notre côté. Regarde, elle a réussi à faire entrer Sammy dans le panel pour l'essai AV719.

Maman respire plus fort.

— Incroyable. Cette bonne femme a administré un traitement non testé ? À des mineurs ? (Elle souffle avec exaspération.) Toi qui as toujours été si raisonnable... C'est de la folie furieuse.

— C'est si délirant que ça de vouloir se sentir mieux ?

Chloé et Shane s'opposent aux mêmes arguments de leurs parents. Xavier, qui est en sueur, s'appuie contre un mur. Il a l'air très malheureux. J'espère qu'il ne va pas s'évanouir. Mais comme nous, il se redresse quand le docteur Culdicott nous rejoint dans le couloir.

— Comment va Rosa ? lui demande Gordon.

Il faut reconnaître que c'est bien de sa part de demander d'abord des nouvelles de Rosa. À moins que ça ne soit pour les apparences.

— Elle n'a pas repris connaissance, répond l'autre médecin, la mine sombre. Les gens dans la salle m'ont parlé de thérapie génique ?

— Je suis en train d'évaluer la vérité de cette allégation, répond évasivement le docteur Gordon.

Sa consœur se tourne vers moi et aboie :

— Que s'est-il passé ?

Je me racle la gorge et lui raconte pour le Charisma. Chloé, le poing sur la hanche, lance :

— Les pertes de conscience et les maux de tête sont normaux, vous n'avez qu'à demander au docteur Sternfield.

— Qui ça ? s'étonne le docteur Culdicott.

C'est au tour de Gordon de se retrouver sous le feu des questions.

— Ma fille… Elle est directrice de recherche chez Nova Genetics. Toutefois, je doute franchement qu'elle ait pu prendre part à une telle entreprise.

Le docteur Culdicott reste immobile un instant, puis pose la main sur la poignée de la porte.

— Quand j'aurai fait partir tous ceux qui ne sont pas impliqués dans cette affaire, je m'entretiendrai avec vous tous. Cette fois, vous allez me dire toute la vérité.

Elle repart dans la salle d'un pas martial.

La mère de Chloé interpelle le docteur Gordon.

— Le docteur Sternfield ne vous a jamais parlé du CZ88 ? Toute cette histoire, c'est n'importe quoi, non ?

Il ôte ses lunettes et les essuie avec un mouchoir, pour la deuxième fois en cinq minutes.

— En effet. Mon entreprise cible les maladies, pas les traits de personnalité, qui ne peuvent de toute façon pas être attribués à un seul gène. Ce doit être un énorme malentendu.

Maman tape du pied.

— Vous savez très bien qu'il n'y a pas de malentendu. Nous devons avertir les autorités.

Elle sort son téléphone, même s'il ne fonctionne probablement pas ici.

Le docteur Gordon lui pose doucement la main sur le bras.

— Vous n'aurez pas de réseau ici, Danielle. Et quelles autorités voudriez-vous alerter? Je vais faire tout mon possible pour déterminer si les jeunes ont pris quelque chose, quoi, et comment le contrer. Il est essentiel que nous gardions tout cela sous contrôle pour pouvoir nous concentrer sur un remède, plutôt que de gérer l'hystérie qui éclatera si la nouvelle devait être relayée par la presse.

Maman le dévisage, ulcérée.

— Nous verrons ce qu'en dit le docteur Culdicott.

Désireuse de trouver un peu de calme, je m'éloigne dans le couloir. Lorsque je lève bien haut mon téléphone, il a une petite barre de réseau. Je tape un message pour le docteur Sternfield, avant de relever l'appareil pour appuyer sur « Envoyer », puis je textote les derniers développements à Evie. La tournure que prennent les événements devrait lui plaire.

Au bout d'un quart d'heure, la porte se rouvre. Le docteur Culdicott nous annonce :

— J'ai des nouvelles pour le moins troublantes. Tout d'abord, Rosa est tombée dans le coma…

Tout le monde retient son souffle.

La jeune femme a le contour des yeux d'un jaune cireux, comme si elle avait accompli trop de gardes d'affilée.

— Ensuite, reprend-elle, un jeune homme appelé Jesse vient d'être admis aux urgences pour évanouissement récent. Il dit qu'il est…

— Mon copain ? demande Chloé d'une voix faible.

— Oui. Il jure ses grands dieux qu'il n'est jamais allé chez Nova et n'a jamais participé à une quelconque thérapie génique.

Nous nous regardons, sous le choc de ce que cette information implique.

Avec un grand soupir, le docteur Culdicott continue :

— Il se pourrait que le traitement qu'ont subi vos gènes soit contagieux.

Je déglutis avec difficulté.

— Contagieux ? Comment c'est possible ?

— Vous avez des théories, docteur Gordon ? réplique-t-elle.

Xavier intervient :

— L'ADN modifié est transporté par un virus. Le docteur Sternfield essayait différents vecteurs viraux pour passer la barrière hémato-encéphalique, tout en fournissant des doses suffisantes de thérapies multigènes. Elle a pu mal calculer la désactivation du virus.

— Et quels sont les risques de contagion de ce virus qui transmet l'altération des gènes ? demande ma mère, qui s'attire un regard noir du docteur Gordon.

— Doucement, doucement. Ne nous précipitons pas.

Le docteur Culdicott nous regarde chacun tour à tour, comme pour évaluer la part de vérité de cette hypothèse qui paraît tellement folle. J'ai vraiment du mal à y croire moi-même. Je suis catastrophée à l'idée que j'aie pu infecter ma famille et mes amis. Oh mon Dieu, et Jack !

Les médecins se concertent entre eux, puis partent échanger avec le reste du personnel. Les autres se regroupent dans la salle de réunion, les parents parlant attaques en justice tandis qu'entre ados, on ne se dit pas grand-chose, ce qui est anormal, avec notre sociabilité en principe si développée. Shane et Chloé passent tour à tour des coups de fil depuis le vieux téléphone accroché au mur.

Une heure plus tard, le docteur Gordon revient.

— Je pars à la recherche d'informations sur la supposée thérapie génique. Dans l'intervalle, j'ai suggéré au docteur Culdicott que vous soyez gardés ici cette nuit en observation. Nova couvrira tous les frais d'hôpital.

Je me tourne vers maman pour protester :

— Je n'ai pas envie de rester. Je n'ai pas eu mal à la tête de toute la journée.

Elle me foudroie du regard.

— Tu vas faire ce que te disent les médecins.

Ce qu'ils disent, c'est que nous devons aller au deuxième étage et franchir une porte sécurisée par une caméra à laquelle le docteur Culdicott fait signe pour que le battant s'ouvre. J'entre, plus agacée qu'autre chose. Ce n'est que quand la porte est verrouillée derrière nous que je regrette de ne pas avoir pris le temps d'aller me promener vite fait au jardin pour prendre l'air avant.

Le Charisma doit me rendre parano.

Messages en ligne :

De TeamShaneShow : Envoyez vos bonnes ondes à notre pote Shane, coincé pour la nuit à l'hôpital des enfants Florence Bishop (qui, pour votre gouverne, prend en charge les patients jusqu'à 21 ans). Si vous êtes une infirmière sexy de garde là-bas, faites-nous signe !

De FarrahS : Chloé, Jesse ! Tous les deux ? Qu'est-ce qui se passe ? Plein de bises ! À quand la prochaine soirée ?

De Mia Santiago : L'équipe des pom-pom girls de l'année prochaine a été annoncée ! Félicitations, Rosa !

De KieraLaRouge : Un tas de gens qui sont allés à Nova Genetics le week-end dernier ont pris un médoc pour devenir populaires. Ridicule, non ?

De JackThompson : Aislyn ? Pourquoi tu ne réponds pas au téléphone ?

12.

Le docteur Fisk accompagne les garçons dans le couloir pendant que le docteur Culdicott m'emmène avec Chloé dans une grande chambre à trois lits, aux rideaux rose fané.

— Un aide-soignant viendra peut-être faire un autre prélèvement sanguin tout à l'heure, maintenant qu'on sait de quoi il retourne.

Sur une grimace, elle se retire.

Chloé choisit le lit à côté de la fenêtre et moi celui près de la porte. Plus qu'à espérer que Rosa se remette assez pour prendre la place entre nous deux et ce sera une vraie pyjama-party. Au bout de quelques minutes de discussion, nos parents rentrent nous chercher des affaires pour la nuit.

À peine sont-ils partis que Chloé et moi nous jetons sur les téléphones fixes des tables de nuit. Évidemment, j'appelle d'abord Evie.

Elle me répond, manifestement la bouche pleine.

— Aislyn ? Qu'est-ce qui se passe ? Je t'ai envoyé douze mille textos !

Je tâche de garder un ton aussi calme que possible pour tout lui raconter. Je termine par :

— Ce que je ne comprends pas, c'est comment le copain de Chloé l'a attrapé.

C'est vraiment bizarre. L'altération des gènes ne devrait pas être contagieuse. Mais il faut dire que créer un virus pour attaquer des cellules en particulier et y insérer de l'ADN juste au bon endroit, c'est une science radicalement nouvelle.

— Jack est au courant ?

— Je ne sais pas comment le lui annoncer, réponds-je, prise de frissons incontrôlables.

Il manque le rire habituel dans la voix d'Evie.

— À ta place, j'opterais pour la vérité.

Ma main, ligotée dans le cordon du téléphone, est toute rouge.

— Ça devrait se passer nickel.

On frappe à la porte.

— Je dois y aller, Evie. S'il te plaît, est-ce que tu pourrais vérifier que Jack n'a pas de pertes de connaissance, ni rien ?

— Non mais, sérieux…

— T'es la meilleure !

Je raccroche et déroule le fil du téléphone avec des doigts tremblants.

Entre une infirmière, suivie de Xavier, Shane, Jesse et un mec à la peau mate, aux cheveux très courts et aux mouvements félins. Il se présente : Sebastian. Chloé et Xavier l'ont déjà rencontré chez Nova. C'est clairement un danseur prodige, inutile de séquencer son ADN pour le deviner.

D'une voix sèche, l'infirmière annonce que les garçons devront retourner dans leur propre chambre, à côté, si on chahute trop.

— Et pas de frotti-frotta, nous sermonne-t-elle avant de partir.

La plupart des garçons prennent des chaises et forment un demi-cercle en face des trois lits. Chloé et Jesse se blottissent l'un contre l'autre sur celui que devait occuper Rosa, comme s'ils mûrissaient des projets de frotti-frotta. Heureusement qu'il y a des rideaux…

— Je t'ai vu sur la page de Chloé, dis-je à Sebastian. Comment s'est passée la deuxième audition ?

— Pas trop mal, répond-il en croisant les jambes avec grâce.

Xavier, qui paraît incapable de détacher les yeux de lui, lance :

— Je suis sûr que tu vas être pris.

— Ça aide d'être moins inhibé depuis un petit moment.

Shane demande, intrigué :

— Alors, comment tu te retrouves ici, si tu ne fais pas partie des frères et sœurs ?

— Je suis resté en contact avec Xavier après qu'il a séquencé mon génome. Bizarre de présenter les choses comme ça, hein ? fait-il avec un rire. Bref, quand j'ai dit en ligne que j'avais de petits vertiges, il m'a dit de me ramener en vitesse.

Xavier pousse un gros soupir.

— Je n'arrive toujours pas à croire que le docteur Sternfield t'ait attiré dans le piège.

— Elle t'a eu aussi !

— Mais j'en avais besoin... Toi, tu étais déjà le meilleur danseur que j'aie jamais vu.

Sebastian s'étire, amenant une jambe contre son torse.

— Mais pour ces auditions, j'avais besoin d'un petit truc en plus. Le docteur Sternfield le savait.

— Elle nous connaissait tous, dis-je. Mais toi, Shane, je t'aurais plutôt vu comme cobaye pour tester un traitement qui rend moins extraverti.

Il sourit.

— Doc Charlotte m'avait promis quelque chose d'un peu différent.

— Ah oui ? Elle t'a raconté que tu ne serais plus chiant ?

Il baisse les paupières.

— Que j'aurais un charme irrésistible.

Non, mais franchement... Je fais mine de l'examiner.

— Ça marche pas.

Il passe une main dans ses boucles mi-longues et me détaille lentement.

— Je trouve que ça fonctionnait bien, ton image de fille froide et sexy. J'aurais jamais cru que tu dirais oui à la piqûre qui fait peur. Tu n'arrêtes pas de me surprendre, belle blonde.

J'invoque mon Evie intérieure pour lever ostensiblement les yeux au ciel, mais bizarrement, il ne m'énerve pas autant aujourd'hui. Peut-être que je développe une immunité.

— Et vous autres ? demande-t-il. Que vous a promis la DILF ?

— La DILF ? m'étonné-je.

— Bah oui, la Doctor I'd Like to...

— OK, c'est bon, on a compris.

Chloé nous raconte qu'elle nourrit des ambitions politiques. Je parle brièvement de mon concours de sciences désastreux. Quand vient le tour de Xavier, il se tortille tellement que je m'interroge sur le succès de l'altération génétique chez lui. Enfin, il avoue :

— Je voulais parvenir à m'exprimer, surtout auprès de ma famille. Ils ont émigré des Philippines et si je n'assiste pas à la messe dominicale, ils récitent des chapelets pour sauver mon âme.

Sebastian souffle un grand coup.

— C'est beaucoup de pression.

Xavier lui envoie un sourire reconnaissant et nous gardons le silence un instant. Il regarde à la ronde.

— Sans vouloir vous effrayer, il y en a parmi vous qui se sentent mal ou qui ont de la température ?

Nous affirmons tous être en pleine forme. Shane ne s'est même pas évanoui.

— Le docteur Sternfield ne répond pas à mes appels, dis-je en me massant la tempe. Vous ne savez rien de plus sur ce qu'elle nous a injecté ?

Xavier attrape un bloc-notes sur une étagère qui passe derrière les lits.

— Elle explorait tellement de gènes et de phénotypes… Si je tente un brainstorming, peut-être que quelque chose me viendra ?

Il se met à écrire avec vigueur.

Shane prend la télécommande et zappe, jusqu'à être captivé par une chaîne. J'hallucine en voyant l'écran.

— Ce ne serait pas Kiera? demande Sebastian en pointant un orteil vers la télé.

Shane monte le son. C'est bien elle, face caméra, hors d'haleine et toute rouge.

— Certains ont pris un médicament secret pour se rendre populaires.

— Un médicament secret? répète une journaliste qui a beaucoup trop de laque dans les cheveux.

Kiera rabat en avant une mèche tigrée.

— Nova Genetics trouve toujours de nouveaux trucs pour traiter les maladies rares. Mais la popularité, tout le monde en veut, hein? Vous verriez Chloé, par exemple! Je veux dire, c'était déjà une diva, mais là, elle est passée aux infos et tout. (Kiera a un petit rire nerveux, comme si elle venait de se rendre compte qu'elle aussi était aux infos. Ensuite, elle tente une moue.) Évidemment, ça les a rattrapés. Ils se sont évanouis à tour de bras.

Pour garder tout ça secret, c'est raté.

La journaliste s'adresse alors à la caméra :

— Jusqu'ici, nous ne savons pas qui a administré le traitement, ni combien de personnes l'ont reçu. Nova Genetics se refuse à tout commentaire. Nous allons enquêter et vous tenir au courant de l'état des victimes.

Shane agite la télécommande.

— Des victimes?

— La seule victime, c'est moi, grogne Chloé. Cette sale conne a dit au monde entier que j'ai pris un traitement illégal.

Sebastian se lève pour faire les cent pas avec la fluidité de l'eau. Sans effort apparent, il pirouette jusqu'à la fenêtre. Là, il fronce les sourcils.

— Vous n'allez pas y croire.

Nous le rejoignons, et la vue de la fenêtre nous fait écarquiller les yeux : un essaim de fourgonnettes de reporters est massé d'un côté du parking. Tout le monde va savoir ce que nous avons fait. Y compris Jack.

Shane tape dans le dos de Xavier.

— C'est une bonne nouvelle, mon pote. Ça va encourager doc Charlotte à nous retaper vite fait.

— Ou à fuir à l'étranger, réplique Chloé avec un reniflement désapprobateur. Mince, je devrais faire une chronique sur le Charisma pour KBLB !

Je toussote.

— Je croyais que tu étais furieuse contre Kiera de t'avoir dénoncée à la presse.

Elle lisse son tee-shirt d'une main.

— Je tiens simplement à contrôler mon image. Cette histoire pourrait nous amener loin.

— Pas si on tombe dans le coma, objecte doucement Xavier.

— Rosa est sûrement une exception, espère Sebastian en s'approchant de lui. Restons concentrés sur le positif. Jusqu'ici, j'ai gagné bien plus que je n'ai perdu. Je ne remarque même plus les maux de tête. Et je vois mieux les gens. Plus clairement.

Je le scrute avec intérêt. Rosa n'avait-elle pas dit quelque chose de semblable ?

Une grosse voix nous parvient du couloir.

— Où sont les jeunes ?

Avec un courant d'air, le docteur Gordon arrive dans la pièce, salue chacun de nous, puis marque une pause théâtrale pour prendre son souffle.

— Je suis content de vous voir si joyeux.

— Que dit le docteur Sternfield de tout ça ? demandé-je.

— En fait, j'avais complètement oublié que c'était ce week-end qu'elle partait camper, déconnectée de tout. En attendant, nous allons faire le nécessaire pour que Rosa redevienne elle-même, et vous aussi.

Le docteur Sternfield, camper ? J'ai du mal à l'imaginer en randonneuse.

Shane plisse les yeux.

— Et si on ne veut pas redevenir nous-mêmes ? Les effets secondaires sont temporaires, normalement.

— Un coma temporaire ? réagit vivement Xavier. Si elle a calculé les effets secondaires aussi mal, il faut inverser le CZ88 aussi vite que possible.

Jesse tape dans sa paume.

— Je dois avoir évacué ce truc avant le début de la saison de foot. Si je me fais éjecter aux analyses sanguines à cause de ça…

— Doucement, l'interrompt le docteur Gordon en levant la main. Détendez-vous ici ce soir et évitez les médias. J'ai prévenu l'opérateur de l'hôpital qu'il devrait filtrer les appels.

— Pourquoi ? maugrée Chloé. La presse en parle déjà.

Il secoue la tête, ce qui fait remuer ses bajoues.

— La presse parle déjà d'une partie de l'affaire. Jusqu'ici, nous avons pu protéger votre identité. (Son visage s'assombrit et il baisse la voix.) Comme vous le savez sans doute, il existe des gens qui ne sont pas favorables à la thérapie génique et ne souhaitent pas que cette science progresse. Si l'altération génique peut guérir des maladies en une ou deux injections, qu'adviendrait-il des laboratoires pharmaceutiques qui produisent des médicaments prescrits au quotidien pendant des années ? Lorsque les gens sont susceptibles de perdre beaucoup d'argent, ils peuvent être dangereux. Je vous recommande de faire profil bas, d'accord ?

Nous hochons la tête. Il nous remercie et s'en va.

Dès que la porte s'est refermée, Chloé s'exclame :

— Vous y croyez, vous ? Il veut juste se protéger !

Je triture un fil qui dépasse de ma couverture.

— Tu t'es déjà retrouvée tout près de ces manifestants antithérapie génique ?

— Bah, c'est juste des loseurs avec des banderoles ! Pff, Gordon a vraiment réussi son coup, avec toi. Il essaie de nous effrayer pour protéger sa pourrie de fille.

Shane se tape sur le front.

— Oh, c'est pas vrai ! On a carrément loupé une occasion de le faire chanter pour notre silence.

Je soupire.

— T'es sérieux, là ? Et qu'est-ce que tu lui aurais demandé ?

— De quoi nous divertir un peu, pour commencer. C'est pas trop la fête, ici.

Sebastian se lève et pirouette de nouveau.

— On peut s'occuper par nous-mêmes. Qui a de la musique ?

Xavier met une chaîne musicale. Sebastian nous persuade de lever nos popotins pour apprendre quelques pas de hip-hop. Comme promis, on est bientôt tous en train de danser et de rire. Quand ma mère arrive, il a les mains sur mes épaules et me montre comment faire la figure du Scooby.

Elle me tend un petit sac pour la nuit et suggère :

— Ce serait peut-être le moment de se calmer ?

Le docteur Fisk, qui l'a suivie, approuve :

— Mme Hollings a raison. Si vous retourniez dans votre chambre, les garçons ? Je vais rapidement examiner tout le monde.

Avec un soupir, ils nous disent au revoir et se retirent. Le docteur Fisk commence par moi et me met sur le gril. Elle prend rapidement des notes sur son ordinateur.

— Tout ça me paraît bien.

Avec un hochement de tête vif, elle passe au lit de Chloé.

Maman s'assied sur la chaise à côté du mien.

— Tu as l'air anxieuse.

En fait, c'est elle qui est en train de se ronger le vernis à ongles. Sa peur est palpable.

Je choisis un pantalon de jogging sur les trois qu'elle m'a apportés.

— J'ai juste peur de ce que vont penser mes amis.

— Et ce que je pense, moi ? dit-elle en se penchant en avant. Je n'aurais jamais cru que tu souffres au point de vouloir changer les choses d'une manière aussi drastique.

Les yeux rivés au sol, je réponds :

— Mais je suis passée à côté de ma bourse ! Je suis incapable de me dépêtrer des petits cons à la piscine ! Même survivre à une soirée, je n'y arrive pas. Je bute toujours sur des problèmes, maman, tous les jours. J'aurais essayé n'importe quoi pour vivre ce que j'ai connu ces derniers jours. Ça vaut bien quelques maux de tête et une perte de connaissance.

Ma mère respire longuement avant de répondre :

— Tu ne devrais pas t'inquiéter pour la bourse. Si je prends plus de nouveaux clients, que je fais plus visiter pour les autres agents immobiliers, je peux…

— Maman, tu travailles déjà un nombre d'heures hallucinant par semaine. Et tu as besoin de tout l'argent possible pour Sammy. Il est temps que je porte un peu plus du fardeau.

À l'autre bout de la pièce, Chloé élève la voix.

— Je me sens bien, je vous dis !

Le docteur Fisk reste à un volume neutre.

— Tu as plus de 38,5.

— Je vous promets de vous appeler si je ne me sens pas bien.

Le docteur Fisk se lève en avertissant qu'elle revient.

Maman demande si elle peut lui parler dans le couloir, puis m'étreint brièvement pour me dire au revoir. Quelque chose me souffle que je devrais serrer plus longtemps son corps maigre dans mes bras. Je me contente cependant de lui dire à demain.

Elle et le médecin sortent et bientôt, notre dîner nous est servi. Du poulet sans goût, des légumes vapeur et des fruits au sirop. On regarde la télé, où les infos se répandent plus vite que notre virus. Une chaîne annonce pour demain une émission sur les promesses et les périls de la thérapie génique.

Une fois que les parents de Chloé sont passés lui apporter ses affaires et nous ont demandé douze fois comment on se sent, nous nous préparons pour la nuit. Je me pelotonne sous les couvertures avant d'éteindre.

Dans le noir, Chloé déclare :

— Je sais pas ce qu'on a, mais je l'ai refilé à Jesse. T'as idée comment ça craint ?

Si le CZ88 est super contagieux, pourquoi ne s'est-il pas propagé à plus de gens ? Avec Jesse comme seule personne à l'avoir attrapé directement, je ne peux qu'imaginer le mode de transmission. Mais un baiser suffirait-il ? Je suis prise de nausée. J'aurai des nouvelles de Jack par Evie bientôt.

Demain, dès que je serai rentrée, je l'appellerai moi-même. D'ici là, j'aurai davantage d'infos. Tout le monde en aura. Il le faut.

La chasse aux victimes de thérapie génique s'élargit
Article de Sondra Chevez, *Northwest News Central.*

Suite à l'altération illégale de gènes subie par sept adolescents de Tacoma ainsi que de nouveaux cas rapportés dans plusieurs villes du nord-ouest du pays, les autorités passent au peigne fin les hôpitaux de la région, à la recherche de cas inexpliqués d'évanouissements et de comas. Les familles et amis des patients ayant connu ces symptômes affirment que leurs proches agissaient de manière beaucoup plus extravertie que d'ordinaire avant de tomber malades. Des représentants du département d'État de la Santé ont établi un poste de commande à Seattle et, selon nos sources, y tiendront bientôt une conférence de presse.

L'étendue du phénomène ainsi que les coupables, voilà deux des principales inconnues sur lesquelles nous enquêtons. La plus importante : quel est le danger potentiel du CZ88, connu sous le nom de Charisma, pour le grand public ?

13.

Le lendemain matin, les journalistes jouent des coudes avec les manifestants pour trouver de la place devant l'hôpital. Quand les garçons nous rejoignent après le petit déjeuner, on s'imagine des déguisements qui nous permettraient de passer à côté des fous sans dommage. Sauf Chloé, très impatiente d'être filmée.

Sebastian nous affirme que nous serons moins anxieux si nous activons notre circulation sanguine. Allez, tout pour se défaire de cette horrible nervosité. Même Xavier repose le bloc-notes qui le suit partout pour rire et faire de grands gestes, mais au bout d'un moment, il annonce avoir besoin d'une pause. Devant la pellicule de sueur qui lui couvre le front et son teint grisâtre, Sebastian et moi échangeons des regards entendus.

L'état de Xavier ne fait qu'empirer avec l'arrivée de ses parents. Son père, qui porte les cheveux bien courts comme lui, nous décoche des regards meurtriers. Lui et sa femme viennent le prendre chacun par un bras et il part en traînant les pieds, le regard triste.

Deux minutes plus tard, un médecin plus âgé appelle les garçons pour les examiner. Pour nous deux, c'est le docteur Culdicott qui vient. Pendant qu'elle dégaine le stéthoscope, la nouvelle fille sociable qui est en moi lui demande :

— Et d'habitude, vous travaillez aux urgences ou ici ?

— Ici, mais après vingt ans à la médecine de l'armée, je suis la bienvenue aussi aux urgences.

Je comprends beaucoup mieux son efficacité militaire, maintenant.

— Comment va Rosa ?

Elle m'ausculte le dos.

— Pas mieux, malheureusement.

J'essaie de ne pas imaginer l'ADN étranger qui s'impose dans mon organisme pendant qu'elle examine mes ganglions. Elle garde une expression neutre.

— Le docteur Sternfield m'a dit que j'avais été exposée à des anticorps peu courants, sans doute pendant mon voyage en Indonésie. C'est pour ça que je ne m'évanouis plus et que je ne suis pas dans le coma ?

— Possible. Ce serait plus facile de répondre si on pouvait localiser le docteur Sternfield.

Je me racle la gorge.

— Est-ce que je pourrais avoir transmis le virus à ma famille ou à mon copain ?

C'est la première fois que je dis à voix haute « mon copain », et elle est teintée d'amertume.

— Trop tôt pour savoir. As-tu eu des rapports avec ton copain ?

Les joues en feu, je lui réponds qu'on s'est seulement embrassés.

— Alors, dis-lui de guetter les symptômes. C'est la recommandation qu'on donne à tous les proches et à tous ceux qui sont entrés en contact avec vous.

J'ai l'impression d'être porteuse de la typhoïde.

Le docteur Culdicott se dirige vers Chloé, qui a toujours une température élevée. Sans réponse sur l'heure à laquelle nous pourrons partir, elle s'en va.

Quelques minutes plus tard, les garçons reviennent, à part Xavier, qui subit des examens complémentaires. Nous tournons en rond dans la chambre en nous assurant les uns les autres qu'on se sent bien. Même Chloé, dont ce n'est manifestement pas le cas. Les rires de tout à l'heure ont été remplacés par les bruits des manifestants et les klaxons des voitures au-dehors.

Shane enfonce les mains dans ses poches.

— C'est comme dans ce vieux film d'horreur où tout le monde est prisonnier sur une île et où un fou les massacre un par un.

Chloé est horrifiée et si Jesse n'était pas aussi occupé à la réconforter, je parie que Shane serait le premier à se faire massacrer sur notre île. Je le reprends sèchement :

— Ce n'est pas toi qui prétendais que les groupies valaient bien quelques maux de tête ?

Il fait moins le fier que d'habitude.

— Xav n'avait pas l'air dans son assiette et à mon avis, c'est pas parce qu'il a passé la moitié de la nuit à chuchoter avec Sebastian.

Au cas où Shane serait réellement inquiet, je déclare :

— Xavier ne devrait pas tarder à se remettre. Ce qu'on a n'est sans doute pas transmissible très facilement, donc tant qu'on prend nos précautions, ils devraient nous laisser partir.

Mes paroles ramènent un vague sourire aux lèvres de Shane.

— Et qu'est-ce que tu entends par « prendre ses précautions » ?

Il ne mérite pas que je lui réponde. Sebastian met une chaîne locale à la télé.

Après deux sujets, on voit le docteur Gordon, flanqué d'une équipe de blouses blanches dans la grande salle de réunion de Nova. Il annonce :

— Nous enquêtons avec le plus grand sérieux sur un traitement non validé qui aurait été administré par un chercheur de notre laboratoire. Je souhaite souligner qu'un tel agissement constituerait une violation absolue de nos réglementations extrêmement strictes. Mon équipe collabore avec les autorités afin de les assister dans leur enquête et nous mettons tout en œuvre pour améliorer la situation au plus vitc.

Sa déclaration terminée, il sort de la pièce sans répondre à aucune question.

Chloé presse les mains sur son visage et gémit :

— Pourquoi j'ai les oreilles qui sifflent autant? Pourquoi j'arrive pas…

Elle tombe, rattrapée par Jesse.

— Chloé !

J'appuie sur le bouton d'appel. En quelques instants, une infirmière entre en trombe dans la pièce. Après une rapide vérification, elle lance des ordres dans un combiné.

Le docteur Culdicott ne tarde pas à débarquer, suivie par deux aides qui poussent un lit à roulettes. Chloé est déposée sur le lit. Jesse lui tient la main.

Le médecin, l'expression grave, s'approche du lit en l'avertissant :

— Tu n'as pas le droit de l'accompagner, tu sais.

Jesse s'accroche à la main de Chloé, la mâchoire crispée.

D'une voix habituée à se faire obéir, elle ordonne :

— Lâche-la. Tout de suite.

Jesse garde la main en l'air quelques secondes après avoir abandonné celle de Chloé. Il se laisse tomber au pied de mon lit en poussant un soupir. Je viens le rejoindre.

— Elle s'est déjà rétablie après un évanouissement. Ça peut se reproduire.

Nous restons silencieux, perdus dans nos pensées. Tout est tellement irréel. Pourquoi le docteur Sternfield nous a-t-elle choisis ? Étions-nous simplement les cibles les plus faciles, ou existait-il une raison scientifique à inclure chacun de nous dans son expérience ignoble ? Je ne sais pas ce qui me déprimerait le plus : avoir été choisie au hasard ou de manière délibérée.

Sebastian se balance sur sa chaise tout en se frottant le crâne.

— Vous saviez que Xavier avait commencé la fac avec un an d'avance, avec une bourse au mérite ? Sa famille est hyper fière, mais ils veulent qu'après, il travaille au cabinet de son père. Et qu'il épouse une Philippine.

Je lui tends un mouchoir.

— Et qu'est-ce qu'il veut, lui ?

— Faire de la recherche médicale, évidemment. Et tomber amoureux de qui il veut, ajoute-t-il en reniflant. J'aurais aimé qu'on puisse se connaître avant… avant toute cette histoire.

Je bondis du lit.

— J'appelle le docteur Gordon. Il faut qu'il traque sa fille, quitte à faire appel aux gardes forestiers.

Jesse se tape dans la paume.

— Ce labo de malades devrait être réduit en cendres !

Il transpire, j'espère qu'il n'a pas de fièvre.

Shane commence :

— Ce qu'on devrait vraiment faire, c'est…

Une voix nous parvient alors du couloir, comme amplifiée par un mégaphone.

— Mettez tous un masque immédiatement. Vous en avez sur les tables de nuit.

— Qu'est-ce qui se passe ? crie Jesse.

— Nous vous brieferons une fois que vous aurez obtempéré.

Comme la seule façon de savoir est « d'obtempérer », nous revêtons les masques et signalons que nos nez et nos bouches sont couverts.

C'est le docteur Culdicott qui entre, quasiment en combinaison spatiale, les yeux méfiants derrière sa visière transparente.

— Nous allons appliquer un protocole antipropagation d'infection plus strict et vous placer en confinement.

Une autre personne masquée arrive pour régler le système de ventilation. Ou alors, il nous coupe l'air, parce que soudain, j'ai du mal à respirer.

Shane se vautre dans une chaise et étend les jambes, comme le jour de la réunion des ados chez Nova.

— On a déjà ce que nous a refilé doc Charlotte. Pourquoi l'état d'urgence, d'un coup ?

À l'opposé de son attitude décontractée, je me sens de plus en plus tendue. Le docteur Culdicott croise les bras, solennelle. Il faut s'attendre au pire, vraiment au pire.

Enfin, après un soupir, elle déclare :

— J'ai la grande tristesse de vous annoncer que votre amie Rosa est décédée.

14.

Je suis paralysée. Ce n'est pas possible que Rosa soit partie. Pour toujours. Et tout ça pour quoi ? Parce qu'elle voulait parler au garçon qui lui plaisait et qu'elle était suffisamment désespérée pour se laisser séduire par la proposition du docteur Sternfield. Qui est désormais officiellement une meurtrière.

Le docteur Culdicott regarde par la fenêtre un moment, puis se reprend. Elle se racle la gorge.

— Nos tests sur les acides nucléiques ont identifié le même virus dans tous vos échantillons sanguins, probablement le vecteur utilisé par Charlotte Sternfield pour propager l'ADN altéré. En principe, les praticiens retirent les caractères infectieux de ces vecteurs viraux, mais peut-être que dans sa précipitation, quelque chose a mal tourné.

— Et vous pensez pouvoir le guérir ? s'informe Sebastian.

— L'identification, c'est la première étape. Nous allons tous vous mettre sous interféron, qui est efficace contre nombre d'autres virus. Mais même si nous stoppons le processus, vos symptômes résultent sans doute de l'ADN altéré, et il pourrait demeurer dans vos cellules même si le virus cesse de se propager. C'est compliqué.

Bien entendu. Ça n'allait pas être simple. Et il va leur falloir du temps pour débrouiller tout ça. Je ne me sens pas fiévreuse. Au contraire, j'ai froid, très froid.

Même Shane n'arrive plus à faire son malin. Il se balance sur les pieds arrière de sa chaise, puis la laisse retomber avec un bruit sourd, avant de recommencer, encore et encore.

— Nous avons informé vos parents, qui ne sont pas autorisés à vous rendre visite pour l'instant, poursuit le docteur Culdicott avant de prendre une longue inspiration. Je suis désolée pour Rosa. Perdre quelqu'un de si jeune, c'est toujours trop dommage.

Elle demande aux garçons d'aller prendre leurs affaires dans l'autre chambre. Jesse reste pour aider Chloé à rassembler les siennes. En plus de mon sac, j'attrape le petit bloc-notes laissé par Xavier. Je parcours les pages, qui énumèrent des dizaines de gènes possibles, avec des notes griffonnées en marge. Cela suffit à me donner de l'espoir jusqu'à la dernière page, où il a écrit POUBELLE en énormes lettres, comme pour décréter que ses hypothèses ne valaient rien au final.

Une infirmière masquée nous accompagne dans un sas qui semble nous aspirer. Les yeux apeurés des garçons cillent au-dessus des masques. Nous choisissons nos lits sans conviction.

L'espace baigné d'une lumière crue n'a aucune fenêtre et il est revêtu de film plastique du sol au plafond.

On entend un bourdonnement régulier, sans doute un dispositif qui pompe nos souffles éventuellement malades via des filtres pour les purifier. L'infirmière ne s'attarde pas et nous dit au revoir. Une fois la porte refermée, nous retirons nos masques. Qu'ils aillent se faire voir ! Le CZ88 coule déjà dans nos veines.

Sebastian a les cils humides et pour une fois, son corps n'est pas en mouvement.

— Pauvre Rosa. Vous croyez qu'elle a profité un tout petit peu du Charisma avant… avant ?

J'attrape un mouchoir.

— Elle était excitée comme une puce d'être enfin avec le garçon sur qui elle craquait.

Je raconte quelques petites anecdotes sur Rosa, comme pour rappeler qu'elle a été vivante. C'est ce qui nous a tous poussés à accepter le Charisma au départ, non ? Être vus, reconnus, tisser de nouveaux liens… Comment le docteur Sternfield a-t-elle osé nous exploiter pour ça ?

Shane pousse un soupir.

— Faut qu'on exige de Gordon qu'il nous laisse voir nos familles, ou au moins, qu'on puisse leur faire des vidéos d'adieu, au cas où.

Je m'attends à ce que Sebastian le reprenne d'être aussi morbide, mais en fait, il bondit du lit.

— Chaque seconde est précieuse. Filmez-moi, en l'honneur de Rosa.

Je pointe mon téléphone sur lui, qui a déjà commencé à tournoyer, à s'étirer et à sauter, comme pris d'un coup de folie. Même quand la sueur lui dégouline dans le cou, il continue, enchaîne deux pirouettes, trois, cinq… Il ne s'arrête que quand ses jambes cèdent sous lui. Agenouillé au sol, il sanglote.

Shane et moi accourons pour le prendre par les épaules. Malgré ma répugnance, je dois lui demander :

— Tu es malade, Sebastian ? On va appeler les médecins.

Il se relève.

— Non ! Et de toute façon, ils ne peuvent rien faire. On lit très bien le désespoir et la frustration sur leur visage. Comme sur les vôtres. Vous ne pouvez pas me cacher vos sentiments. Pas depuis que j'ai le Charisma.

J'échange avec Shane un regard sceptique. L'altération d'ADN ferait-elle délirer Sebastian ?

Il titube et marmonne :

— Je vais m'allonger.

— Excellente idée, commente Shane en le tenant par le coude.

Les bras croisés, je fais les cent pas en me maudissant d'avoir été aussi crédule. Quand je reverrai le docteur Sternfield, je profiterai de cette voix que je n'ai plus peur d'utiliser. Peut-être de mes poings, aussi. Je dis à Jesse :

— Tu es le seul vraiment innocent, dans cette histoire.

Près de la porte, il fait passer un gobelet d'une main à l'autre.

— Je comprends pas comment vous avez pu avaler ça.

Je regarde mes pieds.

— Ça doit être dur à comprendre pour quelqu'un comme toi, de saisir pourquoi on peut être prêt à tout pour changer.

Il rattrape le gobelet avec un son creux.

— « Quelqu'un comme moi » ?

— Quelqu'un qui a tout : beau, sûr de lui, sportif. Je parie que tu as toujours beaucoup capté l'attention, star du foot que tu es.

Il grimace.

— Je suis pas une star. Et c'est vrai que j'ai été tenté de faire un truc radical pour le devenir.

— Prendre des stéroïdes ?

— C'est ce que font les vraies stars, dans notre équipe. Tout le monde est au courant. Parfois, j'ai été si près d'être avec eux, de briller. Mais ce ne serait pas vraiment moi. C'est de la triche.

— Tu estimes que le CZ88, c'était notre façon de tricher ?

Les yeux dans les yeux, il me renvoie :

— Pas toi ?

Le téléphone fixe à côté de mon lit sonne. Nous échangeons des regards. Nouvelle sonnerie. Shane est toujours collé à Sebastian, et Jesse continue son jeu idiot avec le gobelet. C'est moi qui décroche.

— Aislyn ? me dit une voix qui fait bondir mon cœur.

— Jack ? Comment tu m'as trouvée ?

— Ben, ta mère était bizarre au téléphone quand j'ai essayé d'appeler et Evie m'a envoyé des tas de questions louches sur ma santé. Quand j'ai vu les infos, ça n'a pas été compliqué de faire le rapprochement.

Je m'éclaircis la gorge.

— Je voulais t'en parler, mais j'ai tellement honte…

— C'est avec ce Charisma que tu as arrêté de me fuir ?

Je me mords les lèvres.

— Je n'ai jamais voulu fuir, mais rien que te parler, c'était très difficile.

— Pourquoi ? Tu m'as toujours plu. T'es la fille la plus jolie et la plus intelligente que je connaisse.

— Ce n'est pas comme ça que je le ressentais. T'as vu comme j'étais nerveuse à la fête de Drew. Et le concours de sciences, la cata…

— Tu aurais fini par y arriver, toute seule.

— Peut-être, on ne le saura jamais…

Un silence suit, assez long pour que mes jambes se mettent à trembler. Enfin il déclare :

— Tant que tu vas bien et que tu peux sortir bientôt, ce n'est pas grave.

Je me retourne vers les mecs, une main sur ma bouche.

— Tu ne penseras peut-être plus la même chose quand je t'aurai tout raconté… L'une des filles a transmis ce qu'on a à son copain. Ils avaient une relation, euh, plus physique, je pense, mais les médecins nous ont mis en quarantaine maintenant que quelqu'un est mort.

— Quelqu'un est mort ? répète-t-il, la voix étranglée.

Je lui dis pour Rosa et j'entends la respiration oppressée de Jack à l'autre bout.

— Je devrais me faire tester aussi, alors ?

— Tu n'as qu'à joindre le docteur Culdicott ici, à l'hôpital. Tu as remarqué des différences chez toi, récemment ? Tu te sens plus ouvert aux autres ? Tu as des maux de tête ? Des vertiges ?

— Rien de tout ça. Bon, je vais appeler ce médecin. Aislyn, c'est de la folie, cette histoire.

— Je suis trop, trop désolée. Tu me diras comment ça s'est passé avec le médecin, hein ? S'il te plaît.

— Bien sûr.

Et il le fera, contrairement à moi, qui n'ai pas trouvé le courage de l'appeler la première. Quand je raccroche, j'ai mal à la tête. Signe de coma imminent? Je me mets sous les couvertures et les rabats sur ma tête. Mais fermer fort les paupières n'aide en rien à oublier. Même quand je m'endors, mes rêves sont sombres et emplis de colère.

Au milieu de la nuit, la porte s'ouvre dans un bruit de succion et deux aides-soignants emportent Sebastian, inconscient, aux soins intensifs. Un gémissement s'échappe de ma gorge. Je me sens lourde. Moitié endormie encore, je me promets que dès que je le pourrai, je posterai sa vidéo de danse, afin que le monde le connaisse comme on ne pourra jamais connaître Rosa.

Au matin, un nouveau médecin nous annonce que tous les autres ados ayant accepté de se faire injecter le Charisma sont dans le coma. Un certain nombre de patients de l'hôpital général de Seattle montrent les mêmes symptômes.

J'ai du mal à respirer.

— Alors, pourquoi on n'est pas encore malades?

— Même la peste, qui a tué des millions de personnes, a laissé beaucoup de survivants, nous dit le médecin. Vous faites peut-être partie des chanceux.

Je m'affaisse sur mon lit.

— Génial, grogne Jesse. On a la peste. Je me sens trop chanceux.

Le médecin s'agite sous ses vêtements de protection dans un bruit de froissement.

— Chacun est différent, avec des immunités différentes.

Jesse recommence à jeter son gobelet d'une main à l'autre, manque le masque du médecin de quelques centimètres.

— Ou alors, le virus prend son temps, comme pour le sida.

— Vous êtes tous les trois stables, pour l'instant.

Jesse rit.

— Pour l'instant. Chloé avait l'air bien après s'être évanouie. Et puis vlan !

Le médecin prend son temps pour répondre.

— Je sais à quel point toute cette situation est frustrante pour vous.

Jesse, les yeux rouges et humides, gronde et agrippe sa couverture.

— Ça fait plus de vingt-quatre heures que je suis tombé dans les pommes. C'est le calme avant la tempête, non ? Vous pensez que j'en ai pour combien ?

Le médecin s'efforce de le rassurer, mais que peut-il dire ? De mon côté, je n'ai pas eu de symptômes depuis plus longtemps que Jesse, donc si une tempête arrive, je serai la première.

Je me lève pour tirer le rideau autour de mon lit.

— Vous pouvez m'examiner.

Sans beaucoup plus de commentaires, le médecin procède aux examens. Hormis les oreilles de Jesse, qui sifflent un peu, notre état est stable. Pour l'instant.

À peine le médecin est-il sorti en se dandinant que Shane attrape le combiné du téléphone près de son lit et compose un numéro.

— Bonjour, docteur Gordon, c'est encore Shane. On a besoin de mieux que ces antiquités de téléphones pour communiquer avec nos proches tant que c'est encore possible. Sinon, je suis persuadé qu'une chaîne d'infos acceptera de nous procurer du matériel décent en échange d'une interview au sujet de votre fille.

Il raccroche violemment et Jesse se redresse assez pour faire mine de lui taper dans la main depuis son lit.

— Bien fait pour cet enfoiré.

Mon téléphone sonne et je bondis dessus.

— Oh, ma chérie ! s'écrie maman. Comment tu vas ?

— Ça va. Je suis juste triste pour Rosa, et inquiète pour les autres.

Ainsi que pour moi.

— Ma puce…

Un petit sanglot me parvient, ce qui me glace entièrement. Ma mère ne pleure jamais. Elle est toujours tellement au taquet pour nous deux.

Elle se reprend tout de même assez pour affirmer :

— Le docteur Gordon est sûr qu'ils vont trouver quelque chose. Ils sont en train d'examiner l'ADN du virus trouvé sur vous. Il faut juste t'accrocher, comme je sais que tu en es capable, OK ?

J'avale péniblement ma salive.

— Je vais essayer.

La voix rauque de Sammy résonne.

— Reviens vite, Aislyn.

Il se met à tousser.

La voix brisée, j'articule :

— Je suis vraiment désolée pour tout ça.

Quand enfin on raccroche, c'est à peine si je peux respirer. Shane, qui vient aussi de terminer un appel, est aussi vert que je dois l'être. Il tape du poing sur son lit.

— Les médecins vous ont interrogés sur les... contacts ?

— Ouais, dis-je avant de comprendre. Une de tes copines est malade ?

Il se frotte les yeux avant de répondre :

— Les deux avec qui j'étais pour l'émission racontent des trucs. Bon, il y a eu un peu de bisous-bisous pour la caméra, mais on se réservait pour l'épisode suivant, vous voyez ? Bref, l'une des familles menace de poursuites.

Je croise les bras.

— Tu es en train de me dire que Shane, le beau gosse qui les fait toutes tomber, n'a rien fait avec personne depuis qu'il a pris le Charisma ?

Il s'agite sur place.

— Je venais de les rencontrer. Je suis pas un animal, quand même.

Jesse émet un son dubitatif sur son lit, de l'autre côté de celui de Shane.

Je me frotte les lèvres en me remémorant le contact chaud de celles de Jack. Oh, j'espère tellement ne pas lui avoir transmis ce que j'ai ! Rétrospectivement, j'aurais aimé que maman m'interdise de le voir...

Je sens le désespoir former une boule dans ma gorge. Comme je veux éviter de m'effondrer devant les autres, je cours dans la salle de bains attenante. Sous une douche très chaude, je me laisse aller à pleurer et je donne des coups dans la faïence. Une fois mes mains pleines de bleus et ma peau plissée, je retourne dans la chambre.

Un homme vêtu d'une combinaison antirisques bactériologiques s'active sur une prise de courant. Il recule en m'apercevant et me demande de mettre un masque aussitôt.

Je m'exécute. Un ordi portable est apparu au pied de mon lit.

Shane est en train de cliquer sur un autre, posé sur sa tablette de chevet. Vingt minutes plus tard, le technicien se relève et rassemble ses affaires.

— Je ne sais pas qui vous avez soudoyé, mais voilà, vous avez votre connexion Internet.

Il fonce vers la porte.

J'entre mes identifiants pour accéder à ma page, qui explose de nouveaux messages, dont beaucoup me félicitent d'avoir changé en mieux, et encore plus qui espèrent que je ne vais pas y rester. Kiera a dû tous nous dénoncer. Plus étonnant, quelques personnes voudraient savoir comment se procurer du Charisma. Une bonne femme de Los Angeles demande comment gérer l'effet secondaire « pétasse ». C'est forcément une blague.

Je farfouille sur le site de Nova à la recherche d'une photo de Charlotte Sternfield utilisable pour lancer une grande traque collective en ligne. Un week-end en camping, mon cul, oui ! Je plisse les yeux et fais défiler la présentation du personnel, une première fois, puis une autre.

— C'est comme si elle n'avait jamais existé, dis-je, prise d'un grand frisson.

— Hein ? marmonne Shane.

— Le docteur Sternfield n'apparaît pas sur le site de Nova Genetics. Je voulais diffuser sa photo, pour lancer un appel à témoin.

Il commence à taper.

— Elle ne peut pas échapper aux moteurs de recherche, dit-il avant de cliquer un petit moment. Bon… Plus rien depuis la fac de médecine. C'est comme si elle savait qu'elle devrait se planquer un jour.

Et elle nous a quand même recrutés. Moi qui étais glacée, je deviens brûlante.

Écumante de rage, je diffuse au maximum sa photo de fac, en priant les gens qui disposeraient d'infos de contacter l'hôpital. J'ai les jambes qui n'arrêtent pas de bouger. Être de nouveau dans l'action me confère un regain d'énergie inattendu.

Mais à mesure que la journée avance, les messages que je reçois sont de plus en plus déjantés. Je m'endors le soir sans avoir progressé d'un pouce.

Je suis réveillée par Shane qui demande d'une voix forte :

— Jesse, tu vas bien ?

Allongé sur son lit, l'air sonné, les mains sur les oreilles, Jesse marmonne un « ouais, ouais », mais son expression dément ses paroles.

— T'as intérêt à nous dire si ça va pas, mec, déclare Shane en saisissant la télécommande.

À l'écran, tout un essaim d'experts se répand en spéculations : quelle est l'étendue du phénomène ? Est-ce le résultat d'un acte terroriste ou d'un savant fou ? Au moment où je vais demander à Shane d'éteindre, une présentatrice ressemblant à une poupée de porcelaine s'anime en annonçant « le dernier scoop ».

Malgré la peur qui me ronge d'apprendre la mort de nouvelles victimes, je m'approche de l'écran. Une photo du docteur Sternfield apparaît. Pas très nette, mais plus récente que celle que j'ai postée.

— Étrange rebondissement : la chercheuse de Nova Genetics, qui aurait administré un traitement génétique mortel non approuvé par son laboratoire à au moins deux douzaines de personnes dans le nord-ouest des États-Unis, est visible dans une vidéo dérangeante envoyée à notre chaîne. Attention, les images à suivre ne sont pas adaptées à un jeune public.

Mais qu'est-ce qui se passe ? Quelqu'un a retrouvé mon ancienne directrice de stage ?

Solennelle, elle regarde bien la caméra, les traits durs. Le vent secoue ses cheveux auburn devant un ciel gris au rendu flou. La voix tremblante, elle déclare :

— Je suis désolée. Pour tout.

La caméra recule de plusieurs pas : elle est debout sur la rampe d'un pont.

Mon sang, ou du moins ce qu'il en reste, afflue à mes pieds. Je veux la faire descendre de ce pont, arrêter de se planquer et nous trouver un antidote.

Sur le lit d'à côté, Shane gronde :

— Ne fais pas ça ! Ne fais pas ça !

La caméra tremble, le temps semble s'arrêter. Charlotte Sternfield regarde vers le ciel, comme pour y chercher une réponse. Ensuite, elle hoche la tête, déterminée.

Je tire la couverture jusqu'à mon menton en priant pour qu'elle reprenne ses esprits.

Elle prend une grande inspiration puis, après un baiser du bout des doigts et un geste de la main, elle se détourne et saute dans le vide.

15.

Non.

Non.

Non.

Je m'élance, comme pour plonger dans la télé et la rattraper. La caméra suit la descente de Charlotte Sternfield jusque dans l'eau, tout en bas, où elle tombe sans un bruit, littéralement engloutie. Pendant un long moment, l'eau reste inchangée, puis la vidéo s'arrête.

Je me tourne vers Shane, qui fait de même. Il est sous le choc.

Retour de la présentatrice à l'écran :

— Nos sources essaient d'identifier la localisation de ce pont, mais la vidéo paraît authentique. Nous nous efforçons de découvrir qui l'a envoyée.

— C'est des conneries ! explose Shane.

Je me pose les mains sur le ventre.

— Pourquoi elle ferait ça ? C'est pas logique du tout.

Shane s'acharne sur la télécommande, faisant défiler chaîne après chaîne, puis finit par la jeter sur son lit.

— Si elle n'est pas morte, cette salope, je la tuerai !

Comme engourdie, je garde les yeux rivés sur l'écran. La mort de Rosa a mis fin à ma joie. La mort du docteur Sternfield a mis fin à mon espoir.

Je balaie la pièce du regard. Jesse est bien immobile… D'un pas trébuchant, je vais le secouer par l'épaule. Sa respiration est très superficielle et il ne réagit pas quand je lui tire sur le bras.

— Réveille-toi !

Shane appelle une infirmière et met un masque. En quelques minutes, toute une équipe médicale s'active, avec encore un lit à roulettes. Deux femmes bien bâties y déposent Jesse et le font sortir. Sans dire un mot.

Il ne reste plus que nous deux. Sans chercheuse pour venir annoncer qu'elle a développé un antidote.

Tout pâle, Shane déclare :

— Merde, c'est flippant.

Je ferme fort les yeux en essayant désespérément de retenir mes larmes. Je n'ai même pas dix-sept ans. Ça ne peut pas finir comme ça. Je devrais être à la maison, avec maman et Sammy, en train de faire des trucs normaux, de travailler à la piscine, de retrouver Evie, de dire à ma famille à quel point je les aime. Je ne peux pas partir sans qu'ils le sachent.

Je m'essuie les joues.

— On devrait peut-être faire ces vidéos d'adieu dont tu parlais.

Shane respire profondément.

— Tu veux que j'aille à la salle de bains pour te laisser un peu d'intimité ?

Alors là, si Shane se met à respecter les limites, nos heures sont vraiment comptées.

Je prends de longues respirations répétées pour lutter contre la panique.

— Je sais pas quoi raconter.

Il s'assied sur le lit à côté de moi. Dire qu'à la maison, aucun mec de mon âge n'est jamais entré dans ma chambre. Quand il me prend la main, c'est un vrai réconfort, je n'ai pas l'impression qu'il me drague.

— Tu dis à chaque personne combien elle compte pour toi. Tu peux parler de vos meilleurs moments ensemble. Et de ce que tu leur souhaites pour l'avenir.

Ses suggestions sont tellement définitives. Et pourtant, merde, ces vidéos pourraient bien être les dernières !

Je hoquette :

— Je ne veux pas que ma mère et Sammy me voient pleurer.

D'une voix douce, il répond :

— Dans ce cas, tu arrêtes le film, tu te passes de l'eau sur le visage et tu recommences.

Je hoche la tête.

— Je te laisse, mais si tu veux que je revienne, tu m'appelles.

Il emporte son ordi dans la salle de bains et je regarde le mien. Je vais d'abord tourner la vidéo pour maman. J'inspire profondément. Encore une fois.

Reniflant, j'appuie sur « Enregistrer ». Je dis à maman que je suis vraiment désolée, qu'elle est la meilleure mère qu'on puisse rêver. Qu'elle est géniale d'avoir autant d'attentions pour Sammy et moi. Je dois m'y reprendre à plusieurs fois mais je parviens finalement à tout débiter en une fois.

Ensuite, je m'adresse à Evie. Qu'est-ce qu'on dit à sa meilleure amie de tout l'univers ? J'essaie de mon mieux, ce qui me refait pleurer, mais je n'arrête pas le film. Je lui rappelle qu'à chaque début d'année scolaire, on dessine une carte pour maximiser le nombre de fois où on se croisera dans les couloirs. Et chacune de ces rencontres planifiées était une oasis de calme au milieu du chaos de la journée. Elle a toujours été ma bouée de sauvetage. Je termine sur un : « Miel Pops, Miel Pops, Miel Pops. »

Si seulement il était aussi facile de s'enfuir !

Je me mouche et m'octroie une petite pause avant de passer à la vidéo pour Jack, qui consiste surtout en une litanie de souhaits et de regrets. Je termine submergée par le sentiment qu'on me retire quelque chose qui n'était pas encore vraiment à moi.

Ce qui me laisse le film le plus difficile. Que dire à Sammy ?

J'appuie à nouveau sur « Enregistrer » et je me racle la gorge.

— Salut, frangin. Je suis là, à l'hôpital, c'est chiant. Je voulais te faire une petite vidéo au cas où…

Au cas où quoi ? Non, je ne peux pas dire ça.

J'efface et je m'y remets.

Et je recommence, encore.

L'enfer, c'est essayer de dire à son petit frère que tout ira bien, alors qu'on sait qu'il sera au trente-sixième dessous. Pas question que ma dernière impression sur Sammy soit celle que je suis une menteuse.

Finalement, je me laisse guider par mon cœur.

— Coucou, Sammy. Si tu regardes, c'est que les choses ne se sont pas trop bien passées. Je sais que tu es triste.

Je veux que tu saches que j'adore être ta sœur. Tu es la personne la plus forte que je connaisse. Et même s'ils n'ont pas trouvé de remède à temps pour moi, je sais qu'ils vont t'en trouver un. Obligé.

J'interromps le film pour m'essuyer les yeux avant de poursuivre.

— Bref, maintenant, c'est à ton tour de t'assurer que maman ne fait pas de bêtises. Ne la laisse pas mettre du grunge trop fort. Et quand elle rentre vraiment crevée du boulot, laisse-la faire la sieste. Pendant que tu attends qu'elle se réveille, tu peux créer tout une nouvelle série de personnages de mangas, ou dessiner une fresque. Je t'aime, Sammy.

Clic.

Ce n'est qu'à ce moment que je comprends quelque chose au sujet de mon frère. Toutes ces années, je pensais que sa passion pour l'art était un moyen sympa de passer le temps, voire une échappatoire à ses tracas quotidiens. Mais maintenant, je prends conscience que ce n'est pas tout. Sammy veut laisser une marque, créer des objets durables au cours de l'espérance de vie qu'on lui a donnée. Comment n'ai-je pas vu ça plus tôt ?

Je bats des cils à toute vitesse et enregistre les vidéos dans un dossier que j'intitule : « En cas d'urgence ».

Je me blottis sous ma couverture et regarde une émission sur le réchauffement climatique. Enfin, Shane revient de la salle de bains, les yeux gonflés. Il laisse tomber son ordi sur son lit et vient me rejoindre face à la télé. On reste comme ça jusqu'à l'arrivée du docteur Culdicott, qui a l'air profondément troublée. Shane me prend la main et la serre avec force.

— Dites-nous.

Elle croise les bras dans sa combinaison spatiale.

— Il y aurait une centaine de victimes sur la côte ouest. Apparemment, le docteur Sternfield s'est servie de tout un tas de volontaires pour des essais cliniques comme cobayes. Quant à Xavier, son état est plus que précaire… On a dû le réanimer deux fois dans les dernières heures.

Un sanglot s'échappe de ma poitrine. Ce garçon si gentil, qui mérite tellement plus de temps. Avec Sebastian.

— Statistiquement, les chances jouent pas en notre faveur, hein ? commente Shane.

Le docteur Culdicott secoue la tête.

— Je vous tiens au courant dès que nous trouvons quelque chose. En attendant…

— On a déjà fait nos vidéos d'adieu, l'interrompt Shane.

Elle a un petit sursaut mais plutôt que de nous réprimander d'avoir abandonné l'espoir, la jeune femme hoche la tête.

— C'est ce que font les soldats en Afghanistan.

Les journées suivantes passent dans une brume de fébrilité. Je communique autant que possible par vidéo ; je dis ce qui doit être dit, même si c'est à travers des larmes. Les médecins nous injectent de l'interféron, mais notre charge virale reste à l'identique.

Une semaine après notre arrivée ici, c'est la fête nationale et Sammy agite un drapeau pendant notre conversation vidéo.

— Maman m'emmène voir le feu d'artifice et...

Une insupportable quinte de toux le force à s'interrompre. D'instinct, je tends la main vers une boîte de mouchoirs.

— Vivement l'essai AV719. La semaine prochaine, c'est ça ?

Les yeux larmoyants, il répond d'une voix étranglée :

— Pas d'essai.

— Ils ne le font pas ?

Nova Genetics n'est même pas le premier labo en la matière.

Sammy secoue la tête.

— C'est maintenu, mais sans moi.

J'ai du mal à respirer. Ils l'ont viré à cause de moi ?

— Je peux arranger ça, Sammy. Je vais appeler le docteur Gordon et il contactera l'université.

Sammy regarde bien la caméra, la respiration difficile.

— Ce n'est pas eux qui l'ont décidé. C'est maman qui ne veut pas le risquer, après ce qui t'est arrivé.

Mon hurlement terrifie Sammy et Shane, qui accourt vers moi. Je le repousse et crie vers l'écran.

— C'est n'importe quoi ! Passe-moi maman.

Sammy secoue la tête.

— La thérapie génique, c'est pas un miracle. Tu devrais le savoir.

— Ça n'a rien à voir. J'arrive pas à croire que vous me l'ayez caché. Dis à maman de venir tout de suite ! Maman ! Comment tu as pu retirer Sammy de l'essai ?

— Calme-toi, répond-elle à l'écran. Tu lui fais peur.

— Je lui fais peur ? dis-je d'une voix encore plus aiguë. Et le guérir, tu y penses ? Tu as vu les données sur l'AV719. Il en a besoin.

— Pas maintenant, Aislyn. Quand tu te seras ressaisie, on pourra en discuter en adultes.

Elle coupe notre discussion.

Oh, c'est pas vrai, qu'est-ce que j'ai fait ? Ma décision d'accepter le CZ88 met en danger la vie de Sammy aussi. Je me balance sur mon lit en pleurant.

Shane me tapote le dos et émet des sons apaisants, mais je lui demande de me laisser tranquille. Je dois régler ça, m'assurer que Sammy aura sa chance. Je bondis sur le téléphone.

Quand le docteur Gordon me répond, j'essaie de me maîtriser, mais je ne peux m'empêcher de parler trop fort.

— Comment vous avez pu laisser ma mère retirer Sammy de l'essai ?

Sa voix éteinte me rappelle qu'il est encore en deuil de sa fille.

— Crois-moi, j'ai bien tenté de la convaincre… Donne-lui du temps.

J'ai envie de jeter le téléphone contre le mur.

— Du temps ? Si on attend trop longtemps, les capacités pulmonaires de Sammy pourraient être trop faibles pour qu'il puisse avoir droit à autre chose qu'une greffe.

— Elle est très échaudée, Aislyn.

— Alors va falloir que vous me guérissiez rapido, pour la refroidir.

Il soupire comme quelqu'un qui a connu des heures très sombres.

— Je fais de mon mieux.

— C'est pas suffisant. Les gens meurent autour de nous !

— Je sais, Aislyn, je sais bien, répond-il, la voix brisée.

Après cet appel, je tourne comme un lion en cage. Si je n'étais pas coincée ici, je pourrais convaincre maman, face à face. Je manque de percuter le docteur Culdicott au moment où elle entre dans la pièce. Je lui demande aussitôt :

— Quand mon frère est hospitalisé, il y a une liste de critères qu'il doit remplir pour pouvoir ressortir. Quelle est la liste pour Shane et moi ? Vous ne pouvez pas nous garder ici indéfiniment.

Visiblement prise de court, elle répond :

— À ce stade, si vous êtes isolés, c'est davantage à cause des risques que vous infectiez les autres que par rapport à vos symptômes.

Symptômes que, de toute façon, personne n'arrive à traiter.

— Mais tout indique que le virus ne se transmet pas par voie respiratoire. Il faudrait qu'on le fasse exprès.

Elle secoue la tête.

— Il y a encore tellement d'inconnues dans le domaine de la thérapie génique. Et des tas de gens manifestent pour que vous restiez en quarantaine.

Je me force à me calmer et paraître neutre.

— Et si on se maintient sans symptômes pendant un temps déterminé ? Si Shane s'engage par serment à ne coucher avec aucune fille ?

Le masque transparent du docteur Culdicott semble se creuser avec son front.

— C'est autant une décision politique que sanitaire. C'est le gouverneur lui-même qui devrait signer.

— Chaque jour où vous nous gardez ici, c'est une journée loin de nos familles.

Elle pousse un soupir.

— Je vais en parler avec les épidémiologistes.

Pendant qu'elle part, je lui lance :

— Bonne fête nationale !

Cette nuit-là, plusieurs heures après les feux d'artifice, je me réveille dans le noir : Shane s'agite dans le lit d'à côté et j'entends les pas de l'équipe de nuit. Une terreur grandissante me ronge. Je ne peux que m'imaginer fermer les yeux et succomber à un vide dont je ne me réveille jamais. Ou pire, dont je me réveille, mais pour me rendre compte que je suis dans le coma et que mon corps est une tombe qui enferme mon esprit.

Je repense à toutes les conversations que j'ai eues récemment. J'aurais dû convaincre maman de s'octroyer plus de temps pour elle. Je dois faire prendre conscience à Evie qu'elle a le courage dont j'ai toujours rêvé. Sammy doit comprendre qu'il a déjà laissé une marque indélébile, bien au-delà de son art. Jack sait-il à quel point je lui suis reconnaissante d'avoir vu autre chose que la fille hyper mal à l'aise que j'étais, et d'avoir quand même eu envie de me connaître mieux ? Je dresse mentalement une liste des choses que je dirai demain. Ça pourrait être la dernière fois que je parle aux gens que j'aime, si le CZ88 attend son heure. C'est une manière assez flippante de vivre. Ou de mourir.

Mais je me réveille le lendemain matin. Le docteur Culdicott ne cède pas sur le critère d'absence de symptômes, mais elle ne rejette pas non plus l'idée de nous relâcher. Je chatte avec Sammy et ma mère, qui me coupe dès que je parle de l'essai AV719. La troisième fois que j'aborde le sujet, Sammy demande à parler avec Shane. OK, tant que Shane ne lui donne pas de conseils en matière de filles.

À ce propos, c'est l'occasion pour moi d'avoir un semblant d'intimité. J'ouvre une conversation avec Jack.

Il me salue avec les yeux rougis par sa séance de piscine du matin. Je sens presque le chlore sur lui. Ah, ce que j'aimerais être assez près pour le sentir tout court. Le toucher. J'ai la peau qui fourmille à l'espoir de connaître de nouveau le contact de ses doigts.

J'entortille la couverture tout en lui donnant les dernières nouvelles :

— Même les gens sur qui on a éternué n'ont aucune trace du virus dans le sang. Tant qu'on ne partage pas de seringues, ou de trucs dans le genre, personne ne l'attrapera.

En prononçant ces mots, je me demande s'il se pose autant de questions que moi sur la partie « trucs dans le genre ».

Il rapproche son visage de la caméra, comme s'il pouvait lire mon désir.

— Une avocate de l'ACLU[1] parlait de vous à la radio hier. Il existe des lois de votre côté. On dirait bien que la transmission est la même que pour le virus du sida.

1. ACLU : American Civil Liberties Union : Union américaine pour les libertés civiques, qui milite pour les droits de l'homme (NDLT).

Je retiens mon souffle.

— Ça te fait peur ?

Il déglutit, détourne le regard avant de le reposer sur moi.

— Je veux juste être avec toi, Aislyn. Pour… pour le reste, on peut attendre que tu sois guérie.

— Le docteur Gordon n'arrête pas de nous dire qu'on est plus en sécurité ici qu'à l'extérieur, dis-je en soupirant. Tu aurais les coordonnées de l'avocate de l'ACLU ?

Il me les envoie après notre chat et je l'appelle aussitôt avec Shane pour lui exposer notre situation. Elle accepte de prendre en charge notre affaire tout de suite, et bénévolement.

Ensuite, Shane et moi nous asseyons côte à côte sur le lit, comme d'habitude, et il prend la télécommande. Nous limitons notre consommation d'infos pour pouvoir dormir la nuit, mais il est impossible d'éviter le décompte des morts et des comas dont on nous bombarde.

Alors qu'il zappe, nous tombons sur une émission concernant Nova Genetics. Cette fois, on voit une femme d'un certain âge qui ressemble beaucoup au docteur Sternfield. C'est sa mère, Sheyla Sternfield. C'est donc son nom de famille que porte Charlotte.

Sheyla Sternfield s'adresse à la caméra, le regard dur et clair.

— Ma fille n'aurait jamais commis un acte aussi désespéré si elle n'avait pas été traquée. J'espère qu'au moins, vous ne salirez pas sa mémoire davantage.

Il y a quelque chose de bizarre dans son attitude, mais j'ai du mal à mettre le doigt dessus. Je m'attendrais peut-être à plus de chagrin. Je sens des larmes me monter aux yeux à l'idée que ma propre mère doive porter mon deuil.

— Tu veux que je change de chaîne ? me propose mon compagnon d'infortune.

— Non. Il y a quelque chose qui ne colle pas dans son expression.

Il hoche la tête.

— C'est vrai, je perçois quelque chose aussi. Tu imagines, si jamais on peut sortir d'ici, les numéros qu'on pourrait faire pendant les soirées !

Ce n'est pas que nous puissions lire dans les pensées. Il s'agit plus d'une meilleure lecture des expressions des gens, sans doute une des manifestations de notre sociabilité accrue. Merci à notre chère disparue, Charlotte Sternfield.

— Tu crois que c'est la froideur de sa mère qui a changé le docteur Sternfield en savante folle ?

— Bof, répond Shane, il en faudrait plus que ça. De toute façon, le docteur Gordon a l'air plutôt bien. Les deux parents marquent leurs enfants.

Je pince les lèvres, sans trop savoir quoi répondre.

Soudain, ses yeux montrent qu'il comprend.

— Oh, pardon, fait-il en se posant les mains sur les cuisses. Si ce n'est pas indiscret, qu'est-ce qui est arrivé à ton père ?

— Pour la faire courte, il est mort dans un accident de plongée.

Je lui lance un regard bref et il me presse la main.

— Je suis désolé.

Je hoche la tête en prenant de grandes inspirations qui ne m'apportent pas tout l'air que je souhaiterais.

Le lendemain matin, le docteur Culdicott nous annonce que lors de sa vidéoconférence avec les décisionnaires, très probablement aiguillonnée par une certaine avocate de l'ACLU, ils ont abouti au consensus d'établir une liste de critères pour nous faire sortir.

— Genre ? demande Shane.

Elle énumère en levant les doigts un à un :

— Bien entendu, vos constantes vitales doivent rester stables. Pas d'autres symptômes de type sifflement d'oreilles ou évanouissement. Ce serait pratique de disposer d'un test pour le CZ88 qui soit plus économique que l'actuel. Il y aurait également une évaluation psychiatrique pour vérifier si vous êtes prêts à agir de façon responsable une fois à l'extérieur.

Nous acquiesçons. Shane n'a pas intérêt à tout gâcher.

— Alors, éventuellement, il serait possible que le gouverneur lève le décret d'isolement.

Avant de quitter la pièce, le docteur Culdicott ajoute :

— Au fait, avez-vous été en contact avec d'autres patients atteints par le CZ88 ? Nous essayons de localiser une certaine Sophia Washington, une jeune fille qui a disparu de l'hôpital général de Seattle.

— Elle n'a pas attendu la levée du décret ?

Je devrais peut-être aussi me faire la belle et harceler maman jusqu'à ce qu'elle change d'avis pour l'essai de Sammy.

Les yeux du docteur Culdicott se plissent derrière sa visière de plastique.

— Soit de son plein gré, soit elle a été forcée. Des gens louches traînent dans les hôpitaux où il y a des patients atteints du CZ88.

Un frisson désagréable me parcourt l'échine.

— Oui, on a vu qu'il y avait des fous qui voulaient exorciser les patients à Los Angeles. Vous pensez qu'ils sont montés à Seattle ?

— C'est ce qu'on tâche de déterminer. Mais pas de raison de s'alarmer. Nous avons un système de sécurité très au point. Personne n'entre ou ne sort sans autorisation.

Au temps pour mes rêves d'évasion.

Le lendemain matin, j'entends Shane se parler tout seul dans la salle de bains, et je me moque de lui quand il sort.

— Je m'entraînais juste pour mon entretien. Il faut avoir l'air crédible.

Je laisse tomber ma fourchette de petit dèj.

— Tu n'as pas de symptômes, si ?

— Non. Mais ils pourraient croire qu'on ment juste pour pouvoir sortir.

Je réfléchis.

— Si on peut se convaincre mutuellement de notre bonne foi, ça marchera avec n'importe qui.

Nous nous asseyons sur mon lit, en tailleur, genoux contre genoux, et nous regardons dans les yeux.

— Toi d'abord, me dit Shane en souriant.

— OK.

Je ferme les yeux un instant pour effacer toute expression de mon visage.

— Je ne ressens absolument aucun symptôme du CZ88.

Il me regarde avec acuité.

— Tu dis la vérité. Maintenant, dis-moi un mensonge, pour que je puisse comparer.

— Le test serait plus probant si je ne te disais pas les moments où je mens.

— C'est vrai.

Je me compose de nouveau une expression neutre, puis déclare :

— Quand je t'ai rencontré, je me suis dit que t'étais un gros con.

— Facile. Vérité.

— Maintenant, je te trouve presque sympa.

— Je détecte un petit frémissement, répond-il en me scrutant. Tu ne me trouves pas « presque sympa » ?

Je baisse les yeux pour ne plus voir qu'il est vexé.

— OK, cartes sur table, alors. Je pense que tu es vraiment sympa.

Son sourire fait ressortir des fossettes.

— Ah, là, c'est bon. Très honnête.

— À ton tour.

Il se tamponne le visage.

— La première fois que je t'ai vue, j'ai pensé que t'avais un problème.

— J'aurais pu te le dire sans savoir détecter les expressions du visage. À la fois que j'avais un problème et que tu le pensais.

— Maintenant, je sais que tu te la pètes grave.

Je lui tape sur le bras en m'écriant :

— Ha, ha ! Mensonge complet !

— Bon, et si je te dis : je pense que tu es sexy et adorable et j'aimerais que ton Jackounet chéri dégage pour pouvoir prendre sa place ?

Je retiens mon souffle. Tout sur son visage exprime qu'il dit la vérité, mais j'affirme :

— Pour l'essentiel, mensonges.

Et maintenant, c'est la gêne que je lis quand il détourne le regard en disant :

— Grillé.

Après un silence inconfortable, nous répétons jusqu'à être prêts pour le plus strict des interrogatoires.

Celui-ci a lieu le lendemain, avec des médecins, des chercheurs et des psychologues. Après coup, Shane marmonne :

— On pourrait les poursuivre en justice. Les patients porteurs du VIH n'ont pas à subir ces conneries avant de quitter un hôpital.

— Pour le sida, on est au clair sur la transmission. Pour nous, il n'y a pas encore assez de données.

— On pourrait leur en fournir, suggère-t-il en levant les sourcils.

— Ben, pas entre nous, vu qu'on est atteints tous les deux.

Il passe la main dans ses boucles.

— C'est nul. Ce transfert de gènes a donné l'inverse de ce que doc Charlotte avait promis.

— Disons qu'au moins, tu es plus gentil qu'avant.

— Pour ce que ça va me servir, marmonne-t-il en donnant un coup sur le lit. Écoute, je sais que tu es à fond sur ton Jackounet. Mais viendra bien un moment où on sera tous les deux frustrés de ne rien pouvoir faire.

Donc, enchaîne-t-il avec le sourire, tu sais ce qu'on dit du dernier mec sur terre ?

Je soupire :

— En général, c'est une hypothèse, du genre : « Je ne coucherais pas avec toi, *même si* tu étais le dernier mec sur terre. »

— Oui, mais la réalité pourrait être différente, n'oublie pas ça. Je ne suis pas un aussi gros connard que tu le pensais, tu l'as dit toi-même.

Je hausse les épaules.

— La mort imminente nous insuffle peut-être de l'indulgence pour les gens lourds et chiants.

Il s'approche et baisse la voix.

— Et si c'était notre dernière chance ?

Je reste à regarder sa mâchoire ciselée, ses yeux brillants, ses dents ultra blanches. Tout dans son attitude évoque la sincérité et non la moquerie. Sans Jack, est-ce que je me lancerais avec Shane, maintenant que je sais qu'il peut être gentil ?

Je souffle un coup.

— On va espérer que la guérison est pour bientôt, OK ? Après douze journées entières à vivre l'un sur l'autre, coucher avec moi, ce serait de l'inceste.

Il me lance un oreiller dessus.

— T'étais obligée de présenter les choses comme ça ?

Ce qui déclenche notre bataille de polochons numéro 203.

Le docteur Culdicott entre dans la pièce avec sa démarche habituelle de sergent de l'armée. Pour la première fois depuis la mort de Rosa, elle ne porte ni le masque à gaz, ni la combinaison spatiale. C'est étrange de revoir un visage humain à découvert autre que celui de Shane. Elle ne sourit pas vraiment, mais n'a pas le front plissé auquel je me suis accoutumée.

Elle s'éclaircit la gorge avant d'annoncer :

— Nous vous laissons partir.

Oh, la chance, si je me dépêche, je pourrai amener Sammy à l'essai d'AV719, qui commence aujourd'hui !

— Demain, ajoute-t-elle.

Toute ma joie tombe en miettes.

— Oh, maintenant, s'il vous plaît. Mon frère doit absolument participer à un essai clinique et je suis la seule à vouloir me battre pour. S'il vous plaît, docteur Culdicott.

— Je regrette, Aislyn. Les départements de santé de plusieurs États coordonnent une conférence de presse pour gérer l'hystérie qui va forcément s'ensuivre dans certaines franges de la population. On ne peut pas aller plus vite que la musique.

— Vous ne pouvez pas faire une exception ?

— Aucun d'entre nous ne le peut. Vous sortirez demain. Et si ta mère voulait que ton frère participe à l'essai, il y serait déjà, réplique-t-elle, le regard inflexible.

Quand elle repart, je suis aussi abattue que si elle nous avait annoncé qu'on ne pouvait pas quitter l'hôpital. Le soir, quand ma mère appelle et essaie de se rattraper, mon humeur n'en est qu'assombrie.

— Même si tu n'avais pas accepté le CZ88, d'autres l'auraient fait et ma décision serait la même. Je ne fais pas participer mon enfant à un protocole qui comprend autant d'inconnues.

— Mais les études préliminaires montrent des résultats excellents ! Il faudrait être fou pour ne pas se jeter dessus.

— Non. Être fou, ce serait accepter… Bref, on devrait fêter ton retour, pas se disputer.

— Mais je comprends pas pourquoi tu renonces pour Sammy.

— Je renonce ? s'exclame-t-elle. Comment tu peux dire ça ? Comment ?

— Tu vois ce que je veux dire.

— Non, je ne vois pas. Je n'ai aucune idée de ce qui se passe dans ta tête, surtout maintenant.

Je soupire.

— À demain, maman.

Je raccroche, épuisée.

Shane s'assoit à côté de moi.

— Elle a beaucoup enduré.

— Nous aussi.

Je garde la tête sur son épaule un long moment.

Et puis je me lève pour appeler le docteur Gordon et tenter de le convaincre de me donner le lieu exact de l'essai. Malheureusement, il est aussi têtu que maman.

Le jour suivant, le docteur Culdicott nous salue par ces mots :

— Si jamais vous vous sentez fiévreux, que vous avez des vertiges ou des acouphènes, ou que vous ressentez tout autre symptôme du CZ88, vous devrez revenir immédiatement.

Shane et moi nous regardons, incrédules. On y est vraiment. Avec un jour de retard, mais on y est. Qui sait, quand je serai rentrée et que maman constatera que je me sens très bien, elle pourrait changer d'avis pour Sammy. Alors, il n'y aurait plus qu'à convaincre les chercheurs de laisser Sammy commencer l'essai plus tard. Sortir d'ici, ça signifie être de nouveau dans la société et me battre pour ce que je veux.

Le docteur Culdicott nous serre la main.

— Vos familles arrivent bientôt. Ensuite, ce sera le temps du retour à la normale.

La normale. Je pousse un soupir. Rien n'a jamais paru aussi extraordinaire.

Libérés !

Article de Lulu Lakes, *Au courant.*

Malgré le scandale créé auprès de citoyens paniqués, six hôpitaux des États de Washington et de Californie ont laissé sortir onze patients ayant contracté le virus CZ88, soit par thérapie génique illégale, soit en étant infectés par quelqu'un qui avait subi ce traitement. Cette sortie intervient en dépit des 17 patients décédés et des 112 qui restent dans le coma. Les départements de santé de trois autres États où se trouvent des patients atteints du CZ88 refusent pour l'instant de lever le décret d'isolement.

Le docteur Dean Presley, du Centre médical de Californie, déclare : « Dans les cas où nous avons pu constater une transmission de personne à personne, celle-ci était causée soit par un partage de seringue, soit via un rapport sexuel non protégé. Il n'y a pas de raison de s'inquiéter tant que les comportements à risque sont évités. »

Le site de *Au courant* (www.taucourantaussi.com) sera mis à jour en permanence, avec des alertes santé et des cartes des zones affectées par le CZ88.

16.

Évidemment, la normalité, c'est tout relatif. Comment ma vie pourrait-elle être comme avant alors que Rosa et seize autres personnes sont parties pour toujours et que j'ai une épée de Damoclès au-dessus de la tête, grâce à la méchante scientifique qui, je l'espère, brûle en enfer à l'heure qu'il est ?

La normalité relève du fantasme.

Maman et Sammy accourent vers moi et me serrent fort dans leurs bras. Nous restons longtemps enlacés.

Enfin, lorsque nous nous détachons, maman m'avertit à l'oreille.

— On ne reparlera pas de l'essai AV719. Point.

Sammy sautille et bavarde avec un tel entrain que je me plie aux exigences de maman. Pour l'instant.

Nous nous frayons un chemin à travers des hordes de reporters et quittons l'hôpital en voiture. Chez nous, où il n'y a pas de journaliste, maman s'accroche au fantasme de normalité avec des cookies maison et des grillades en prévision pour ce soir. Dehors, le temps est aussi parfaitement estival qu'il peut l'être à Tacoma, comme si ma mère avait également passé commande dans ce domaine.

Je stationne dans le salon, près d'une fenêtre ouverte, car je n'ai pas encore envie de me retrouver seule. Je m'enfonce dans les coussins du canapé qui sentent encore un peu l'huile marocaine de maman. Chaque meuble, chaque bibelot, chaque arôme que je n'avais pas remarqué toutes ces années me rassure, m'accueille de nouveau au sein d'une réalité que je croyais avoir perdue. Que je pourrais toujours perdre.

Même si ça me déplaît de gâcher ce moment, je lance :

— Maman, il faut qu'on parle de l'essai clinique avant qu'il soit trop tard.

Les yeux brillants, elle s'interpose entre Sammy et moi.

— Tu ne me persuaderas pas de soumettre mon fils à un traitement qui n'a pas encore été exhaustivement contrôlé. Alors arrête, Aislyn. Arrête.

Les yeux rouges, elle tremble de colère. Sammy l'enlace par-derrière.

— T'inquiète pas, maman. Je vais pas le faire.

Je me sens comme une intruse. Même si je suis certaine d'avoir raison, il est évident que maman tient tout juste le coup. Pourtant, j'ai du mal à la regarder sans avoir envie de hurler au sujet de l'AV719.

— Je crois que je vais piquer une tête avant les grillades.

— Ralentis, Aislyn, soupire maman. Prends le temps de te réacclimater.

Ne comprend-elle pas que l'attente, c'est un luxe destiné aux gens qui ont du temps ? M'efforçant de ravaler ma frustration, je déclare :

— Il faut que je parle à Janie, pour voir si je peux retourner au travail. Je veux me rendre utile.

Avant qu'on puisse me convaincre du contraire, je cours à l'étage prendre mon maillot et convaincre Sammy de faire de même.

Quelques minutes plus tard, nous sommes revenus en bas. Maman est là, désorientée et un brin en colère. C'est fou, cette capacité à lire les expressions du visage est encore plus efficace en personne.

— Tu veux venir avec nous ?

Ma proposition la radoucit un peu ;

— Non merci. Ne restez pas là-bas trop longtemps.

— Juste un petit plouf et on t'aide à préparer. À dans une heure.

Quand je commencerai à ramener des chèques, son humeur s'améliorera, c'est sûr. Avec mes capacités sociales au top, peut-être même que Janie me donnera des heures sup.

Dans la voiture, le vent nous ébouriffe les cheveux et Sammy me recommande de ralentir.

— Je dépasse à peine la limitation.

— Ben c'est qu'on n'est pas tous des preneurs de risque, dit-il d'un ton un peu agacé.

Je freine légèrement.

— Désolée.

J'essaie de déchiffrer ses émotions, mais il se tourne vers la vitre. Je reprends :

— Tu sais que je me suis disputée avec maman au téléphone parce qu'elle refuse que tu participes à l'essai. Et je ne vais pas abandonner. On devrait coordonner nos attaques.

— C'est trop tard, ils ont déjà commencé. De toute façon, maman a dit non, je te rappelle.

— Mais…

— Aislyn, tais-toi. Sérieusement.

Je me fige. Il ne s'est jamais adressé à moi comme ça auparavant.

— Si c'est ce que tu veux.

C'est impossible, sincèrement. Maman doit lui avoir flanqué une sacrée frousse.

Après un trajet silencieux vers la piscine, j'ai très envie de courir jusqu'à l'entrée, mais au bout de quelques instants, Sammy est essoufflé. Je modère mon allure et je dis :

— Si tu préfères, on peut rentrer direct une fois que j'aurai parlé à Janie.

Il redresse les épaules.

— Tu rigoles ? Je ne suis pas allé à la piscine depuis le début de l'été !

Le pauvre, il a été aussi enfermé que moi. Il va falloir arranger ça.

Je fais signe à Heath, qui est au portail. Il ouvre de grands yeux ; est-ce la surprise ou l'effroi ?

— Janie est là ?

Il recule.

— Euh, ouais. Là-bas.

Il a une voix bizarre, comme s'il retenait son souffle. Il doit avoir lu trop de blogs à la con qui dépeignent les victimes du CZ88 comme un croisement entre zombies et vampires.

Je repère Janie aux tables de pique-nique, en train d'engueuler un gamin qui a nourri les corneilles.

Quand elle me voit, elle sursaute. Elle aussi ? Je crois que je préférais encore être invisible.

Elle m'emmène vers un carré d'herbe vide.

— Je suis contente de te voir rétablie.

— Je me sens très bien. Dès que tu me mets sur le planning, je reviens travailler.

Elle a l'air de chercher ses mots, ce qui ne lui ressemble pas du tout.

— Euh, Aislyn, en fait, on a embauché quelqu'un d'autre.

Je ne devrais pas être surprise, la vie a continué sans moi.

— Eh bien, je peux faire des remplacements si quelqu'un est malade, tout comme j'ai été remplacée.

Elle secoue la tête.

— Tu imagines combien de parents ont appelé, en larmes, juste parce que tu as travaillé ici avant d'entrer à l'hôpital ? Non, on ne peut vraiment pas prendre ce risque.

— Tu es sérieuse ? Si ce que j'ai se transmettait aussi facilement, tout le monde serait déjà malade.

Inutile de lui raconter que j'ai embrassé Jack et qu'il va bien.

Les veines de son cou ressortent.

— Les gens sont prudents, surtout quand ça concerne leurs enfants. Jusqu'à nouvel ordre, ni toi ni ta famille ne pouvez venir à la piscine.

— Attends… toute ma famille est interdite ?

Avec un regard vers Sammy, elle croise ses bras tannés par le soleil.

— Je suis navrée, mais à moins qu'un médecin ne puisse nous assurer le risque zéro en engageant sa responsabilité, on ne peut pas faire autrement.

Tu parles, comme si on allait trouver un médecin pour signer ça. Je me souviens de la petite Molly, qui avait si peur de l'eau. Et qui maintenant doit avoir encore plus peur de moi, la paria. J'attrape Sammy.

— Désolée, frangin. Tu as entendu.

Nous sortons rapidement. Sammy essaie de la jouer cool sur le trajet de retour, mais je perçois la rancœur chez lui.

Quand nous expliquons la situation à maman, elle soupire.

— J'imagine qu'il faut leur laisser un temps d'adaptation.

Elle me serre dans ses bras sans prévenir, faisant super bien semblant de ne pas avoir peur de mes microbes. Je déglutis.

— Mais je peux forcément aider. Tu sais, avant que j'aille à l'hôpital, plusieurs agences de pub m'ont proposé de payer pour des promos sur ma page Web. Je ne sais pas s'ils veulent toujours de moi et ce n'est pas bien de profiter du virus, mais…

Elle secoue la tête avec énergie, malgré le désespoir qui émane d'elle. Mon retour à la maison ne devrait pas représenter un tel stress. J'étouffe un cri de frustration.

Le téléphone fixe sonne et Sammy décroche.

— Non, elle ne veut pas donner d'interview, répond-il avant de raccrocher et de débrancher l'appareil. Il va falloir qu'on change encore de numéro.

Génial, encore plus d'emmerdes pour ma famille. Pour la millième fois, je dis :

— Je suis désolée.

— Mais non. Au fait..., dit maman en se dirigeant vers la cuisine pour en revenir avec mon portable. Il est chargé.

J'envoie des messages à Jack et à Evie pour leur rappeler que je suis rentrée, même si j'ai un peu peur de ce que je lirai sur leur visage, en admettant qu'ils viennent.

J'arrive, me répond Jack.

Je retiens ma respiration. Il veut toujours être avec moi, en personne.

Yes ! J'aurais dû me douter qu'il était trop intelligent pour écouter les oiseaux de mauvais augure.

Je me sens frémir d'impatience à l'idée de le retrouver si vite. Je cours en haut me rafraîchir. Après deux semaines en jogging, je cherche dans ma commode un tee-shirt ajusté et un short. Lorsque la sonnette retentit, je crie que je vais ouvrir et dévale l'escalier. Je respire un bon coup, puis j'ouvre la porte en grand.

Et mon Jack est là, délicieusement doré par le soleil. Je me sens flotter.

— Salut.

Après une petite hésitation, nous nous étreignons légèrement. Je tente de me convaincre que c'était à prévoir. Mes yeux piquent quand j'inspire son odeur de plage et de soleil. Oh, il est tellement chaud et vivant. Je pourrais rester comme ça jusqu'à fondre entièrement.

Et puis j'entends un clic.

Par-dessus son épaule, j'aperçois deux gars armés d'appareils photo. J'entraîne Jack à l'intérieur et je claque la porte.

Maman fronce les sourcils quand je tourne le verrou en sifflant :

— Des reporters.

Elle se précipite à la fenêtre et regarde entre les lames des stores.

— Ils ne sont pas sur notre propriété, donc on ne peut pas faire grand-chose.

Elle passe de fenêtre en fenêtre pour fermer les stores, aidée par Jack et moi.

Je rêve d'intimité, mais je refuse que ces abrutis me coincent à l'intérieur.

— On va sortir par-derrière.

— Ils vont faire le tour et vous voir par-dessus les haies, objecte maman, l'air inquiet.

Je vais à la cuisine pour nous verser deux verres de jus de raisin.

— Pas tout de suite, j'espère.

Jack et moi retournons dehors, en nous dévissant le cou pour vérifier qu'il n'y a pas d'appareils photo planqués derrière les arbustes. La voie étant libre, nous nous asseyons sur la balancelle. Jack pose son verre par terre.

— Tu évites de me renverser des trucs dessus, d'accord ?

Ça ne fait vraiment que trois semaines qu'on était assis sur une autre terrasse, à cette fête désastreuse de fin d'année scolaire ?

Je ris.

— Je ne suis plus la même Aislyn depuis.

On s'arrête net tous les deux. En un sens, c'est la vérité. Je ne peux pas être la même. Pas avec cet ADN zarbi dans l'organisme.

Il me prend la main.

— Tu es la même pour tout ce qui compte.

J'aimerais bien savoir ce qu'est exactement ce « tout ». Je préfère simplement le remercier et donner de l'élan à la balancelle.

Nous sommes assis tournés l'un vers l'autre. Même si c'est un peu tricher, je tâche de déchiffrer ses expressions grâce à mes nouvelles capacités. En même temps, je savoure la vision de ses pommettes et de ses mâchoires saillantes ainsi que de sa peau dorée. Ce n'est qu'ensuite que je remarque l'inquiétude dans ses yeux d'un bleu abyssal.

Il pose le bras sur le dossier de notre siège. J'en profite pour y mettre le mien aussi, peau chaude contre peau chaude. Son mouvement de recul est presque imperceptible. Presque. Mais il ne retire pas son bras

— Toujours pas de pistes pour un antidote ? demande-t-il.

— Ils sont à peu près sûrs d'avoir identifié le virus, celui pour lequel tu as été testé. Et pour les gènes altérés qu'il porte.

— Tu es certaine d'être encore contagieuse ? s'informe-t-il d'une voix douce.

— J'ai promis à beaucoup de gens que je ne prendrais aucun risque.

Il attrape ma main et s'approche tellement que je sens la chaleur qui se dégage de lui, puis il m'attire contre son torse. Je pourrais pleurer tellement c'est bon de me blottir contre son corps accueillant, parfaitement moulé contre le mien. Il m'embrasse dans les cheveux, ce qui m'envoie des frissons dans tout le corps. Quand il pose une main sur ma cuisse nue, mon ventre ne sait pas s'il doit fondre ou se consumer. Oh, si je ne meurs pas du CZ88, ce sera de devoir m'en tenir à des relations platoniques.

Mais la conscience du risque que je lui fais courir si on allait plus loin me pousse à m'écarter.

— On ne devrait pas se tenter.

— Tu veux que je parte ? propose-t-il, les yeux voilés.

— Bien sûr que non, dis-je en triturant l'ourlet de mon tee-shirt. Essaie de ne pas être aussi… irrésistible.

Il éclate de rire.

— Dans ce cas, arrête de tirer sur ton décolleté !

Ce que je fais, et je stoppe la balancelle d'un coup de talon sur la terrasse.

— C'est fou, toute cette histoire.

Il se contente de se mordre la lèvre. Trop gentil pour énoncer l'évidence. Bien entendu que c'est fou, et tout est ma faute.

Des clics nous parviennent depuis la haie. Merde ! Les reporters nous ont trouvés.

L'un d'entre eux crie :

— Aislyn, est-ce que votre petit ami l'a aussi ? Est-ce que vous lui avez transmis ?

Nous courons à l'intérieur en laissant nos verres de jus de fruit.

Maman est dans la cuisine, en train de laver des légumes. Elle regarde une émission sur une brillante scientifique qui a mal tourné : le docteur Charlotte Sternfield.

— Désolée, dit-elle en attrapant un torchon. Je vais changer.

— Non, moi aussi, je veux voir ça.

L'écran affiche des photos d'une petite fille au sourire timide. Sur les clichés d'école où il lui manque des dents sont superposées des déclarations de profs du secondaire et de la fac, faisant tous l'éloge de ce prodige scientifique. Aux témoignages qui chantent ses louanges succède la condamnation des manifestants qui l'accusent de vouloir être Dieu, ou pire, Satan. Ce seraient là les soi-disant persécuteurs qui l'auraient poussée à commettre l'irréparable ?

L'émission passe à une interview de la mère du docteur Sternfield. Qu'est-ce que c'est, une tentative posthume de contrôle de l'image ? Je regarde droit dans les yeux froids et inexpressifs de Mme Sternfield et tâche de déterminer si c'est elle qui a poussé sa fille à nourrir de telles ambitions démesurées.

Sheyla Sternfield s'en prend encore une fois aux médias, prétendant que sa petite Charlotte était « quelqu'un de bien ». J'étudie ses expressions faciales, encore une fois frappée qu'elles soient aussi décalées. C'est alors que je le vois : si elle s'agite autant et secoue la tête aussi souvent, ce n'est pas parce qu'elle est distraite ou s'en fiche. Pas du tout. En fait, elle récite des répliques apprises par cœur qui sonnent complètement faux.

Je m'avance, hypnotisée. Incroyable. Le sol s'ébranle sous mes pieds et j'ai le pouls qui s'emballe.

— Elle ment.

— Ah bon ? s'étonne Jack. Sur quoi ?

Excellente question.

— Je sais pas, mais c'est sur quelque chose d'important.

Et qu'il me faut percer à jour. Je le sens au plus profond de moi.

— Regarde-la, elle n'arrête pas de se toucher le nez et la bouche. Elle ne dit pas la vérité, et je parierais n'importe quoi que c'est en rapport avec la cause de la mort de sa fille.

Maman repose son torchon.

— Ma chérie, je sais que la mort du docteur Sternfield est un chamboulement, mais on ne peut pas rester à se lamenter. Et personne ne peut juger les paroles d'une mère en deuil.

Eh bien, moi, je vais le faire. Parce que je *sais* que ses paroles sont du vent. Je ne peux pas partager ce sentiment, n'ayant encore révélé à personne mon nouveau talent, à part à Shane. Pourquoi effrayer les gens qu'on aime avec encore une autre bizarrerie ou, pire, les mettre mal à l'aise en notre présence ?

Je me tords les mains.

— Je veux juste être sûre qu'aucune piste n'est négligée.

— C'est ce qu'on veut tous, ma puce. Les chercheurs de Nova et de l'hôpital travaillent sans relâche pour trouver un antidote. C'est là-dessus qu'il faut se focaliser.

Je perçois nettement les émotions de maman. Elle veut à tout prix croire à la science qui peut éventuellement me guérir. Et elle a besoin de canaliser la rage qu'elle ressent envers le docteur Sternfield. Pour elle, je réponds :

— D'accord.

Mais ma propre fureur a justement été ravivée. Pendant que je m'acharne à débiter les poivrons en lamelles, je suis plus sûre que jamais que je dois m'entretenir avec Mme Sternfield pour découvrir ce qu'elle cache. Est-il possible qu'elle ait gardé pour elle des renseignements essentiels, histoire d'éviter qu'on salisse encore la mémoire de sa fille ? Ou alors des données qu'elle essaierait secrètement de vendre au plus offrant, comme un média ou un laboratoire pharmaceutique ? OK, c'est un peu tiré par les cheveux, mais il me faut trouver le maximum de détails sur cette femme qui a bousillé tant de vies.

Pour le moment, il n'y a rien que je puisse faire. Maman vient de m'avouer qu'elle avait proposé à Evie d'amener « des invités ». Jack, Sammy et moi sommes en train de mettre le couvert quand la sonnette retentit.

Maman fait entrer Abby et quelques autres filles de l'équipe de natation. Evie et Rafe leur emboîtent le pas. Ils sont relativement peu au vu du nombre de personnes invitées, mais ça fait déjà beaucoup par rapport à ce à quoi je m'attendais. Ils apportent des fleurs et de quoi manger, le tout avec des visages rongés d'anxiété.

Je ne veux pas mettre leur amitié à l'épreuve en les touchant, à l'exception d'Evie, qui m'embrasse la première sous les regards affolés des autres. Elle est géniale.

Nous restons massés dans le salon, bavardant et plaisantant bientôt comme si je n'étais pas porteuse d'une maladie potentiellement fatale. D'ailleurs, ils ont des tas de questions sur mon séjour à l'hôpital et sur les autres ados montrés aux infos, surtout Shane. Alors certes, ils restent à deux mètres, tout en étant indéniablement attirés par moi. C'est étrange. Comme toute ma vie ces jours-ci.

Installée sur le canapé comme une reine, je leur livre mon récit, dont ils suivent le moindre mot. Ça, au moins, j'apprécie toujours.

Maman, occupée en cuisine, refuse l'aide de tous ceux qui la lui proposent.

— Amusez-vous, voyons.

Chaque fois que je regarde vers elle, elle a un grand sourire aux lèvres. C'est triste, je me rends compte qu'elle avait toujours espéré recevoir comme ça pour moi, mais dans des circonstances bien différentes. Et ses traits tirés me signalent qu'elle s'inquiète en permanence pour ma santé. J'ai envie de me gifler de lui infliger un deuxième enfant en danger de mort.

La sonnette retentit de nouveau. Je cours répondre avant maman. Un mec maigrelet attend à la porte. Il porte un sweat à capuche noir avec un squelette sur la manche. D'un sourire pas très franc, il me dit d'une voix veloutée :

— Il paraît qu'on s'amuse, ici.

Contrairement à mes amis, il s'avance comme s'il voulait qu'on ait des échanges intimes.

Je recule derrière la porte.

— En fait, c'est privé.

Il sourit d'une façon qui me donne envie d'aller prendre une douche direct et lève un pack de bières.

— Je viens pas les mains vides.

— Une autre fois, peut-être ?

Dans une autre vie.

— Je n'oublierai pas ta promesse, ma belle, lance-t-il avec un clin d'œil.

Je claque la porte et je tire le verrou. Beurk, trop bizarre.

— Hé, on va au jardin ! crie Abby.

Prendre l'air, ça paraît une très bonne idée, même si on a droit aux reporters avec. Allez, si on leur montre que la vie continue comme d'habitude, ils vont peut-être se lasser et me ficher la paix. Peut-être.

Nous nous réunissons sur la terrasse en faisant fi des appareils et des visages qui apparaissent aussitôt par-dessus la haie. Comme j'habite à un angle de rue, les paparazzis ont droit à une profusion d'angles de vue.

Sans se démonter, Evie enlève son top pour révéler un haut de maillot rouge.

— Vous avez tous apporté vos maillots de bain, comme je vous ai dit ? C'est l'heure du super toboggan de Sammy.

Mon frère, qui porte encore son maillot depuis notre visite ratée à la piscine tout à l'heure, crie de joie en déroulant un grand tapis de sol qu'il arrose au tuyau. Si la piscine ne nous laisse pas venir à elle, ça ne signifie pas qu'on ne peut pas s'amuser dans l'eau. Encore des preuves pour les reporters : Aislyn vit normalement.

En quelques minutes, tout le monde est prêt à glisser, mais tous attendent que je me lance la première. Je prends mon élan depuis le bout du jardin et, avec une prière aux dieux des jeux d'eau, j'effectue une glissade en biais sur le tapis jusqu'à l'autre bout. Je me relève en riant.

J'attends que quelqu'un me suive, mais personne ne bouge. Ont-ils tous peur que j'aie contaminé le tapis de glisse, on ne sait comment ? L'amertume me gagne.

Sammy s'écrie :

— Bande de trouillards !

Il fait une grande glissade et ça semble débloquer les choses, car Evie et Jack le suivent, puis d'autres. Nous nous relayons pour tenter toutes les positions et les cris de guerre possibles et imaginables. Oui, j'aurai des bleus demain, mais il y a pire comme façon de se faire mal.

Je me laisse envelopper de chaleur, heureuse de profiter de nouveau du soleil. Si seulement Chloé et les autres à l'hôpital pouvaient se réveiller et se joindre à nous.

Nous glissons jusqu'à ce que notre crème solaire soit partie, puis nous glissons encore. Chaque fois que Jack s'approche assez pour glisser à côté de moi, sa peau me paraît plus chaude et plus brillante d'eau. Oh, quelle épreuve.

Juste au moment où j'ai peur de m'évanouir sous l'effet d'une invasion de phéromones, maman nous crie que les hamburgers sont prêts. Nous nous séchons avec des serviettes et attrapons les assiettes. Ma mère s'est surpassée. J'essaie de ne pas m'attarder sur le coût de cette réception et sur le nombre de maisons qu'elle n'a pas pu faire visiter pendant que j'étais à l'hôpital.

Lorsque le soleil descend sur l'horizon, mes amis commencent à partir, comme s'ils avaient passé une journée normale avec une fille normale. Sauf que des reporters questionnent chacun au moment où il s'en va. Ils sourient, parlent au micro et j'espère qu'ils me soutiennent.

Evie m'embrasse en partant et lève un sourcil en direction de Jack.

— Ne le fais pas veiller trop tard.

Je lui balance une tape sur le bras.

— Si seulement.

Elle rit et part avec Rafe.

Jack et moi aidons maman à ranger, puis disons bonne nuit à Sammy, qui tousse, avant que maman ne l'oblige à monter se coucher. Enfin, nous nous posons sur le canapé. Malgré toute mon envie d'être avec Jack, c'est insoutenable de regarder ses lèvres quand il sourit, tout en sachant que je ne peux pas les embrasser. Je croise et recroise les jambes, qui à force, doivent être à vif. Pour atténuer ma frustration, je tente de trouver un sujet absolument pas romantique.

— Tu sais, l'interview de la mère Sternfield, où elle mentait ?

Il me donne un petit coup de genou avec le sien.

— Où tu penses qu'elle mentait, tu veux dire ?

— Non, elle mentait. Ses émotions étaient hyper limpides.

— Vraiment ? (Il croise les bras derrière sa tête.) Alors tu peux deviner ce que je pense, en ce moment ?

— Sans doute les mêmes pensées frustrantes que j'ai depuis quelques heures.

Tout ce que je veux, c'est lui sauter dessus.

— D'accord, c'est trop facile. Mais même si elle ment, qu'est-ce que ça fait ?

— Eh ben, je dois trouver pourquoi. Ça pourrait être important.

Il me prend la main.

— Tu viens juste de sortir de l'hôpital. Si on passait notre temps à être heureux, plutôt qu'à traquer une personne qui ne peut pas te venir en aide ?

— Tu n'en sais rien. On pourrait dégoter son adresse et lui rendre une petite visite, si elle est dans le coin ?

Il me lance un regard où l'étonnement le dispute à la pitié.

— J'ai une meilleure idée. Quand j'aurai fini le travail demain, on se retrouve, on va au ciné ou ailleurs, histoire de te changer les idées.

J'avale ma salive.

— Je veux juste me rendre utile, ne pas me sentir aussi impuissante…

— C'est déjà ce que tu fais au quotidien en restant en bonne santé, donc continue. OK ?

Il me prend dans ses bras.

— Je vais essayer.

— J'aimerais…, me chuchote-t-il à l'oreille avant de soupirer. Bon, tu sais ce que j'aimerais.

— Oui, moi aussi.

C'est nul, nul, nul !

Quelques minutes plus tard, ma mère revient sous le prétexte de boire un verre d'eau, ce qui est tragicomique sachant que le CZ88 est un empêcheur de s'embrasser en rond bien plus efficace qu'elle ne pourra jamais l'être. Cependant, Jack se lève pour partir.

Quand nous nous étreignons brièvement, sa peau est fraîche et sèche. Nous nous mettons d'accord pour nous retrouver demain soir, je ferme la porte et je prends un instant pour moi. D'une main sur mon front, je m'assure que je n'ai pas de fièvre.

Je vais bien, mais ça pourrait changer d'une seconde à l'autre. Je monte m'occuper dans ma chambre. Avec l'appli FindAnyone, je trouve l'adresse et le numéro d'une Sheyla Sternfield à Cle Elum, un village au beau milieu des Cascades, à deux heures d'ici. OK, jamais maman ne me laissera y aller aussi tôt après mon retour à la maison.

Et pourtant, Mme Sternfield pourrait être la seule à même de me fournir des réponses. Des réponses qui prouveront à tout le monde que j'ai raison à son sujet. De plus, ce n'est pas comme si c'était moins dangereux de rester à attendre que les effets secondaires de la thérapie génique prennent le dessus. À long terme, un entretien avec elle m'apporterait plus de positif que de négatif, c'est certain.

Si Jack ne travaillait pas demain, on pourrait y aller ensemble, genre duo de détectives. Je lui montrerais que mon intuition est fondée. Mais je ne peux pas attendre qu'il ait une journée libre, ce qui ne sera pas avant le week-end, et encore. En supposant que j'arrive à le convaincre.

Je me triture les méninges tout en me préparant pour la nuit. Installée sur mon lit, j'appelle Shane.

— Salut, belle blonde. Tu profites de ta liberté retrouvée avec Jackounet chéri ?

— Si seulement…

Je sens son sourire au téléphone.

— Je t'avais prévenue que ce serait frustrant.

— Comment tu fais, toi ?

Il hurle de rire.

— Tu veux vraiment savoir ?

— Ahem, non merci.

Je change vite de sujet pour lui exposer ma conviction que Mme Sternfield cache des choses. Contrairement aux autres, il me croit tout de suite.

— Tu voudrais bien venir lui parler demain avec moi ?

— Aïe, et moi qui croyais que tu m'appelais parce que je te manque trop !

Je pousse un soupir.

— Tu veux m'aider ou pas ?

— Je suis partant.

Bon. J'ai ma liberté et j'ai un plan. Dans l'intervalle, il va juste falloir que je reste en bonne santé.

La patiente CZ88 disparue de Seattle
retrouvée dans le coma

Article de Ruthie Mansfield, *Veille sonore.*

Sophia Washington, qui a été infectée par le virus CZ88 porteur de thérapie génique illégale, avait disparu il y a une semaine de l'hôpital général de Seattle. Elle a été retrouvée hier soir, vivante mais dans le coma, sur la plage de Carkeek Park. Comme 139 autres personnes, elle a contracté un dangereux virus suite à un essai clandestin de traitement altérant l'ADN. Dans la plupart des cas, ce traitement a abouti à un coma des patients, avec 25 morts à ce jour.

La jeune fille ne paraît pas avoir été sérieusement blessée. Cependant, elle présente de nombreux bleus sur ses bras et a subi une importante perte de sang, ce qui incite les autorités à privilégier la piste de l'enlèvement. Si elle n'avait pas été retrouvée avant la marée montante, elle se serait sûrement noyée. Toute personne disposant d'informations sur sa disparition est priée de contacter immédiatement la police de Seattle.

17.

Ce matin, je prends une profonde inspiration avant de descendre. L'air fatigué et fragile de maman m'avertit qu'on ne peut toujours pas avoir de discussion raisonnable sur l'essai de Sammy, alors je mets en route mon autre plan.

— Je vais chez Evie, aujourd'hui.

Mentir à ma mère, c'est comme avaler de l'acide, mais je sais au plus profond de moi que je dois retrouver la mère du docteur Sternfield.

— Je croyais qu'elle travaillait à la boutique de ses parents toute la semaine, fait maman, étonnée.

— Elle s'est libérée pour qu'on puisse rattraper le temps perdu.

Nouveau mensonge, nouvelle gorgée de bile.

Maman calcule en prenant son café.

— Bon, Sammy pourrait venir à mes rendez-vous, ou alors passer la journée chez tante Emily.

Tante Emily habite à une heure d'ici avec sa famille. Comme les voisins refusent désormais de s'occuper de

Sammy à cause de moi, les options sont limitées. Ce qui suffit presque à me faire renoncer à mon projet.

Avec le doute qui alourdit chacun de mes pas, je repars en haut mettre au point la sortie avec Shane et j'envoie un texto à Evie pour qu'elle me couvre.

Ta mère mérite largement mieux, me répond-elle.

Tu l'as dit. Mais ce n'est pas juste de sa part de me gronder alors qu'elle a droit à une vie normale, avec un mec qu'elle peut embrasser.

Je dois connaître la vérité. J'espère que tu pourras comprendre un jour.

Ouais, moi aussi.

Il faudra que je lui montre, comme aux autres. Quelques minutes après le départ de maman et Sammy, je sors.

Le premier reporter me crie :

— Aislyn ! Êtes-vous autorisée à sortir en public ? Où allez-vous ?

Bien entendu, je ne réponds pas.

Un autre journaliste me tend un micro pendant que je presse le pas.

— Que pensez-vous des victimes de Charisma à LA, celles qui ont été tabassées en boîte de nuit hier soir ?

Je m'arrête.

— Quoi ?

— On pense à un crime motivé par la haine. Êtes-vous certaine de vouloir sortir seule, sans protection ?

Je sors mes clefs avec des gestes maladroits et déverrouille ma voiture.

— On n'est pas à Los Angeles, ici. Mais merci pour la mise en garde.

À l'intérieur de l'habitacle, je me mords la lèvre. J'aimerais vraiment prendre un instant, mais les reporters sont tout autour. Heureusement, personne ne me suit quand je m'en vais.

Shane habite du côté ouest de Tacoma, près de l'eau. Avec le soleil, les gens vont à la plage et il y a de la circulation. Mais c'est un jour à rouler vitres baissées et radio à fond, alors j'essaie d'en profiter. Je m'arrête devant un cottage jaune de plain-pied où seulement deux journalistes montent la garde. Je souris en ignorant leurs questions sur ma vie amoureuse déficiente.

Shane m'ouvre la porte et fait signe aux journalistes derrière moi.

— Je te fais visiter ?

Je sais très bien où se terminerait la visite.

— On a de la route et je dois être de retour à dix-sept heures pour retrouver Jack.

Ses paupières frémissent.

— Oh, nos tourtereaux ambitionneraient-ils donc de mourir de frustration ? Ma voiture est là-bas, indique-t-il en désignant un petit véhicule noir dans la rue.

Comme je veux que tout se passe conformément à mon plan, je déclare :

— On va prendre la mienne.

Il rempoche ses clefs sans broncher.

— J'aime les filles qui prennent le contrôle.

Miséricorde, être libéré ne l'a pas calmé du tout. Enfin, c'est sans doute signe qu'il est en bonne santé. Ignorant les journalistes qui nous interpellent, nous partons. Malheureusement, cette fois, l'un des gars saute dans sa voiture pour nous suivre.

Je serre les dents et grille un feu orange, mais il brûle allègrement le rouge. Nous entamons un jeu de course-poursuite dans la circulation dense, et Shane surveille par le pare-brise arrière. Dans ma frénésie, je me retrouve par erreur dans une rue à double sens qui nous ralentit tous les deux. Pour ne rien arranger, un camion-poubelle occupe presque la totalité des deux voies. Magnifique. Mais je me rends compte que ce qui semble être un obstacle est en fait une occasion rêvée.

— Attends un peu, dis-je.

Le pied sur l'accélérateur, je double de justesse le camion-poubelle, qui klaxonne. Nous voilà au moins débarrassés du van du reporter, trop large pour nous suivre.

— Eh ben putain ! fait Shane en riant.

Enfin quelqu'un qui apprécie la prise de risques à sa juste valeur. Je me dirige vers l'est. La verdure de Tacoma devient encore plus présente à mesure que nous nous enfonçons dans les montagnes. On bavarde tranquillement le long du trajet au milieu des arbres et des collines, la vie n'a jamais paru aussi géniale. Ce que je donnerais pour que Chloé, Sebastian et les autres puissent avoir une deuxième chance ! Mme Sternfield doit forcément détenir un indice. Sa fille pourrait avoir laissé des traces, ou s'être confiée sur ses travaux. Tout est possible. Il faut que je sache ce qui se trouve derrière le mensonge de son visage.

Deux heures après, nous nous arrêtons dans l'impasse bien isolée où vit Mme Sternfield, non loin d'une base de loisirs qui se vante de proposer un parcours de golf et du ski de fond.

Je me tape sur le front.

— Oh, merde ! Et si c'est juste sa maison de vacances ?

Shane fait mine de souffler sur la fumée sortie d'un pistolet imaginaire et lance avec un accent de cow-boy :

— Pas moyen de le savoir avant d'avoir sonné, partenaire.

Je me gare sur une bande de gravier, devant un parterre tout en fleurs bourgeonnantes. La maison blanche proprette a les fenêtres ornées de rideaux parme à froufrous. L'ensemble ne correspond pas du tout à l'impression austère que je m'étais faite de Mme Sternfield. Me serais-je trompée sur toute la ligne ?

Après avoir bien inspiré et expiré plusieurs fois, je sors et me dirige avec Shane jusqu'au perron. Avec un sourire, il sonne. Ni aboiement de chien, ni bruits de pas pressés ne nous répondent. Je regarde par la grande fenêtre à notre droite. Aucun mouvement.

Je m'apprête à sonner de nouveau, quand la porte s'ouvre d'un coup. Celle dont le visage a envahi ma télé de sa froideur se dresse devant nous. Au lieu du polo chic ou des tons pastel auxquels je m'attendais, elle porte un jean et des chaussures de randonnée.

— Vous êtes loin de chez vous, mademoiselle Hollings et monsieur Elliott.

Elle a beau parler d'un ton sec, on discerne de la peur dans son regard.

Avec un hoquet, je m'étonne :

— Vous savez qui on est ?

— Difficile d'échapper aux informations, même si j'essaie. Alors, que puis-je faire pour vous ?

Son front plissé semble indiquer une certaine curiosité, mais c'est surtout la peur qui prédomine.

Shane a le torse bombé, la main négligemment posée sur sa hanche comme un shérif.

— Tout d'abord, nous sommes navrés pour votre fille.

Quand est-il devenu aussi diplomate ? Notre interlocutrice a les paupières qui frémissent.

— Merci.

Avec autant de douceur que possible, je commence :

— Votre fille constitue un lien entre nous tous, vous ne croyez pas ?

Elle affiche un air sceptique. Shane s'avance et se pose une main sur le cœur.

— Nous sommes conscients que ce n'est pas le moment le mieux choisi, mais ça pourrait être notre seule chance de parler à la personne la plus proche du docteur Sternfield. Vous pourriez nous parler un peu d'elle ? Est-ce que vous sauriez quoi que ce soit qui nous aiderait à comprendre ce qu'elle nous a transmis et dans quel but ?

Elle se raidit et son visage se crispe encore davantage. Je m'attendais à du chagrin à la mention de sa fille, mais je ne perçois que de la méfiance. Comme c'est bizarre. De quoi peut-elle avoir peur ? De ce que sa fille laisse derrière elle ? Trop tard.

Avec effort, elle se décontracte.

— Charlotte pouvait se montrer obsessionnelle vis-à-vis de son travail. Je sais qu'elle n'avait aucune intention de vous causer de mal. Quand elle a compris les dommages causés par ses recherches et conclu que la presse ne la lâcherait pas, c'en a été trop. (Elle essuie une larme imaginaire et baisse les yeux.) Vous connaissez la suite. Maintenant, j'espère que vous allez me laisser faire mon deuil en paix.

Je l'examine. Tout dans ce discours paraît trop préparé. Les émotions que j'y lis sont l'anxiété et la malhonnêteté, et non la tristesse. Pourquoi ne nous invite-t-elle pas à entrer, comme le ferait une personne normale dans ces circonstances ?

Même si c'est s'imposer, j'avance d'un pas.

— Vous pourriez peut-être progresser dans votre deuil en aidant à défaire ce qu'elle a fait.

Mme Sternfield croise les bras.

— Je ne suis pas généticienne. J'étais prof de lettres.

— On voudrait juste savoir si elle a laissé des notes ou un ordinateur, n'importe quoi qui pourrait nous donner des informations sur un éventuel antidote.

Elle secoue la tête.

— J'ai remis tout ce qui pouvait être utile à mon ex-mari. Je regrette.

Elle regrette, mon œil, oui ! Elle s'est tendue quand elle a évoqué le docteur Gordon.

Shane et moi faisons preuve de tout le charme dont nous sommes censés disposer pour la convaincre de nous en dire davantage, mais elle déclare avec autorité être attendue quelque part. Lorsqu'elle referme la porte, je reste à côté de Shane, sans trop savoir ce qu'on peut essayer d'autre. Je lui chuchote :

— T'as vu sa tête quand elle a parlé de sa fille ? Ce n'est pas moi qui m'imagine que c'est louche, quand même ?

Il me pousse doucement vers la voiture.

— Non, il y a un truc bizarre.

— Elle cache quelque chose. Et si le docteur Sternfield avait laissé un laboratoire derrière elle, avec des chimpanzés, et tout ?

— Je sais pas pourquoi, mais ça m'étonnerait que sa mère ait envie de s'occuper de singes. Elle cache peut-être un truc qui n'a rien à voir, genre un alambic pour fabriquer de l'alcool de contrebande.

— Un alambic, franchement ? dis-je en ouvrant ma portière.

— Bah, pourquoi pas ? Les gens nous surprennent tout le temps. Personne n'aurait deviné que tu te lancerais pour tester le Charisma. Ou que tu passerais la journée avec moi.

Nous entrons dans le véhicule, mais au lieu de mettre le contact, je reste à contempler la maison à pignons.

— Tu crois qu'elle remarquerait si on piquait un sprint pour aller regarder à l'intérieur par l'arrière ?

Shane rigole.

— Carrément, oui. Et qu'est-ce que tu penses trouver ?

— Je sais pas… C'est juste que j'ai pas envie de lâcher l'affaire aussi facilement.

— Je comprends bien, Wonder Girl, mais mieux vaut qu'on file avant qu'elle appelle les flics.

À contrecœur, je démarre et sors de l'impasse. Toutefois, je ne vais pas loin. Au bout de même pas un kilomètre, j'oblique sur un chemin de terre. Abrité de la rue par un bosquet, un petit parking annonce le début d'un sentier de randonnée. Quelques voitures y sont stationnées, surtout des grosses Subaru avec des porte-vélos, typiques des amateurs de plein air de par chez nous. Je me gare et Shane sourit.

— Bien, détective Hollings, quelle est l'étape suivante ? Ou est-ce que tu m'as amené ici avec de sombres desseins ? demande-t-il en abaissant le dossier de son siège.

— On attend qu'elle parte et on s'arrange pour s'introduire chez elle.

Il se tourne vers moi, soudain grave.

— Belle blonde, je suis venu pour te tenir compagnie, mais ça m'étonnerait que doc Charlotte ait laissé un antidote. Sinon, sa mère le partagerait, ce qui ferait d'elle une héroïne.

— Mais alors, à propos de quoi elle ment ?

— J'en sais rien, mais je pense que ça ne vaut pas le coup de s'attarder là-dessus, alors qu'on n'a probablement plus beaucoup de temps devant nous.

Nous échangeons un long regard teinté de désespoir. Je serre les bras autour de moi.

— Dans ce cas, à quoi on devrait consacrer notre temps ? À encore tourner des vidéos sur le thème « quand je serai parti » ? Je veux participer activement à la recherche d'un remède.

— Moi aussi. Ce qui signifie donner à Nova toutes les infos qu'on peut… voire à d'autres chercheurs qui pourraient nous aider.

— Comme qui ?

Il tend son bras par la fenêtre et un petit papillon se pose dessus.

— J'ai été contacté par quelqu'un de VidaLexor.

— Ah bon ? Mais c'est un labo qui s'oppose à la thérapie génique !

— À la thérapie génique *irresponsable.* Ils veulent travailler à inverser le CZ88. Que du positif.

— Pourquoi ?

Il retourne le bras, mais le papillon s'attarde.

— Pour être les gentils de l'histoire ? Ça leur ferait un sacré coup de pub de sauver la situation.

— J'ai aucune envie de les aider à être les héros.

— Ouais, c'est toi qui veux être l'héroïne.

— Alors là, t'es injuste.

Bon, il y a peut-être une partie de moi qui veut envoyer un message à des gens comme Heath Roberts ou à ces juges du concours de sciences qui m'ont humiliée, mais ma quête est avant tout centrée sur notre survie.

— Tu devrais au moins lui parler. Je le rencontre à dix-sept heures.

— C'est l'heure de mon rendez-vous avec Jack.

— Sérieux ? La possibilité de guérir, c'est pas plus important que de griffer les meubles pour éviter de te jeter sur Jackounet chéri ?

Je regarde entre les arbres vers l'impasse de Mme Sternfield. Serait-ce très difficile de s'introduire chez elle ? J'ai vraiment l'impression d'être dans une série policière ; en même temps, c'est un peu ce qu'est devenue ma vie.

Shane caresse l'endroit sur son bras d'où le papillon vient enfin de s'envoler.

— Belle blonde, on ne va pas entrer par effraction. Pas avant d'avoir épuisé les recours légaux. Viens avec moi, tout à l'heure : on pourra utiliser nos sens bioniques pour vérifier que le mec ne cherche pas à nous arnaquer. Reconnais que ça vaut le coup d'essayer.

Difficile de contester, surtout si je visualise Chloé parfaitement immobile, bardée de tubes et de perfusions, ou pire, Rosa.

— D'accord.

Les gargouillis de mon estomac me rappellent que l'heure du repas est passée. Nous roulons jusqu'au village suivant et nous garons devant un café qui sert le petit dèj toute la journée. Devant une pile de pain perdu couvert de bacon et nappé de sirop d'érable, j'envoie un SMS à Jack pour qu'on se retrouve un peu plus tard, en lui racontant que je dois voir un médecin.

Shane me propose de reprendre le volant jusqu'à VidaLexor et la somnolence occasionnée par mon overdose de glucides me pousse à accepter. J'incline entièrement le siège passager, ne tiens aucun compte du commentaire que cela m'attire et me roule en boule. Je m'endors dès qu'on entre sur l'autoroute.

Quand je me réveille, la voiture est à l'arrêt. Shane est appuyé contre la vitre conducteur et ronfle doucement. Je regarde mon téléphone. Dix-sept heures dix.

Je lui mets une tape sur le bras.

— On est en retard pour ton rendez-vous.

Il se frotte les yeux en marmonnant :

— Merde, ce repas m'a tué.

Je fouille mon sac pour trouver des bonbons à la menthe. Nous sommes dans un quartier résidentiel, garés devant un bâtiment beige à trois étages, dont les panneaux indiquent diverses spécialités médicales.

— Je croyais que VidaLexor avait des locaux classe à Seattle.

Shane passe la main dans ses boucles.

— Faudrait pas que des reporters égarés nous transforment en égéries de VidaLexor avant qu'ils ne l'aient mérité.

Je suis convaincue par sa nouvelle attitude raisonnable. Je le suis dans une cage d'escalier vers une porte où est inscrit : « VL INC ». Un tintement annonce notre arrivée dans une petite salle d'attente qui sent le pot-pourri. Un homme de haute taille aux cheveux bruns grisonnants et au teint buriné se précipite à notre rencontre en tendant la main.

— Je suis le docteur Pete Dulcet. Ravi que vous ayez pu venir tous les deux. Si nous allions en salle de réunion, pour être plus à l'aise ?

Je jette un œil vers le couloir faiblement éclairé.

— Ici, c'est bien.

Je m'assieds dans l'une des chaises aux garnitures pastel. Le regard de Shane est assassin, mais il m'imite, suivi par le médecin.

— Comment vous vous sentez? Ce n'est pas rien, ce que vous avez vécu.

Je lui signale aussitôt :

— On le vit encore.

Il pose ses avant-bras sur ses cuisses.

— Oui, oui. Bon, je devrais en venir au fait, dit-il en joignant les mains. VidaLexor a l'équipement nécessaire pour vous aider. Laissez-nous le faire, s'il vous plaît.

J'examine son expression. Pour l'instant, il semble sincère, mais sur ses gardes.

— Vous n'êtes pas connus pour être favorables à la thérapie génique.

Il écarquille les yeux et se redresse.

— Au contraire. Nous menons des études depuis des années et nous sommes tout près de mettre au point des traitements inédits. Nous ne contestons Nova Genetics que lorsque on dispose de solutions moins hasardeuses et plus efficaces. Si vous gardez l'esprit ouvert, je pense que nous pourrions vous aider.

Rien chez lui n'indique qu'il ment, je vois plutôt de la détermination.

Shane intervient :

— Pourquoi vous ne vous associez pas aux gens de Nova ou de l'hôpital ?

Il soupire.

— Nous avons essayé, seulement l'hôpital refuse de divulguer des informations confidentielles sur les patients et Nova ne veut pas partager ses recherches pour des questions de propriété. Dans leur cas, c'est une décision d'entreprise, en admettant qu'ils puissent rester une entreprise après tout ça. Ce qui leur permet de ne pas déposer le bilan, c'est l'espoir du gouvernement qu'ils trouvent un antidote à ce qu'a concocté le docteur Sternfield.

— Et qu'est-ce qu'il vous faudrait pour travailler à votre propre antidote ?

Aussitôt très enthousiaste, le docteur Dulcet répond :

— Votre consentement écrit, ainsi qu'un échantillon de sang que nous séquencerions. Nous avons un certain nombre d'idées sur les endroits où chercher.

Je croise les jambes.

— Nova cherche depuis des semaines et n'a pas obtenu grand-chose.

— Nos chercheurs sont assez extraordinaires.

— Les leurs aussi, dis-je dubitative. Enfin, ils en ont eu une extraordinaire.

— Oui, elle était brillante. Peut-être trop pour être heureuse. Mais c'est sur votre bien-être à vous qu'on va se concentrer. Qu'avez-vous à perdre, à part un peu de sang ?

Ai-je encore envie de jouer les cobayes ? Avec un mec dans un bureau un peu louche ? Hors de question de me laisser à nouveau avoir.

— Je n'ai même pas dix-sept ans, il faudrait que ma mère signe une décharge avant d'envisager quoi que ce soit. (Évidemment, j'aurais dû m'inquiéter de ce genre de détails au moment où j'ai accepté le Charisma.) Et ça ne signifie pas que je dis oui. Je dois y réfléchir.

Shane plie et déplie le bras.

— Moi, j'ai dix-huit ans et c'est tout réfléchi.

Je pose la main sur son autre bras.

— On devrait peut-être d'abord en parler au docteur Culdicott ?

— C'est juste une prise de sang. Plus vite ils l'auront, plus vite ils pourront se mettre au boulot. Tu n'es pas la seule à en avoir marre d'être désespérée. Docteur Dulcet, c'est quand vous voulez.

— D'accord, suivez-moi.

Par-dessus son épaule, Shane me lance :

— Tu me remercieras plus tard.

Ils s'éloignent tous les deux dans le couloir. Je m'affale sur ma chaise et sors mon téléphone. Pas de SMS de Jack, alors je l'appelle.

— Salut, me dit-il. Tu es où ?

— Euh, chez le médecin. En fait, il travaille pour VidaLexor. Ils pensent qu'ils peuvent nous aider.

— C'est vrai ? Super nouvelle !

J'entortille une mèche de cheveux autour de mon doigt.

— J'en sais rien, j'ai l'impression qu'il y a anguille sous roche. Et s'ils cherchaient juste à montrer à quel point Nova est le grand méchant dans cette affaire ?

Jack se met à rire.

— On dirait une théorie à la con comme Shane pourrait en inventer.

— En fait, il est en train de se faire prélever un échantillon de sang.

La respiration sifflante, Jack demande :

— Vous êtes ensemble ?

— Ben oui, pourquoi ? Mais j'espère qu'on pourra sortir bientôt.

— Pourquoi tu ne pars pas tout de suite ?

— Je dois passer ramener Shane.

Il marque un temps d'arrêt.

— Il habite sur le chemin ?

— Il m'a, comment dire, aidée sur un autre projet avant, donc c'était plus pratique.

— Quel projet ?

Shane revient dans le couloir, un sourire satisfait aux lèvres. Je réponds doucement au téléphone :

— Je te raconte tout à l'heure. Il vient de terminer avec le docteur.

— Oui, il faut qu'on parle.

Nous raccrochons sur cette fausse note.

Le docteur Dulcet me tend sa carte de visite.

— Si tu changes d'avis après avoir vu avec tes parents et tes médecins, passe-moi un coup de fil.

Bon, au moins, il cherche à provoquer le « positif ». Je prends sa carte et promets de le tenir au courant.

En rentrant vers la maison de Shane, celui-ci se balance au rythme de la station de radio heavy metal.

— Un peu de compétition va relancer Nova, tu verras. C'est le jeu.

— Ce n'est pas un jeu. Si tu énerves le docteur Gordon, il pourrait laisser tomber. Et là, on est tous morts. Littéralement.

Il arrête de battre la mesure sur mon tableau de bord.

— Commence pas.

Je m'agrippe au volant.

— Tu as raison. Restons dans la pensée positive. Donc, quand est-ce qu'on s'introduit chez Mme Sternfield ?

Il éclate de rire.

— Ma jolie partenaire de crime ne s'avoue pas vaincue, hein ?

— Dis-moi juste que tu vas y réfléchir.

— Dis-moi juste que tu vas coopérer avec VidaLexor.

Je me gare devant chez lui et lui tends la main.

— Marché conclu.

On se serre la main et il sort de ma voiture, secouant encore la tête sur un rythme imaginaire. Je souris, contente que le Charisma m'ait au moins apporté ce nouvel ami, qui, de chiant, est devenu attachant. Mais Jack n'a rien à craindre pour autant.

En m'éloignant, je coupe la musique de bourrin de Shane. Pendant un instant, il me semble entendre la dernière chanson résonner dans la voiture, sauf que l'écho ne s'arrête pas. Je comprends alors, avec une sensation qui me déchire la poitrine, que ça n'a rien d'un écho.

J'ai les oreilles qui sifflent.

Propagation du virus CZ88 toujours en cours
Article de Josephine Bailey, *USA Now*.

Malgré les tentatives de la communauté médicale de nous assurer que le CZ88, surnommé Charisma, ne se transmet que par rapport sexuel et via des aiguilles, le nombre de victimes continue d'augmenter. Beaucoup d'entre elles sont tombées dans le coma avant d'avoir été diagnostiquées, ce qui rend difficile de connaître leur nombre avec exactitude. Des groupements de citoyens demandent que les patients restés conscients retournent immédiatement à l'isolement.

Décompte des victimes de Charisma :
Chiffres de www.taucourantaussi.com
Total : 169
Victimes conscientes : 17
Victimes dans le coma : 123
Victimes décédées : 29

18.

Horrifiée, je m'arrête sur le bas-côté et je me plaque les mains sur les oreilles, ce qui ne fait qu'amplifier le sifflement aigu. Ma bouche s'assèche. Les acouphènes, c'est ce dont ont souffert Chloé et Jesse avant de sombrer dans le coma. Et la dernière fois que j'ai vu Rosa, elle avait les mains sur les oreilles, comme eux. Je ne peux pas succomber à ça, pas alors que je viens juste de sortir de l'hôpital. Que j'ai de nouveau Jack dans ma vie. Non.

J'ouvre le miroir de mon pare-soleil pour guetter les signes d'un coma imminent, comme si un avertissement allait apparaître sur mon front. Rien d'anormal, hormis la panique qui m'agrandit les yeux. Je respire profondément. Je me sens bien. Tout simplement. Et franchement, le son paraît moins aigu qu'il y a une minute. Ça pourrait être une fausse alerte causée par la musique de Shane.

Il me faut encore dix minutes pour être en état de conduire. Quelque part, j'ai envie de rentrer chez moi et de me cacher dans ma chambre. Mais tant que je suis consciente, je ne compte pas louper ce qui me reste de vie. Quelle qu'en soit la durée, je veux la vivre à fond.

En pilotage automatique, je me gare, salue ma mère et Sammy d'une voix tremblante et je monte dans ma chambre. Là, je tente de faire le poirier et de sauter sur place pour voir si je peux remettre en place ce qui s'est cassé dans ma tête. Rien ne fonctionne et je dois me retenir pour ne pas fondre en sanglots. En entendant la sonnette, je parviens à me composer un sourire et je descends en m'accrochant bien à la rampe.

Je pensais que Jack serait encore contrarié que j'aie passé la journée avec Shane, mais son visage est comme un rayon de soleil lorsqu'il entre.

— Alors, tu as envie de quoi, ce soir ?

— Euh…

Il y a trop de façons de répondre. J'ai envie de profiter d'une soirée où je ne flippe pas d'entendre des bruits dans ma tête. D'embrasser mon copain. D'avoir des amis qui sortent de leur coma. De trouver un traitement pour Sammy, et que ma mère l'accepte.

Il me montre la liste de films à l'affiche sur son écran de téléphone. J'élimine d'office celui qui parle d'un virus qui raye de la carte la moitié de l'humanité et tout ce qui peut ressembler à une comédie romantique.

— Invasion extraterrestre ?

— Parfait, approuve Jack en souriant.

En partant, j'évite le regard de maman et Sammy. Ils espéraient que je resterais à la maison ce soir, mais j'ai besoin de bouger. Sans compter que je ne veux pas me disputer avec ma mère. Dehors, deux paparazzis pointent le bout de leur nez. Ils dégainent les appareils photo et braillent des questions sur le statut de notre relation.

Je chuchote à Jack :

— Tu es sûr que tu veux continuer ?

Il me passe le bras autour de l'épaule.

— Fais comme avec les guêpes. Si tu les déranges pas, ils ne devraient pas te déranger.

J'évite de lui rappeler que certaines personnes meurent de leurs piqûres.

Nous partons par ce qui pourrait être une parfaite soirée d'été, s'il n'y avait pas le sifflement dans mes oreilles. Heureusement, la musique dans la voiture est assez forte pour masquer le bruit.

Jack me prend la main et joue avec mes doigts, comme si tout était normal, ce qui me donne envie de pleurer.

— Alors, raconte ce que tu as fait avec Shane.

Son visage exprime la nervosité et une pointe de colère.

— Reste ouvert, d'accord ?

Je chasse les larmes de mes yeux et lui résume notre expédition chez Mme Sternfield. Il desserre mes doigts et pousse un gros soupir.

— J'arrive pas à croire que je suis d'accord avec Shane, mais ton idée de t'introduire par effraction est complètement folle.

Je n'aime pas la dureté dans sa voix. Il devrait être de mon côté.

— C'est peut-être ma seule chance d'apprendre ce que savait le docteur Sternfield avant sa mort.

Il accélère.

— Tu penses trouver quoi ? Elle était sérieusement dérangée. Même si elle a laissé des infos, c'est sans doute aussi des foutaises !

La ceinture de sécurité m'oppresse au niveau de la poitrine.

— Je dois tenter quelque chose. Pas juste attendre... ce qui viendra.

— Tu pourrais peut-être faire un stage à Nova Genetics ? Ça pourrait inspirer les chercheurs ?

— Si au bout de vingt-neuf morts, ils ne sont toujours pas inspirés, je ne sais pas quoi faire. J'aimerais vraiment pouvoir convaincre le docteur Gordon de travailler avec VidaLexor.

— Je crois que tu pourrais convaincre n'importe qui de faire n'importe quoi ces temps-ci, dit-il, les narines gonflées.

— À part Mme Sternfield.

Sa bouche prend un pli contrarié. Il se gare et nous marchons sur le parking. Sans la musique pour couvrir le bruit, le petit sifflement dans ma tête se fait de nouveau entendre. J'en ai l'estomac retourné. Jack me considère avec inquiétude, mais je lui adresse un sourire radieux. Heureusement, il ne peut pas déchiffrer les expressions comme moi.

Je garde la tête baissée et je ne croise le regard de personne, même si une partie de moi a très envie d'entrer en relation avec eux. Malgré ma tentative de rester incognito, plusieurs personnes m'abordent timidement pour me poser des questions sur « mon état ». Jack hoche la tête avec indulgence au début, mais chaque fois que quelqu'un l'écarte pour m'approcher, il serre les dents.

J'essaie de me montrer polie et je me rapproche de Jack qui paraît toujours très loin. Nous n'arrivons dans la salle qu'après le début des bandes-annonces.

Il se penche vers moi.

— Ça doit te rendre folle.

— La plupart sont bien intentionnés, tu sais. C'est mieux que de les voir s'enfuir en courant parce qu'ils ont peur.

Il me dévisage, avec les reflets de l'écran sur la figure.

— Eh ben, tu as vraiment changé.

Je ne sais pas pourquoi, mais ça me blesse.

— Seulement la manière dont je me comporte, pas ce que je suis vraiment.

— Et quelle est la différence ? fait-il, sceptique.

Une femme dans la rangée derrière nous nous dit de parler plus bas. Je me tourne pour m'excuser et elle sursaute.

— Oh, mais vous êtes la fille, là…

Jack me lance un regard entendu, sans rien ajouter. Il ne dit rien non plus quand elle et son amie se déplacent de plusieurs rangées en arrière. Je suis d'abord contente qu'elles nous laissent tranquilles, puis je comprends qu'elles doivent avoir peur de respirer le même air que moi.

Les bandes-annonces au volume agressif défilent, et enfin le film commence. Je m'efforce de tout oublier avec les vaisseaux spatiaux et les actions héroïques, mais impossible. Mes pensées me ramènent en boucle au fait que je suis « la fille, là », qui qu'elle soit. Et que des tas de gens ont peur d'elle.

Après le film, on s'arrête prendre une glace, mais c'est comme si on suivait un scénario préétabli. Avec des dialogues réduits au strict minimum, ce qui a pour effet de me faire remarquer de plus en plus les sifflements dans mes oreilles. Du coup, j'ai le cœur qui bat fort et je suis concentrée sur moi. Jack ne m'aide pas en me scrutant, la tête légèrement inclinée, comme s'il essayait de résoudre une équation complexe. C'est la pagaille dans mon cerveau : chaque fois que j'ouvre la bouche, je ne peux m'empêcher de me demander si les mots qui en sortent sont du vrai moi ou du faux moi. Et si cette personne, vraie ou fausse, va sombrer dans l'inconscience à tout moment.

Je brûle de me confier à Jack et de restaurer cette proximité que j'ai appris à tant apprécier, mais je sais que mes symptômes ne feront que l'inquiéter. Non, le mieux est de mettre fin à cette soirée, surtout que des gens à la table d'à côté commencent à chuchoter en me montrant du doigt. Quand je suggère de rentrer, Jack ne discute pas.

Sur ma terrasse, on se quitte avec une étreinte rapide. Son regard est plus perplexe qu'autre chose, comme s'il essayait de déterminer qui je suis vraiment. Et moi qui croyais qu'il le savait.

Au moment où j'ouvre la porte d'entrée, son téléphone vibre : un texto d'une certaine Alexandra, j'aperçois son nom sur l'écran. Mon premier réflexe est de lui demander qui elle est, mais la soirée s'est déjà suffisamment mal passée. Et au vu des circonstances, je ne peux pas lui en vouloir d'envisager un plan B.

Je rentre précipitamment, le cœur lourd, les épaules basses. Maman me jette un coup d'œil surpris de derrière son ordinateur. Je justifie mon heure de retour :

— Il doit se lever très tôt demain matin pour le travail.

Et voilà, je me remets à mentir.

— Ça ne te fera pas de mal non plus de te reposer. Tu as été de sortie toute la journée.

— Demain, je serai là pour Sammy, promis. Je lui ai déjà dit que je le conduirai là où il veut. Tiens, si tu n'es pas trop chargée, on pourrait déjeuner tous les trois ?

La gratitude que je sens émaner d'elle manque de me renverser.

— Je vais me débrouiller pour me libérer.

Sur ma lancée, je déclare :

— Un certain docteur Dulcet de VidaLexor voudrait nous aider à trouver un antidote.

Aussitôt méfiante, elle demande :

— Il t'a contactée directement, toi, une mineure, au lieu de passer par l'hôpital ou par moi ?

— En fait, il a contacté Shane. Je lui ai dit que je verrais d'abord avec toi et le docteur Culdicott avant de me lancer. Tiens, voilà sa carte.

Encore un flot de reconnaissance.

— Je suis très contente que tu n'aies pas foncé.

Sa satisfaction me pousse presque à lui avouer que je suis allée voir Mme Sternfield, mais je sais qu'elle ne comprendrait pas et pire, qu'elle m'interdirait de retourner à Cle Elum. Non, communiquer, c'est bien, mais pas au point de se griller stupidement.

Je monte dans ma chambre et je me connecte.

Grosse erreur.

Je ne vois que des *haters*, qui prétendent que j'ai tout fait pour mettre les mains sur une drogue de synthèse. Ce qui est arrivé est donc ma faute, et je ne mérite aucune pitié. Quelqu'un a même posté les statistiques de décès sur ma page en ajoutant : « Quel sera le prochain que tu contamineras ? »

Je me mords les jointures des doigts, les larmes aux yeux. Shane et moi, nous nous sommes battus bec et ongles pour pouvoir retourner dans un monde qui nous méprise. Les seuls à bien vouloir de moi sont un groupe dont les messages sont encore plus répugnants que ceux des autres. Un message privé de StarBound me dit : *Tu sais ce que c'est d'avoir tellement peur que tu te pisses presque dessus à l'idée de rencontrer un inconnu ? Libère-moi de cet enfer ! Je veux bien te rencontrer n'importe où, n'importe quand, pour avoir ce que tu as.*

Purée. Un frisson de révulsion me parcourt le corps et je referme l'ordi d'un coup sec, le souffle court.

Je réprime l'envie de sangloter et me jette sur le lit. Tout d'abord, ce bruit continu dans ma tête, puis Jack qui me fait la gueule et me trompe peut-être même avec Alexandra. Et maintenant, encore plus de *haters*, et des tarés pour couronner le tout. Je pose un oreiller sur ma tête et je gémis. Merde, merde et merde. Mais me couvrir la tête ne fait qu'accentuer le son aigu dans mes oreilles.

J'envoie promener l'oreiller et me mets à faire les cent pas dans ma chambre en me tirant sur les lobes. Le docteur Culdicott nous avait dit de revenir à l'hôpital au moindre symptôme… mais pour quoi faire ? Ils me foutront en quarantaine et attendront le pire… Si le temps qui me reste se compte en heures, hors de question de les passer seule.

Je descends sur la pointe des pieds, pour trouver maman endormie sur le canapé avec son ordi. Je ne vais surtout pas la réveiller. Le silence de la maison transforme mes acouphènes en un crissement strident. Même si j'ai désespérément envie de sortir et de courir dans la rue en bramant, je retourne à ma chambre en traînant des pieds.

Je me remets à tourner en rond, sans plus me retenir de pleurer. Quelle façon pourrie de passer mes dernières heures de conscience. Si seulement c'était possible d'accomplir encore une chose, magnifique et impressionnante. De me « faire des souvenirs », comme dirait Evie. Mais je n'ai rien. Comme l'ancienne Aislyn.

J'enfile mon pyjama, attrape un oreiller et me rends discrètement dans la chambre de Sammy. Il est agité dans son sommeil, mais arbore un petit sourire. Pour une fois, il ne tousse pas. Miracle. J'attrape la couverture pliée sur son rocking-chair et je l'étale par terre à côté de son lit. Je m'y roule en boule, apaisée par son souffle et les dessins familiers sur les murs. Comme s'il sentait ma présence, il descend un bras sur le côté. Je lui prends la main, serre nos avant-bras contre le dénivelé entre le sommier et le matelas, comme je le fais quand il passe une mauvaise nuit. Combien d'heures ai-je passées sur ce plancher ?

Serrant la main de mon frère pour me réconforter, à la manière dont il s'est toujours accroché à moi, je tremble dans la nuit qui tombe autour de nous. Je fixe le plafond pendant de longues minutes, des heures peut-être. Parfois, j'oublie mes acouphènes, et dès que j'y repense, je les perçois de nouveau. L'authentique silence et la paix véritable me paraissent complètement inaccessibles.

Et pourtant, je finis par dormir.

Quand je me réveille le matin, j'ai la tête lourde, mais je suis consciente. Magnifique. Dans mon cerveau embrumé, le sifflement ne paraît pas aussi fort. Je pose les mains sur mes oreilles pour vérifier, mais il semble vraiment atténué. Il me reste peut-être une journée à vivre. Encore une journée pour lutter.

Sammy a quitté son lit, sans doute en se demandant ce qui m'a amenée sur son plancher. Le dos douloureux, je me traîne vers ma chambre et m'effondre sur mon lit, pour être réveillée aussitôt, car on frappe à ma porte. Quand je réponds, Sammy passe la tête.

— Tu vas bien ?

— Oui, j'ai juste passé une nuit qui fait peur, tu vois ?

Il hoche la tête et se met à tousser. Bien sûr qu'il voit.

Je me redresse.

— Alors, on va où en premier ?

Encore une fois, je ressens une profonde gratitude de disposer d'une journée à planifier. Ma poitrine est envahie par une flambée de chaleur et d'énergie et l'espace d'un instant, un bonheur si intense que j'en ai les yeux qui piquent.

— Le Comix Dungeon.

La toux de Sammy s'intensifie. Je me précipite avec des mouchoirs et il dégage ses poumons.

— Oh, Sammy, je t'emmène à ta librairie BD, mais il faut vraiment que tu participes à l'AV719. Si tu supplies maman, elle ne pourra pas refuser.

Le regard noir, il répond après avoir retrouvé son souffle :

— Alors là, non. Maman était folle pendant que t'étais à l'hôpital. Je ne vais pas expérimenter un traitement alors qu'elle est contre. C'est pas comme s'il lui restait un enfant de secours.

J'en ai la respiration coupée.

— C'est comme ça que tu me considères depuis toutes ces années ? Comme l'enfant de secours de maman ?

— Non, comme son enfant garanti. Et maintenant, elle n'en a plus.

Je dois rétablir les choses. Maman a besoin de nous. Tous les deux. Et Sammy ne devrait pas avoir à attendre un jour de plus que nécessaire pour respirer, pour espérer un avenir sans maladie.

Il échappe à mon étreinte et repart dans sa chambre. Frustrée, je donne des coups dans le lit et dans les murs. Je refuse d'être responsable d'avoir bousillé la vie de mon frère, ou la vie de qui que ce soit. Sammy et maman doivent comprendre que la thérapie génique est toujours une promesse qui mérite d'être tenue. Le monde doit leur délivrer ce message clair et net. Mais qu'est-ce que je peux faire ?

Une idée me vient.

Je m'habille et me coiffe à la va-vite pour pouvoir me montrer en public. En bas, je sors dans un Tacoma brumeux mais à la chaleur agréable. Une journaliste – coupe au carré et tailleur coûteux – court en talons hauts dans l'allée, des collègues dans son sillage. J'attends sur la terrasse qu'ils se soient massés autour de moi, mais pas à moins de deux mètres. Finalement, les risques de contagion ont leur bon côté.

Frissonnante, je commence :

— Je ferai une déclaration quand vous serez prêts.

Un coup d'œil derrière moi m'apprend que Sammy passe la tête par la porte d'un air méfiant.

Une fois les caméras en place, je me racle la gorge.

— Je veux que ce soit très clair : le docteur Sternfield a agi sans aucun appui. Elle était seule. Je pense sincèrement que les autres chercheurs de Nova sont entièrement qualifiés pour mettre au point un antidote à ce qu'elle a fait. (Je marque une pause pour reprendre ma respiration.) Mais ils ne sont pas les seuls. J'espère que de nombreux généticiens vont prendre ce problème à bras-le-corps et sauver de nombreuses vies. Pour cette raison, j'autorise tout organisme de recherche qui sera validé par mes médecins de l'hôpital pour enfants Florence Bishop à se faire remettre une copie de la séquence de mon génome.

Les reporters sont estomaqués, même les gars les plus flegmatiques. Le plus important reste toutefois à venir. Je fais un geste vers Sammy avant de poursuivre :

— Mon frère est atteint de mucoviscidose, une maladie qui pourrait un jour être guérie par la thérapie génique. Je suis très contente que les essais cliniques avancent et je suis certaine que ce sera fait sans danger, d'une façon responsable. Ce serait une tragédie d'empêcher des enfants de bénéficier de traitements prometteurs, tout ça à cause d'une chercheuse qui a mal tourné.

Voilà qui devrait mettre la pression à ma mère pour faire ce qu'il faut et, éventuellement, inciter les chercheurs à laisser Sammy commencer l'essai en retard. J'ouvre les bras, les paumes tournées vers le haut.

— Si vous avez des questions, je veux bien essayer d'y répondre. Souvenez-vous juste que je suis une lycéenne, pas une scientifique.

Ils font semblant de rire, puis posent précipitamment leurs questions. La journaliste avec une coupe au carré m'assaille d'un micro.

— Vous rendez-vous compte qu'en rendant publique votre séquence ADN, vous perdrez beaucoup d'intimité ? Non seulement les chercheurs pourront rechercher les gènes manipulés par le Charisma, mais en plus, ils seront en mesure de voir si vous êtes susceptible de développer d'autres troubles.

— C'est pour cette raison que l'hôpital aidera à identifier des chercheurs dignes de confiance. Quant aux autres troubles, si personne ne trouve comment inverser le CZ88, je ne serai sans doute plus là très longtemps pour que ça pose problème.

Un roux qui tient un foulard devant sa bouche me lance :

— Vous êtes sûre que ce n'est pas contagieux ? On a rapporté des cas à des milliers de kilomètres.

— Et y a-t-il eu une transmission par simple contact dans un seul de ces cas ?

Sammy s'avance et me prend la main.

— Les docteurs nous ont testés des tas de fois, ma mère et moi. On n'a rien.

Le roux plisse les yeux.

— Et vos relations avec les garçons, Aislyn ? Nous vous avons vue en public avec votre petit ami.

— Pour l'instant, pas de relation poussée.

— Qu'entendez-vous par poussée ? demande l'autre femme.

— Je pense que vous me comprenez très bien, lui dis-je d'un air entendu.

— Ça doit être terrible pour une adolescente. Que pense Shane, l'autre victime, de tout ça ?

Je retiens un grognement.

— Vous n'aurez qu'à lui demander. Pour ce qui est d'être terrible, je réserverais ce mot à ceux qui sont dans le coma ou morts.

— À ce jour, marmonne le plus moustachu du lot.

Je déglutis.

Je prends les questions jusqu'au moment où le moustachu demande à Sammy quel est son propre pronostic vital, ce qui provoque une respiration hachée chez mon petit frère. Il est temps d'arrêter.

Je l'entraîne vers la porte.

— Si vous voulez bien nous laisser, il n'a que onze ans.

Une fois à l'intérieur, je me laisse porter par mon élan et appelle le docteur Gordon depuis ma chambre. Si Shane est dans le vrai, ma déclaration devrait obliger Nova à consentir plus d'efforts.

— Je ne peux pas t'en vouloir, soupire-t-il une fois que je lui ai expliqué mon appel à la concurrence.

— Et j'aurais besoin de savoir quelque chose sur votre ex-femme.

— Sheyla ? Mais quoi donc ?

— Bon, ça va vous sembler fou, mais depuis le CZ88, j'arrive à déchiffrer beaucoup plus clairement les signaux et les expressions du visage.

— Tout à fait logique.

Je ne me fais donc pas d'idées.

— Pour moi, il est évident qu'elle ment en ce qui concerne votre fille. Je suis vraiment désolée si c'est douloureux, mais je me demande s'il est possible que votre fille lui ait raconté quelque chose sur ce qu'elle a fait, ou pourquoi elle allait… euh… faire ce qu'elle a fait sur le pont.

Un long moment de silence suit, finalement interrompu par un raclement de gorge.

— Bon, Aislyn, je sais que tu veux à tout prix obtenir des réponses, mais Sheyla ne pourra rien te donner d'utile. Elle était proche de Charlie, mais je ne pense vraiment pas qu'elles parlaient génétique.

— Vous en êtes sûr ?

De la voix d'un très vieil homme, il répond :

— Parfois, on ne trouve pas de justifications aux choix de quelqu'un. Je suis en partie responsable, d'avoir toujours encouragé Charlie à repousser les limites du savoir.

Son inspiration est sans doute mêlée d'un sanglot.

— Il y a forcément quelque chose qu'on oublie, un truc que je peux faire.

— Tu es frustrée, évidemment. Moi aussi. Mais il y a peut-être une façon dont tu pourrais aider. Ce soir, nous organisons une réception destinée aux investisseurs potentiels pour un antidote au CZ88. Tu pourrais venir et encourager ceux qui nous soutiennent pour la bataille qui s'annonce.

— Alors, on ne vous oblige pas à cesser votre activité ?

— Seulement parce que nous sommes ceux qui présentent le meilleur espoir de vous soigner, mais le gouvernement ne nous laisse pas une grande marge de manœuvre.

Le docteur Dulcet a donc dit vrai là-dessus. Je serre le combiné avec force.

— Très bien, je tâcherai « d'encourager » vos investisseurs, mais vous devez contacter le docteur Dulcet de VidaLexor pour lui proposer de travailler ensemble.

— Ce genre de partenariat, c'est plus souvent de la perte de temps que de l'efficacité.

— Ce genre de partenariat pourrait me sauver la vie.

— Je vais y réfléchir, Aislyn. Nous sommes là-dedans ensemble.

J'espère qu'il ne dit pas ça en l'air.

— J'envoie une voiture te chercher à dix-neuf heures. Prépare quelques phrases à partager avec le groupe.

Il raccroche et je fixe le téléphone. Qu'est-ce que je viens d'accepter au juste ? Un discours ? Devant une foule d'inconnus ? Ça semble légèrement plus effrayant que de répondre aux questions de quelques journalistes sur mon perron. Bon, il vaudrait peut-être mieux que je me concentre sur des détails logistiques, de type quelle tenue porter. Je ris de moi-même. Difficile de croire qu'il a existé un temps où c'était réellement une décision importante.

Ce qui importe, c'est de tenir mes promesses à Sammy. Toutes celles que j'ai faites. Je le retrouve dans la cuisine, le visage rougi par sa dernière quinte de toux.

— Alors, frangin, prêt pour un petit voyage au Comix Dungeon ?

Nous sursautons en entendant un coup sourd à la porte. Ce n'est quand même pas un paparazzi qui essaierait d'entrer ? Je cours, mais c'est seulement le courrier du jour, répandu par terre en dessous de la fente prévue à cet effet. Je place le tout sur le guéridon. L'une des lettres, adressée aux « parents d'Aislyn Hollings », a pour expéditeur l'académie de mon lycée. Je l'ouvre d'un geste mal assuré.

En lisant, je sens une grosse boule se former dans mon ventre. Je me suis raconté que la vie en dehors de l'hôpital serait géniale, mais le monde réel peut vraiment être un enfer.

Une ado de Tacoma condamnée à mort trouve le temps de se balader

Article de Serena Wagner, *Tacoma Times.*

Aislyn Hollings, 16 ans, qui a participé à l'essai illégal de thérapie génique, fait partie des quelques patients dans tous les États-Unis à avoir évité des conséquences sordides. Elle est retournée chez elle en fanfare cette semaine. Fidèle à la promesse de sociabilité accrue du traitement, elle a eu pour premier geste d'organiser une fête et ce, malgré les preuves que le virus utilisé est contagieux, menant généralement à un coma et parfois à la mort. Une source ayant participé à la fête de Mlle Hollings déclare : « Aislyn faisait comme si elle jouait dans une pub pour bikinis. Elle et son copain, Jack, n'arrêtaient pas de se tripoter. »

De nombreux résidents du nord de Tacoma ont déposé plainte à la police et à la mairie en demandant que l'ordonnance d'isolement soit rétablie. Néanmoins, Liam Guthrie, porte-parole du département d'État de la Santé, a déclaré : « À moins que Mlle Hollings ou M. Elliott ne fassent de tentative de contaminer d'autres personnes par un mécanisme de transmission connu, nous ne pouvons appliquer d'autres mesures de restriction à leurs agissements. »

19.

« Après en avoir longuement discuté avec les autorités de santé, nous avons jugé que dans l'intérêt de toutes les personnes fréquentant l'établissement, il était préférable qu'Aislyn ne revienne pas en cours à l'automne. »

La lettre affirme ensuite qu'ils sont « certains » que ma mère comprendra.

Moi qui ai déjà lu tous les livres de la liste pour les terminales, y compris *Des fleurs pour Algernon* qui m'a fait pleurer toutes les larmes de mon corps. Jetant la lettre sur le guéridon, j'appelle Shane.

— Toi aussi, hein ? répond-il aussitôt.

Je marche à grands pas dans le salon.

— C'est dingue.

— Pas plus dingue que de vouloir entrer chez quelqu'un par effraction.

— À ce propos, j'ai Sammy aujourd'hui, mais si on y allait demain ?

— Je ne compte pas t'aider à te faire arrêter, mais je te vois à la fête des gros bonnets ce soir. Sally Sims vient de m'appeler pour m'annoncer que tu serais ma cavalière.

— Ah oui ? Elle devait plutôt vouloir dire que tu serais mon *escort boy*, non ?

— Si tu préfères, belle blonde. À ce soir.

Je mets mon ordi en route pour trouver des arguments pour les investisseurs, mais je suis coupée dans mon élan par un message d'une fille, Mercedes, dont l'avatar montre beaucoup de rose sur les joues et les lèvres, mais qui a des mots tranchants comme des rasoirs.

T'as intérêt à faire gaffe ! Les mutants comme toi, c'est des monstres. À traiter comme de la vermine !

Mon cœur cogne dur dans ma poitrine. Traiter comme de la vermine, c'est-à-dire ? Éviter ou éradiquer ?

Bon, mieux vaut me concentrer sur mon discours. Je trouve des tas d'articles sur les libertés civiques et des comptes rendus émouvants à propos d'un ado nommé Ryan White, qui était atteint du sida avant ma naissance. Je serre les dents en lisant qu'il a été obligé d'utiliser des toilettes séparées et des couverts jetables dans son lycée, et que sa tombe a été profanée après sa mort. En tout cas, il a subi ce harcèlement avec dignité, faisant preuve d'une personnalité inspirante qui ne devait rien à un quelconque traitement.

J'ai tapé toute une page de notes quand Evie m'envoie un message pour savoir si je veux faire un truc aujourd'hui. Ah, c'est vrai, je devais amener Sammy où il voulait. Quelle sœur nulle je fais.

Je mets vite un plan au point avec Evie, et une demi-heure plus tard, nous nous hâtons de franchir la haie de reporters avec Sammy. Heureusement, personne ne nous suit en voiture, ou alors, c'est très discret.

Nous nous dirigeons à une extrémité du centre-ville de Tacoma et nous garons dans un quartier pauvre qui n'a pas encore été envahi par les appartements de luxe et les boulangeries hors de prix. La plupart des magasins arborent des auvents en tissu défraîchis et sont tenus par des vendeurs couverts de piercings.

Bien que je porte des lunettes de soleil et une casquette Seattle Mariners, plusieurs personnes m'arrêtent entre la voiture et la librairie Comix Dungeon. Étrangement, je me sens obligée de répondre aux questions autant que possible, sans doute pour prouver que je ne suis pas un monstre contagieux. Il nous faut un quart d'heure pour arriver dans la boutique faiblement éclairée qui sent la poussière et le vieux papier.

Sammy, qui traîne son éternel sac à dos, se rue sur le libraire pour lui poser des questions concernant les dernières parutions. Evie suggère qu'on aille au café pendant qu'il débat des nuances de la fiction graphique. Nous partons acheter des lattes glacés et nous installons à une table recouverte de miettes dans un coin.

Evie dégage une mèche de cheveux brillants de son visage.

— Il y a des tas de photos de toi avec Shane, en ligne. Tu as quelque chose à me raconter ?

Je m'étrangle sur ma boisson et proteste :

— Rien du tout.

Je lui relate ma mission dépourvue d'actes criminels avec Shane et la sortie dépourvue d'échange de fluides corporels avec Jack, sans oublier le SMS qu'il a reçu d'Alexandra.

Elle aspire son latte en colorant sa paille de son rouge à lèvres couleur fruits des bois.

— Je suis sûre que Jack ne fait rien avec Alexandra, pour l'instant. Mais il faut être pragmatique. Si tu ne peux pas toucher à Jack, pourquoi gâcher un mec aussi canon que Shane ? Et pourquoi te gâcher, *toi* ?

— Euh, parce que je craque sur Jack depuis toujours ? Et s'il est prêt à attendre, je le suis aussi.

Elle pousse un grand soupir. Inutile de rechercher des micro-expressions faciales.

— Mais tu passes à côté de tellement de trucs, Aislyn…

C'est là que je me rends compte qu'elle est inhabituellement évasive sur sa vie amoureuse, ces derniers temps. Et son regard fuyant me signale qu'elle dissimule quelque chose.

Je passe plusieurs fois le doigt sur mon verre en plastique, traçant des lignes dans la condensation.

— Il s'est passé des trucs, euh… importants entre toi et Rafe ? Tu me le dirais, hein ? Ne me cache pas des trucs juste pour pas que je regrette ce que je ne peux pas connaître avec Jack.

Elle vire à une superbe teinte de rose et je retiens mon souffle.

— Oh, c'est pas vrai. Quand ? Comment tu as pu le garder pour toi ?

Le visage décomposé, elle m'avoue :

— Il y a deux jours. Avec ta situation, je trouvais ça… indélicat de te raconter.

— Evie ! (Je baisse la voix quand des gens se tournent vers nous.) Tu dois me parler des trucs importants. On se fiche du reste.

— Ben…. Oh, ça m'a rendue folle de ne pas partager ça avec toi…

J'écrase mon verre vide.

— Il faut pas que cette histoire de gènes m'enlève ma meilleure amie en plus de tout le reste, d'accord ?

— Je suis vraiment désolée. Promis, si autre chose d'important arrive, tu seras la première au courant.

J'ai les yeux qui piquent, mais je hoche la tête, en me demandant si je serai encore là quand la prochaine chose importante de sa vie arrivera. Je m'éclaircis bien la gorge avant de décréter :

— Allez, on y va.

Nous retournons dans la boutique de BD, où la transition du soleil à la pénombre nous aveugle quelques secondes. Mais lorsque ma vision revient, je nc vois pas mon frère.

Je mc mets à chercher dans les allées étroites du magasin.

— Sammy ?

Deux jeunes clients me regardent d'un air mauvais, comme si j'avais violé un code de conduite. Je presse le pas en appelant plus fort. Evie cherche de l'autre côté de la boutique et nous nous retrouvons au milieu, sans Sammy.

Je cours demander au libraire à la caisse :

— Vous auriez vu un garçon blond et tout mince, grand comme ça ?

Il parle en mettant de côté je ne sais quoi dans sa joue.

— Ouais, il m'a acheté le dernier numéro d'*Alakazombie* et il m'a montré ses dessins. Il est hyperdoué, ce gosse.

— Je sais. Mais il est parti où ?

— Il a dû aller lire ou dessiner. Ah, mais je vous reconnais ! Vous avez vu le dernier *Virality* ? Ça raconte l'histoire d'une potion d'amour génétique…

J'échange un regard soucieux avec Evie et nous courons au-dehors. Quand je regarde autour de moi, mon cœur fait une chute libre. Aucun signe de Sammy nulle part.

— Du calme, dit Evie. Il est sans doute allé nous chercher.

Nous prenons la rue dans la direction opposée du café où nous étions tout à l'heure. Je regarde dans un salon de tatouages, une librairie et une friperie en criant chaque fois le nom de mon frère.

À un croisement, j'aperçois un garçon blond plus loin, qui porte un tee-shirt du même jaune vif que celui de Sammy. Il rit à côté d'une femme aux cheveux violets. Je fonce vers eux, soulagée de constater que c'est bien lui.

— Sammy, qu'est-ce qui t'a pris ? dis-je en l'attrapant par les épaules.

Il sursaute.

— Désolé, je croyais que vous étiez parties dans l'autre sens.

La femme perchée sur ses talons aiguilles de quinze centimètres se penche vers moi.

— Aislyn Hollings ? Je vous cherchais.

Je recule.

— Ah oui ? Et comment vous saviez que j'étais là ?

Elle part d'un rire cynique.

— Oh, voyons, vous êtes plus facile à suivre qu'un signal GPS.

Un mec aux biceps de la taille de melons émerge d'une entrée plongée dans l'ombre. Il reste à quelques pas, mais hoche lentement la tête vers la femme, ce qui me donne envie de me gratter de partout.

La femme bat des cils.

— Je voulais vous inviter personnellement à une fête exclusive. Isaac Takahashi, qui a reçu le Charisma sans les effets négatifs, comme vous, sera présent et ce serait génial que vous veniez aussi. C'est demain soir.

Je croise les bras avant de répondre :

— Je doute qu'il existe une version de CZ88 sans les effets négatifs. Et pourquoi cet Isaac ne s'est pas montré plus tôt ?

Elle sort une épaisse enveloppe de son sac à main. Elle s'évente avec, puis explique :

— Peut-être que jusque-là, il n'avait pas reçu d'offre intéressante. C'est un moyen facile de se faire dix bâtons.

— Dix mille dollars ? Pour une fête ?

— Beaucoup de gens veulent vous rencontrer. En face à face.

Mon pouls s'accélère.

— Où est le piège ?

En fait, je m'en doute déjà. Il n'existe qu'un seul groupe de tarés qui ait très envie de m'approcher sans masque à gaz.

Le costaud fait quelques pas en avant, les mains dans les poches. La bonne femme aux cheveux violets s'humecte les lèvres.

— Pas de piège. Vous pouvez vous amuser, éventuellement trouver des moyens de toucher un chèque encore plus gros. Je connais quelques gars qui ont des moyens énormes.

Elle sourit, avec une étincelle dans les yeux qui me fait penser à un chacal.

J'entraîne Sammy et Evie.

— On rentre. Direct.

Aucun des deux ne proteste. Pendant qu'on s'éloigne en vitesse, je me retourne vite fait pour constater qu'ils sont encore en train de me regarder. Rien chez eux n'indique l'empathie ou la gentillesse. Savoir qu'ils restent sur place, sûrs de pouvoir facilement me localiser, me fait frissonner.

Le mec m'envoie un baiser.

Elle l'a fait ou pas ?

Article de Lulu Lakes, *Au courant*.

La dernière question en date qui titille les amateurs de people ne concerne pas le Botox ni la chirurgie esthétique. Il est plutôt question de savoir qui a gagné en popularité grâce à un excellent chargé de com et qui a obtenu ce résultat via un passage chez le généticien. Si vous trouvez que c'est de la science-fiction, il va falloir actualiser vos connaissances : pas moins de 237 personnes ont subi une injection ou une transmission d'une thérapie génique illégale appelée Charisma, et depuis, leur personnalité a atteint des sommets de magnétisme. Ces cas ont des conséquences potentiellement mortelles, avec 41 morts à ce jour. Cependant, on entend des rumeurs à propos d'une nouvelle version de Charisma, améliorée, qui serait développée par des circuits clandestins. La célébrité, à quel prix ? On dirait bien que rien n'est exclu, pas même changer d'ADN.

20.

Pendant tout le trajet retour, je surveille les rétros en permanence. Quand je préviens Sammy que nous laissons tomber le reste des magasins sur sa liste, il hausse les épaules comme s'il était habitué à ce que je le déçoive.

Je prends un itinéraire alambiqué pour m'assurer que nous ne sommes pas suivis, et je me gare devant chez nous quarante minutes plus tard. Nous examinons minutieusement notre environnement avant de sortir et de jouer des coudes parmi la meute de journalistes. Même si je devrais commencer à y être habituée, leurs questions aboyées m'atteignent comme autant de coups de feu.

— Aucun commentaire, dis-je en poussant Sammy devant moi.

À la porte, Evie me serre particulièrement fort dans ses bras.

— Ne te laisse pas abattre par les fous ou les *haters.* Les autres sont bien plus nombreux. À commencer par moi.

— Je suis désolée pour tout à l'heure. T'es géniale, Evie.

— C'est vrai ! Allez, te fais pas remarquer, OK?

Elle s'éloigne d'un pas joyeux, mais sa gaieté paraît un peu forcée.

À l'intérieur, maman est seule à la table de la salle à manger.

— On devait déjeuner ensemble, il me semble ?

— Ah oui, c'est vrai ! Excuse-moi, on est partis tard.

Elle découvrira bien assez tôt que j'ai mis mon génome aux enchères.

Elle a rapporté de la soupe au poulet curry-coco, avec une touche de citronnelle qui me fait saliver. Nous la rejoignons à table.

En l'observant, je juge qu'elle n'a jamais été aussi calme depuis que je suis rentrée de l'hôpital.

— Euh, maman, s'il te plaît, est-ce qu'on pourrait parler de l'essai AV719 ?

Elle cogne le rebord de la soupière avec la louche. Son visage est un mélange de peur, de culpabilité et de colère.

— Personne ne donne plus rien à mes enfants qui pourrait leur faire de mal. Point final.

— Mais les résultats prélim…

— Aislyn, arrête. Tu peux utiliser tes nouvelles capacités de persuasion contre le reste du monde si ça te chante, mais je ne joue pas avec la vie de mes enfants.

— Dans la vie, on prend toujours des risques, on prend des paris.

— Non. Et je pensais que tu l'avais appris à tes dépens.

Elle irradie maintenant la terreur et la rage. Je suis sûre qu'elle a plus de cheveux blancs maintenant qu'il y a un mois.

Bien, on va tenter une autre approche. Je mentionne tranquillement la soirée Nova Genetics. Peut-être que si j'y brille particulièrement, je prouverai que beaucoup de gens font encore confiance à la thérapie génique. Maman garde une certaine méfiance dans les yeux, mais elle est soulagée que j'aie changé de sujet.

— Tu es sûre que tu en es capable ?

— Il le faut. De toute façon, ces gens pourraient investir dans des recherches qui non seulement inverseront le CZ88, mais guériront aussi d'autres problèmes génétiques, comme la mucoviscidose. D'une manière ou d'une autre, je ne veux pas que ma vie se réduise à une expérience partie en sucette.

Quelques gouttes de sa cuillère tombent sur la table et elle les essuie avec sa serviette.

— Ta vie représente beaucoup, surtout pour tous ceux qui t'aiment. On va s'en sortir.

Ça ressemble plus à ma mère super positive d'avant. J'essaie pour ma part de lui rappeler sa fille responsable d'avant en lavant la vaisselle pour qu'elle puisse vite rejoindre le client dont elle a décalé le rendez-vous.

Allez, je pourrais encore me montrer sympa et poursuivre le tour prévu pour Sammy dans l'après-midi. Mais un coup d'œil par la fenêtre m'en dissuade : les reporters sont vraiment nombreux. En plus, Sammy a beaucoup toussé pendant le déjeuner.

Mon téléphone vibre. C'est un texto de Jack.

Je suis désolé pour hier.

Moi aussi.

On peut se rattraper ce soir ? propose-t-il.

Mon humeur s'allège une seconde, et puis je me rends compte que c'est impossible.

Je dois aller à une soirée Nova Genetics. Demain ?

D'accord. C'est quoi, comme soirée ?

Ils essaient d'inciter des investisseurs à donner des fonds de recherches pour un antidote. Je suis l'attraction n° 1.

Shane y sera ?

Aïe, juste quand je pensais que tout allait s'arranger.

Oui. Plus il y a de bêtes de foire, et plus on récoltera de sous.

Je vois.

Je tape aussi vite que je peux :

C'est pas moi qui choisis.

OK. Bon, amuse-toi bien. Je dois retourner au boulot.

Tu comprends, hein ? C'est juste pour lever des fonds. Rien de plus.

Bien sûr. On se parle demain.

Eh merde. Il ne peut quand même pas croire qu'il y a quelque chose entre Shane et moi. On a passé deux semaines ensemble à l'hôpital et rien ne s'est produit. Pourquoi ça changerait maintenant ?

Affalé sur le canapé devant un western, Sammy tousse dans un mouchoir. Je me pose à côté de lui.

— Je vais me débrouiller pour te faire entrer dans le panel de l'AV719.

Les yeux toujours sur l'écran, il marmonne :

— Qu'est-ce qui te rend si sûre que je veux y être ? Le dernier médoc me faisait dégobiller tout le temps.

— Je sais, frangin, mais faut continuer d'essayer, hein ?

Il me gratifie d'un long regard sombre avant de se retourner vers la télé.

J'ai le cerveau en ébullition : comment arracher la vérité à Mme Sternfield et encourager plus de chercheurs à combattre le CZ88 ? Si je guéris, maman s'ouvrira à l'idée de faire aider Sammy.

Je me fais happer par le western et je perds complètement la notion du temps, ce qui me contraint ensuite à me doucher et me maquiller en quatrième vitesse. Ma robe mi-longue n'est pas aussi éblouissante que si Evie avait sélectionné mes accessoires, mais il faudra bien que ça fasse l'affaire. De toute façon, c'est sur ma personnalité que je compte. Je me détache les cheveux et passe une paire de grandes créoles argentées à mes oreilles.

Je descends d'un pas léger vingt-neuf minutes plus tard.

Maman est tout ébouriffée.

— Oh, ma puce, tu es magnifique, et tu fais vraiment...

— Preuve d'une élégance discrète ? je propose.

— J'allais dire : adulte.

Je dois reconnaître que l'admiration dans son regard et celui de Sammy me fait chaud au cœur. Si je pouvais sortir avec Jack ce soir et lire cette expression qu'il affiche en me voyant. Ou qu'il *affichait*...

Mais le suivant à poser les yeux sur moi est Shane. Quand il arrive, je me dis qu'il a avalé sa langue. Il n'arrive qu'à articuler :

— Waouh.

Il n'est sorti de l'hôpital qu'il y a quelques jours, mais son bronzage estival ressort sur sa chemise bleu pâle. Ses boucles brunes, raccourcies, lui descendent au menton, qu'il a rasé, montrant bien sa mâchoire saillante.

C'est pour lui que toutes ces filles s'inscrivent encore au Shane Show. Ce mec sur lequel elles bavent est ici devant moi, en chair et en os.

Il tire sur son col et s'essuie le front.

— Ce costard, il me tient carrément trop chaud.

Heureusement, maman ne cherche pas à prendre des photos style bal de promo, devant les rhododendrons. C'est drôle, avant, je ne pensais pas aller au bal en terminale parce que j'étais trop timide. Maintenant, je risque de ne pas y aller parce que… voilà. Les maux de tête réguliers et le sifflement bas mais constant dans mes oreilles ne me permettent pas d'oublier ce qui m'attend probablement.

Mais pour l'instant, je suis en vie. La nuit est claire et tiède. Shane m'accompagne à la voiture très classe envoyée par Nova au milieu des objectifs d'appareils photo.

— Vous formez un joli couple. Qu'est-il arrivé à Jack ? nous lance la journaliste à la coupe au carré.

Je dégage mon bras de celui de Shane.

— Rien. Shane et moi, nous allons à une réception ensemble parce que c'est pratique. Maintenant, si vous voulez bien nous laisser passer.

Ignorant les flashs, un chauffeur blond aux lunettes d'aviateur vertes nous dit s'appeler Baxter et nous ouvre la portière. Échaudée par l'incident de la fille aux cheveux violets, je refuse d'entrer avant de voir sa carte d'identité, qu'il me montre avec un sourire.

— Parano, me souffle Shane.

Il ôte sa veste avant de se placer à côté de moi. Dès que le chauffeur démarre, l'air conditionné nous arrive à fond depuis l'arrière.

— Alors, je suis pratique ? me taquine-t-il en se penchant vers moi.

Je lisse bien ma robe sur mes cuisses.

— Les choses sont assez compliquées comme ça sans rumeurs de fausse relation.

Il lève les yeux vers la cloison qui nous sépare des sièges de devant.

— Alors, comment se passe la vie de bonne sœur ? Tu commences à être prête à te servir de moi ?

— Tu peux toujours rêver, mister Dernier Mec sur terre.

Pourtant, la réflexion d'Evie sur le fait de ne pas nous « gâcher » me revient en mémoire.

— Sous peu, tu ne pourras plus résister à mes fossettes.

Il plaisante, ça va de soi, mais je lis un espoir tout ce qu'il y a de plus authentique dans ses yeux. Je frissonne et je tends la main vers l'air conditionné.

— Ça te dérange pas si je baisse un peu ?

Il agite sa chemise pour se faire de l'air.

— Pas trop, tu veux bien ? Il fait tellement moite dehors.

J'aperçois la sueur sur sa tempe.

— Tu te sens bien ?

— Juste un petit mal de tête, et trop chaud.

Ma gorge se noue.

— Mal de tête ? Tu as de la fièvre ? Des vertiges ?

— Doucement, belle blonde. J'ai juste trop fait ma rock star, résultat des courses, je suis lessivé. Minable, hein ?

Malgré sa nonchalance, je sens un frisson me parcourir l'échine.

— Tu t'es évanoui ? Tu as des acouphènes ?

— Tu crois que j'irais à la levée de fonds du docteur Gordon si j'étais prêt à tomber raide ? Non, j'ai fait trop de nuits blanches à la suite. Et peut-être que le mélange bière/Charisma n'est pas top…

Sa voix s'éteint. Je m'accroche à ma ceinture.

— Tu pourras reprendre les nuits blanches quand on sera guéris, OK ?

— C'est que tu t'inquiètes vraiment ! Je suis touché.

Je lui frappe le bras, mais c'est vrai, je m'inquiète. Suffisamment pour faire mine de regarder le paysage afin qu'il ne le lise pas sur mon visage. Baxter aborde les virages en douceur, si bien que c'est comme si on était dans un salon.

J'entends Shane bouger.

— On a tourné des super séquences pour le Shane Show aujourd'hui. Y a une folle qui m'a proposé cinq mille billets pour venir à une fête ce week-end.

— Elle a les cheveux violets, et un mec louche comme coéquipier ? Elle m'a offert le double.

La voiture dévie légèrement. La cloison entre nous n'offre peut-être pas d'isolation phonique.

Shane fronce les sourcils.

— Merde. Je me suis fait arnaquer.

— Parce que t'as dit oui ?

— Parce que toi, t'as refusé ?

— J'y crois pas ! nous écrions-nous en même temps.

Nous nous disputons pendant le reste du trajet, évoquant le pour et le contre du fait d'aller à des fêtes organisées par des tarés. Le temps qu'on arrive sur le site de Nova, nous n'avons pas réussi à trouver un terrain d'entente. Cependant, notre désaccord s'efface devant les hordes de manifestants massés aux grilles. La plupart portent des masques chirurgicaux.

Baxter abaisse la cloison.

— Ne vous en faites pas. Je vous emmène jusqu'au parking VIP.

Bon, c'est mieux. Nous suivons une Mercedes et une BMW. Les manifestants s'agglutinent à côté de nous en piaillant leurs slogans haineux. Un gars dégingandé aux yeux très clairs nous aperçoit, Shane et moi. Il s'arrête net et nous désigne à ses amis. Ils se pressent contre la voiture, les visages remplissant le cadre de la vitre en criant :

— Monstres ! Monstres !

Je vérifie que ma portière est bien fermée. Shane, lui, salue et affirme :

— J'aimerais trop que mon cameraman soit là.

Il pointe son téléphone sur la foule, ce qui ne fait qu'augmenter leurs cris.

Les agents de sécurité les repoussent à coups de menaces dans les haut-parleurs ; pendant ce temps, Baxter donne nos noms à la vigile qui a une arme à la ceinture et elle nous fait signe de passer.

Nous nous garons dans l'oasis du parking VIP. Deux gorilles nous amènent à la porte principale, où Sally Sims reçoit les gens dans une robe de cocktail noire étincelante.

Elle nous embrasse avec raideur sous les flashs du photographe officiel.

— Je suis contente que vous vous en tiriez aussi bien, confrontés à de tels problèmes. S'il y a quelque chose que je peux faire pour vous, surtout, dites-moi.

J'attends que Shane demande un médecin, mais il se contente de demander où se trouve le bar. Sally nous mène à la salle à manger, décorée de tulle et de grands vases de pivoines aux effluves sucrés. Nous entrons dans une foule de costumes de soie et de robes élégantes. Je pousse Shane du coude.

— Pourquoi tu n'as pas dit à Sally que tu avais de la fièvre ?

Je ne me sens pas complètement hypocrite de lui poser cette question, étant donné que le brouhaha couvre mon sifflement d'oreilles.

— Ça m'apporterait quoi ? Et d'abord, je me sens très bien.

— Ils ont peut-être une première version qu'ils pourraient tester sur nous. On devrait demander au docteur Gordon.

Tout en prononçant ces mots, j'essaie de détecter mes acouphènes, mais impossible de les percevoir dans le bruit ambiant.

Une équipe de serveurs parcourt la pièce avec des plateaux de canapés débordant de caviar, de brochettes de poulet sauce arachide et autres mets gastronomiques. Je suis tentée de prendre une coupe de champagne, mais je me ravise en voyant un photographe. Être repérée pour consommation d'alcool alors que je suis mineure n'aiderait pas. D'ailleurs, je n'ai plus besoin de me donner du courage, désormais.

Le docteur Gordon nous fait signe d'approcher et nous présente le colonel Collins, un chercheur de l'armée aux traits sévères, ainsi que M. Chong, propriétaire d'un laboratoire pharmaceutique en Corée du Sud. Ils posent un certain nombre de questions, la plupart adressées à Shane. Je me tourne vers le colonel.

— Pourquoi l'armée s'intéresse-t-elle à la thérapie génique ?

Son expression impassible est perturbée par une seconde d'agacement.

— Pour nos vétérans, mademoiselle. S'il est possible de prédire qui a des prédispositions génétiques au syndrome de stress post-traumatique, nous pourrions éventuellement le prévenir grâce à des psychotropes ou un entraînement spécifique.

Son visage paraît en accord avec ce qu'il dit, mais j'ai suffisamment lu de comics de Sammy pour savoir que presque tous les superhéros doivent leurs pouvoirs à des mutations ou améliorations génétiques. Avant que je puisse lui parler de supersoldats, un vice-président de Nova l'accapare avec M. Chong pour leur faire visiter les labos.

— Tu es très jolie, Aislyn, me dit le docteur Gordon d'un ton mélancolique.

Il a peut-être le souvenir de sa fille sur son trente-et-un à l'occasion d'une réception. Ou alors, notre présence lui rappelle tout le mal qu'elle a fait.

Shane tend sa veste à un membre du personnel qui semble se matérialiser sous nos yeux. Il défait un bouton de sa chemise.

— Vous allez bien ? lui demande le docteur Gordon en le scrutant.

— Juste un petit coup de chaud, répond Shane avec le sourire.

Il fait venir un serveur qui passe et prend une crevette qu'il trempe dans de la sauce pimentée.

— Tu garderas un œil sur lui ? me recommande le docteur Gordon.

— Bien sûr.

Je suis surprise qu'il ne le renvoie pas chez lui, mais après tout, un évanouissement dramatique pourrait décider les donateurs.

— Et maintenant, il faut qu'on aille donner envie de donner, c'est ça ?

Le docteur Gordon nous présente au docteur Truc, au président du directoire Machin, tous des gens manucurés et coiffés à la perfection, qui ne portent pas le moindre vêtement en fibres synthétiques. Quand enfin il nous libère après un tour de salle, nous remplissons nos assiettes de fruits de mer et rejoignons nos places assignées à une table sur une terrasse qui donne sur le canal Hood. Une musique douce flotte dans l'air lourd de l'été. Un couple bien habillé prend place en face de nous. Shane bondit presque de son siège.

— Vous êtes bien Carlos Zahn ?

L'homme sourit et se présente avec sa femme, Anna. Shane m'informe qu'il s'agit du footballeur star de l'équipe de Seattle.

L'expression de Carlos est pleine de sympathie.

— Je suis navré que vous ayez vécu une telle folie.

Je réponds par un haussement d'épaules tranquille, reconnaissante qu'il ne fasse pas remarquer que cette folie était auto-infligée.

— Vous devez être habitué à traiter avec les reporters et les cinglés. Comment vous faites pour encore avoir une vie ?

Il jette un œil vers sa femme.

— Ça aide d'avoir quelqu'un à mes côtés.

Anna lève le menton et nous conseille :

— Concentrez-vous seulement sur le positif. Plus vous pouvez offrir de bien, plus vous en recevrez. Nous nous intéressons beaucoup aux promesses de la thérapie génique, surtout pour des enfants comme notre fils, atteint de mucoviscidose…

Sally Sims doit nous avoir assis ensemble pour cette raison. Anna et moi entamons une discussion au sujet de l'AV719 : leur fils fait partie du panel. Je sais désormais où se déroule l'essai, mais j'apprends aussi que la sécurité est très élevée par rapport à d'habitude. Pendant que je la presse pour obtenir des renseignements, le docteur Gordon se joint à nous. Il observe avec inquiétude le visage rouge de Shane, puis se tourne vers moi.

— Tu veux bien dire quelques mots aux invités, Aislyn ?

Ma gorge s'assèche. Il le faut, Shane n'est pas en état de s'adresser à une foule. Je suis le docteur vers l'estrade. Les jambes un peu flageolantes, je gravis les quelques marches. Il doit y avoir plus de deux cents personnes qui m'entourent. La plupart sourient poliment tandis que le docteur Gordon leur raconte que quelqu'un comme moi, prête à tout pour connaître les avantages de la thérapie génique, a pris le risque de participer à une expérimentation « prématurée ». Il ne précise pas le rôle de sa fille dans l'affaire, ce qui ne devrait pas être une surprise : les gens puissants ne suivent pas les mêmes règles.

Après les applaudissements enthousiastes, je m'éclaircis la voix et regarde les visages face à moi. Un peu à l'écart, un type d'une vingtaine d'années à la peau très claire et aux cheveux noirs grimace. Son regard pesant m'oppresse, mais je parviens à me lancer :

— Bonsoir, tout le monde. Je suis celle que vous n'auriez jamais remarquée avant. Être invisible, je ne recommande pas, mais ce qui était vraiment insupportable, c'était de ne pas pouvoir m'exprimer. Non pas parce que les gens ne voulaient pas m'écouter, mais parce que je n'arrivais pas à parler.

Quelques personnes hochent la tête, beaucoup attendent la suite. Le brun renfrogné s'avance, à trois mètres de moi seulement, les mains dans les poches. Lorsqu'il surprend mon regard nerveux, il s'approche, les yeux chargés d'une menace. Qui est-il ? Je jette des coups d'œil autour de moi, mais je ne vois aucun vigile costaud parmi la soie et les bijoux.

Je reprends ma respiration.

— Je ne pouvais pas me défendre, mais ce qui était un crève-cœur, c'était de ne pas pouvoir défendre mon frère, Sammy, atteint de mucoviscidose. D'après lui, ça donne l'impression de se noyer de l'intérieur. Que vous pensiez ou non que la thérapie génique soit légitime pour des traits de caractère handicapants, lorsqu'il s'agit de maladies mortelles comme celle de Sammy, elle pourrait tout changer. Des scientifiques testent actuellement des traitements génétiques contre le sida, le cancer et encore beaucoup d'autres maladies.

Je regarde vers Anna et Carlos Zahn, qui me sourient.

Pendant que je raconte des histoires d'espoir, je suis très consciente de ce qui se passe devant moi. Une femme en tailleur bleu vient chuchoter à l'oreille du gars à l'air méchant. Je suis devenue complètement parano ou ils sont de mèche ? Le brun grimaçant s'adresse sèchement à la femme, et pendant une seconde, j'ai peur qu'ils n'en viennent aux mains. Mais ils se dirigent vers une porte, et j'ai l'impression que la femme pousse l'homme. Je respire mieux. Ce doit être ainsi qu'on s'occupe de la sécurité à des réceptions chic.

Je me compose un sourire avant de conclure mon discours, qui est très applaudi. Malgré tout, entre les poignées de main et les échanges avec les donateurs potentiels, j'ouvre l'œil pour repérer des gens louches qui traîneraient.

Je suis entraînée dans une nouvelle spirale de présentations, à des politiciens et des scientifiques, des jeunes retraités et des personnalités des médias. Les appareils photo nous mitraillent et les sourires éclatants fusent. Des invités aux yeux brillants portent des toasts aux perspectives qu'offre la thérapie génique. Une toute petite lueur d'espoir s'allume en moi : peut-être quelqu'un trouvera-t-il un moyen de nous guérir sans nous retirer tous les aspects positifs du Charisma. Bientôt, je partage l'effervescence générale.

Jusqu'au moment où je retrouve Shane.

Son teint a viré au gris et il s'éponge les tempes. Il rit avec une femme en robe décolletée, mais il se balance d'une jambe sur l'autre, comme s'il s'efforçait de garder l'équilibre. Après m'être présentée, je lui souffle :

— On va partir bientôt.

Il me passe un bras brûlant autour des épaules et s'appuie lourdement sur moi.

— Mais la fête bat son plein.

Pour nous excuser auprès de la dame, je lance :

— Je crois que le docteur Gordon veut nous parler des dernières recherches.

Je guide Shane hors de la salle de réception et je lui chuchote sèchement :

— Je me fiche que tu penses que tes symptômes sont liés à tes abus. Tu dois consulter tout de suite.

Dans le vestibule, où il n'y a que de rares invités, je prends Shane sous les bras. Il est brûlant et je fais un bond en arrière.

— T'es chaud bouillant !

— T'as enfin remarqué ? fait-il avec un clin d'œil.

Je lui donne un coup de poing dans le bras, ce qui le fait rire.

— J'ai juste besoin de prendre l'air. Si ça ne marche pas, on en parle au docteur Gordon. OK ?

— C'est bon…

En me retournant vers la salle de réception, j'aperçois le mec flippant de tout à l'heure qui pianote sur son téléphone. Il a les yeux rivés sur nous. J'imagine qu'il faut de tout pour financer la recherche. Je fais vite sortir Shane par une porte latérale.

Dans l'air vivifiant de début de soirée, il reprend aussitôt du poil de la bête. Peut-être qu'en effet, il avait simplement besoin de respirer. Je me dirige vers l'eau, attirée par la régularité des vagues.

Nous nous promenons sur la plage. Le soleil est presque sur l'horizon, mais l'air est encore chaud, faisant plutôt penser aux tropiques qu'à Seattle.

— Tu sais où je veux aller ? me dit Shane. Le coin aux palourdes. Toi et moi, on aurait formé une putain d'équipe de chasseurs de panopes.

Je retire mes chaussures, que je porte par les lanières.

— On aurait fait une équipe nulle. J'ai cru que Chloé t'avait mis au défi de me harceler.

En prononçant son nom, je sens un tiraillement douloureux dans ma poitrine.

Shane me prend la main.

— Elle est forte, Chloé. Ils le sont tous. Ça fait des semaines et ils sont toujours stables. Soit Nova, soit Vida va trouver un remède très vite.

Il s'arrête et me prend dans ses bras, et contrairement à ce pourraient laisser croire ses réflexions d'un goût souvent douteux, c'est très fraternel. Je pose la tête sur son torse, si réconfortant et chaud. Trop chaud.

— Tu as vraiment de la fièvre, Shane. On rentre.

— Je me sens bien mieux dehors. Encore quelques minutes, d'accord ?

On se détache, mais il ne me lâche pas la main tandis que nous poursuivons notre promenade au bord de l'eau. C'est apaisant et ça me rappelle que j'ai bien de la chance de l'avoir à mes côtés dans ces moments.

À la limite du domaine de l'institut, un vigile est posté à la grille. Heureusement, les manifestants ne sont pas allés aussi loin. Nous promettons d'être de retour dans quelques minutes.

Dans le coin aux palourdes, on ne voit qu'un couple blotti sur un énorme tronc échoué. Shane retrousse son pantalon et on patauge dans les vaguelettes qui viennent à intervalles réguliers nous donner des claques sur les mollets. Ou alors, c'est juste que je pense mériter des claques. J'avoue soudain :

— Bon, flippe pas, mais j'ai les oreilles qui sifflent depuis deux jours.

Il sursaute.

— Pourquoi tu m'as rien dit ?

— À ton avis ?

Il secoue la tête et regarde le ciel avec hargne. Je l'entraîne de nouveau vers la plage. Le couple à califourchon sur le tronc nous fixe et l'un des deux tape sur son téléphone. Quand je leur renvoie leur regard, ils se tournent l'un vers l'autre.

— Le soleil va bientôt se coucher, dis-je.

— Allez, on en profite encore un peu…

Il n'a pas besoin d'ajouter qu'avec nos symptômes, on devrait profiter de tout ce qu'on peut.

Nous ramassons des galets puis faisons des ricochets sur les vagues. Le couple se lève pour faire face à la partie boisée non loin de là. L'un d'eux pointe le doigt vers la verdure, tout excité. J'essaie de voir de quoi il s'agit.

Comme si elle lisait dans mes pensées, la plus petite des silhouettes se tourne vers nous pour nous dire d'une voix de fille :

— Une aire d'aigles !

Shane accélère l'allure vers eux.

— J'avais aperçu un aigle ici l'autre fois. On va voir ?

Évidemment, il est prêt à s'embarquer dans n'importe quelle aventure, même aussi modeste que regarder un aigle dans son milieu naturel. Chaque moment est si précieux que c'en est insoutenable. Avec un petit rire, nous suivons le couple dans les arbres, où le soleil du soir ne filtre qu'à peine. On entend d'autres voix et je chuchote :

— J'espère qu'ils ne vont pas effrayer les oiseaux.

Sur la pointe de nos pieds nus, nous suivons le sentier. Il faudra nous laver avant de remettre nos chaussures. Mais bon, des pieds sales, quelle importance ?

Shane s'enfonce dans les fougères, sans doute prêt à donner son avis d'ornithologue averti. Après une vingtaine de mètres, il se fige net.

— C'est quoi, ce… ?

Je le contourne pour voir ce qui l'a arrêté. Au début, je n'en crois pas mes yeux. Dans une petite clairière sous le ciel qui s'assombrit à vue d'œil, une poignée de gens qui portent des sweats à capuche et des masques. Des yeux de prédateurs se fixent sur nous.

Je suis tout à coup glacée. Ça n'a rien d'une réunion d'amateurs d'oiseaux. On dirait plutôt une secte prête à en sacrifier.

Le plus grand membre du groupe s'avance et déploie les bras, comme s'il allait s'envoler.

— Ravis que vous ayez pu vous joindre à nous, Aislyn et Shane.

21.

J'entraîne Shane :

— On court !

On s'élance bruyamment au milieu des sous-bois, mais on n'a aucune chance. Deux silhouettes trapues bondissent d'entre les troncs et nous coupent toute retraite. Avant que je puisse hurler, nous nous retrouvons ligotés, bâillonnés et aveuglés par des bandeaux. Des mains me tirent les bras sans ménagement et me poussent en avant. Quand je résiste, quelqu'un me soulève une jambe et une autre personne me saisit sous les aisselles. Ils me portent à travers des épineux, puis me laissent tomber sur la moquette d'un véhicule au moteur qui tourne. Un autre corps est à côté du mien, tellement chaud que ce doit être celui de Shane.

Les portières coulissent, puis claquent et le fourgon s'engage sur une route cahoteuse où nous nous cognons l'un à l'autre. J'ai beau tordre les liens à mes poignets, je ne parviens pas à leur donner de mou. Lorsque je tape des jambes sur le plancher, quelqu'un les attrape et m'attache les chevilles avec une corde rêche qui me rentre dans les chairs. S'agit-il des manifestants qui étaient à l'affût d'« abominations » à éliminer ? Je m'agite comme un taureau furieux, sans parvenir à desserrer mes liens.

Nous roulons pendant ce qui me paraît des heures, et allez savoir vers où. Ligotée et dans le noir, je sombre dans une terreur dévorante, pire que n'importe quelle crise de panique.

Je crie dans mon bâillon, qui ne fait que m'étouffer. Si je me calme, peut-être que les gens qui nous ont enlevés vont parler. Le fourgon poursuit sa route et il n'y a aucun moyen de savoir où on est. Ni ce que veulent ces gens. Dans un nouvel accès d'horreur, je me rappelle les messages qui demandaient à « partager ce que j'ai », mais aussi ceux qui estimaient que je devais être traitée comme de la « vermine ». Oh, mon Dieu !

Je suis submergée tour à tour par des vagues de froid et de chaud, encore et encore. Il me faut faire appel à toute ma volonté pour ne pas trop sangloter et éviter de m'étouffer dans le bâillon.

Enfin, la voiture ralentit nettement, puis s'arrête. Les hurlements dans mon cerveau laissent place à un gouffre sombre de désespoir. Est-ce ainsi que tout va se terminer pour nous ? Quelque part dans un fossé loin de tout ?

Chacun de mes muscles se contracte quand quelqu'un me tire sur les mains pour couper les liens de mes poignets. Je gesticule, mais de puissants bras poilus m'empoignent par-derrière. Une haleine chaude imprégnée de bière sur ma joue me fait frissonner de dégoût.

— Plus tu te tortilles, plus j'aime ça, me susurre le propriétaire de l'haleine.

Je me fige, le pouls battant à toute allure.

J'entends des grognements et de l'agitation dans le véhicule, puis quelques coups résonnent et c'est le silence. Mon cœur souffre pour Shane.

Le sol vibre comme si quelqu'un d'autre montait. La voix tranquille du grand type maigre que nous avons aperçu dans les bois résonne alors :

— Avec un peu de chance, votre visite auprès de nous sera brève. Tout dépend de vous, évidemment.

Brève, genre ils vont nous tuer bientôt ? Je sens mes os se liquéfier.

La voix se rapproche de mon visage et roucoule :

— Alors, Aislyn, tu veux partager ce que tu recèles de la manière chiante ou de la manière fun ?

Je secoue la tête avec véhémence, luttant contre le corps massif qui me serre.

— Dommage, j'espérais plus de coopération, fait la voix. Bah.

Quelque chose claque comme un ballon de baudruche, puis des mains gantées de caoutchouc me serrent fort le bras gauche, tirant sur la peau en me redressant le coude. Quand je résiste, une vive claque sur ma joue me fait voir trente-six chandelles. Je gémis à travers le bâillon.

L'intérieur de mon coude est soudain glacé et une odeur d'alcool vient noyer les effluves musqués de mon ravisseur.

Je sens une aiguille s'insérer au creux de mon coude. J'ai un mouvement de recul. L'aiguille ressort et me pique de nouveau. Et encore une fois.

La voix gronde :

— Ça sera beaucoup plus facile si tu te tiens tranquille.

Je n'ai pas trop le choix étant donné que le grand homme collant me bloque les bras et qu'un autre s'assied sur mes jambes. Mais même avec mon corps forcé à l'immobilité, l'aiguille me transperce encore à deux reprises.

Finalement, elle reste dans ma chair.

— Hmm. On dirait que j'ai trouvé le point idéal, ma belle.

« Ma belle » ? Qui m'a appelée comme ça récemment ? Mon sang est tiré pendant de longues minutes, ma tête devient toute légère et mes pensées confuses.

— Tu saignes très joliment, fredonne la voix. Plus que quelques tubes.

Combien en ont-ils déjà pris ? Ma vie s'écoule de moi. Une vie qui a pris des tours tellement inattendus. Tout ça à cause d'une décision stupide. Des larmes me glissent sur les joues. Je pense à Jack, à mes amis, à ma mère et à Sammy. Si seulement j'avais compris les conséquences de ce que j'ai laissé le docteur Sternfield me faire. Si seulement l'un de nous en avait eu conscience.

Si seulement, si seulement, si seulement…

J'entends moins bien et de petits éclairs zèbrent l'intérieur de mes paupières. Mon cerveau lutte pour demeurer conscient, mais mes pensées s'évanouissent telles des bulles de savon. Jusqu'à ce qu'il ne reste plus qu'un soupir.

22.

Je reprends connaissance étalée sur un sol dur et froid. Autour, tout est sombre, mais je distingue la lune et les étoiles. J'ai la tête qui tourne et le creux de mon coude gauche, couvert de sang séché craquelé, me fait un mal de chien.

Ma vision s'ajuste lentement. À quelques mètres de moi, un grand corps inerte couché sur le flanc. Je rampe, m'écorchant les genoux sur des branchages et des pierres, pour aller le secouer.

— Shane !

Dans l'obscurité lugubre, il gémit en se tenant le ventre. Ouf, il est conscient. En revanche, quand je lui touche le front, il est brûlant.

— Mais où on est, bordel ? me demande-t-il en grelottant.

Je regarde alentour.

— Dans l'herbe, au bord de la route. Au milieu de nulle part, je pense. On y voit pas grand-chose.

La respiration saccadée, il essaie de se redresser mais aussitôt, il replie les jambes contre sa poitrine et pose la tête sur ses genoux en grognant.

Je lui effleure le bras.

— Je vais jeter un œil sur la route, j'en verrai peut-être plus.

Je me lève, je secoue ma robe fichue et je marche délicatement dans les herbes qui piquent mes pieds nus. Sous la nuit étoilée, la route disparaît dans le noir d'un côté. De l'autre, il y a peut-être une très faible lueur qui atteste d'une présence humaine, mais impossible de déterminer à quelle distance.

Je retourne faire un bref rapport à Shane. Il se met les mains sur les oreilles et secoue la tête, ce qui me rappelle mes propres acouphènes.

— Tu as les oreilles qui sifflent ?

— Elles bourdonnent, plutôt. Mais ça veut pas dire que je vais tomber dans le coma d'une seconde à l'autre. Tu es encore consciente, toi.

Pas super réconfortant... L'air de la nuit est très frais sur ma robe à fines bretelles. Quand Shane remarque que je tremble, il me prend dans ses bras fiévreux.

— Au moins, ils nous ont pas tués, dis-je. À toi aussi, ils t'ont prélevé du sang ?

Il relève un bras.

— Sûrement, mais je me rappelle plus. J'ai le crâne qui tambourine, c'est de la folie.

Je le serre plus fort.

— Tu peux marcher, tu crois ? Si on se dirige vers ce que je pense être des lumières, on a une meilleure chance de trouver de l'aide.

Non pas que l'idée de se faire ramasser sur une route isolée par un inconnu soit très attirante.

Il essaie de se mettre debout, mais même avec mon aide, il s'affaisse vite au sol.

— Désolé, belle blonde. Je vais pas pouvoir. Avec le matin, il y aura plus de passage sur la route.

La lueur de la lune révèle un film de sueur sur son front ; son torse tremble contre moi. Vivement le matin.

Je pose la main sur son épaule jusqu'à ce qu'elle cesse de trembler.

— Je vais aller plus loin sur la route, si je peux en voir plus.

— Non, reste avec moi. En vrai, personne ne peut rien pour nous.

J'ai encore la vision un peu brouillée et une grosse nausée monte dans mon ventre.

— Ils ne peuvent sans doute pas faire grand-chose pour le CZ88, mais qui sait combien de sang ils nous ont pris, ces tarés. Une transfusion te ferait le plus grand bien.

— M'étonnerait.

Il fait mine de se lever, mais finit par se lover en position fœtale. Je reste là, face à lui.

— Tu crois qu'il est plus de minuit ? demande-t-il d'un coup.

Sa question est tellement hors de propos que je me demande s'il commence à délirer. Je lui réponds avec douceur :

— Je suis sûre qu'il est largement plus de minuit. Tu dois juste rester éveillé encore un peu, le temps que le soleil se lève et que quelqu'un passe à côté.

Il sourit.

— Bon anniversaire, belle blonde.

J'en ai le souffle coupé. Je suis vraiment arrivée à mes dix-sept ans ?

— Oh, j'y crois pas. Comment tu as su ?

— Ton Jackounet chéri planifie un grand truc depuis un moment. Il m'a même invité. Apparemment y a une nana qui s'appelle Alexandra qui m'aime beaucoup.

— Quoi ?

Je pensais Jack trop fâché pour me parler. Et il l'est peut-être, même s'il organisait une fête. Je suis censée être ultra douée pour deviner ce que pensent les gens, et pourtant, je l'ai complètement sous-estimé.

Shane grimace.

— Bon, je comprends un peu que tu sois aussi à fond sur ce mec-là plutôt que sur moi. J'étais un vrai petit con au moment où on s'est rencontrés.

Je lui prends la main, que je serre au point qu'il émet un grognement de douleur.

— En fait, le terme exact était « connard ».

On rit un petit instant. J'ai les larmes aux yeux.

— Bah, quand on s'est rencontrés, t'as dû te dire que j'étais coincée ou hautaine, un truc dans le genre.

— Mais non, je voyais que t'étais timide. Énerver les gens, c'était juste mon moyen de me faire remarquer. J'étais bête. Excuse-moi.

— Tu n'es pas du tout aussi nul que tu crois. T'es plutôt chouette, en fait. Et on te remarque toujours, crois-moi.

— Oh, putain, si tu te mets à chanter mes louanges, c'est que le virus va me tuer très vite.

— La ferme.

— Ah, c'est mieux.

Je me mets à retrousser les manches déchirées de sa chemise.

— Ta fièvre pourrait être due à autre chose que le CZ88. On n'a pas arrêté de la semaine. Ton immunité est peut-être compromise. Ça peut être la grippe. Ou un mauvais rhume, ou…

— Non, Aislyn. La grippe, c'est une partie de plaisir à côté.

J'étouffe un sanglot en contemplant celui qui a vécu tellement de choses avec moi. Qui a réussi à susciter mon amitié malgré lui. Si je le perds aussi… Non, impossible.

J'agrippe sa chemise.

— Écoute, Shane, toi et moi, on fait partie des chanceux. Notre corps arrive à combattre le virus pour une obscure raison génétique. Il faut y croire.

— Je crois en ta badass-attitude.

— Et tu crois que je l'ai apprise avec qui ?

Il rit et chante :

— Joyeux anniversaire, badass…

Mais il s'arrête et son visage tombe à terre.

— Shane ?

Pas de réponse.

Je répète son nom une dizaine de fois, une grosse boule dans la gorge. Je le secoue en lui criant de se réveiller. Je tape sur la terre sèche.

— Espèce de gros connard trop chiant !

Mais il ne bouge pas. Comme s'il savait qu'il n'y avait plus aucun espoir pour nous. Peut-être n'y en a-t-il même jamais eu.

Je dois aller chercher de l'aide. Quelqu'un peut arranger ça. Shane et moi, nous différons des autres. Forcément. Je dois le faire transporter à l'hôpital. Tout de suite.

Je lui dépose un baiser sur la joue.

— On va survivre à ça. Tu vas voir.

S'il était conscient, il me ferait remarquer que ma voix n'est pas très convaincue.

Sur des jambes mal assurées, je me lève. De nouveau debout, je trouve une grande branche que je traîne jusqu'au milieu de la route pour marquer l'endroit où gît Shane. Ce n'est pas comme si j'allais reconnaître l'endroit ou s'il allait appeler à l'aide.

Je lutte contre l'étourdissement qui m'incite fortement à m'allonger et attendre. M'endormir à côté de Shane jusqu'à ce que tout aille mieux. Mais je sais qu'il ne faut pas s'attendre à une rescousse miraculeuse.

La route n'est pas tendre pour mes pieds nus. J'essaie d'aller vite, mais je trébuche au bout de seulement quelques pas. Bon, je vais marcher normalement.

Mes pieds se blessent sur le bitume, mais je continue. Je ne connais pas l'heure ni la direction vers laquelle je me dirige. J'aurais dû étudier l'astronomie. Je poursuis en priant pour Shane, pour Sebastian, Chloé, Jesse, Xavier et tous ceux qui ont risqué leur vie pour tenter de se changer, ou qui ont été contaminés.

Je suis tellement concentrée sur la route et sur le fait d'essayer de déterminer si les points que j'aperçois au loin sont des lumières que je ne remarque le bruit de moteur qu'au moment où le véhicule est presque sur moi. Terrifiée à l'idée que ce soient nos ravisseurs, je m'écarte de la route en courant, juste au moment où les phares m'atteignent. Je m'accroupis dans le feuillage et m'égratigne les membres aux ronces.

La voiture s'arrête dans un crissement de pneus. Heureusement, elle n'a pas de portières coulissantes. Est-ce que ça pourrait être quelqu'un de normal, un bon samaritain prêt à aider ?

Je m'apprête à émerger, mais quelque chose me retient. Sans doute la paranoïa, après ce que je viens de subir.

Une voix d'homme appelle :

— Mademoiselle ? Vous allez bien ?

Il a l'air ordinaire, gentil, d'après quatre mots en tout cas. Mais même si j'ai vraiment besoin d'aide pour Shane, ainsi que pour moi, j'hésite.

— Je vous ai vue courir vous cacher. C'est dangereux d'être là toute seule. Vous êtes seule ?

Sa voix monte dans les aigus sur le dernier mot, ce qui ne fait qu'augmenter mon malaise. J'ai une envie folle de lui faire confiance, de me faire aider. L'ancienne moi aurait sauté sur l'occasion de laisser quelqu'un d'autre tout arranger, mais la nouvelle Aislyn attend encore un peu.

La portière s'ouvre. Les phares éclairent le visage d'un homme d'environ trente ans, aux cheveux courts et au visage rond. Il se dirige vers l'obscurité, mais juste avant, je discerne dans ses yeux une petite lueur dure qui me glace et m'incite à refuser ce qui pourrait être notre seule chance de quitter cette maudite route.

Il appelle encore plusieurs fois, puis marmonne des jurons avant de retourner dans son véhicule et de partir.

Les larmes sur les joues, je regarde les phares disparaître au loin.

J'attends encore quelques minutes avant de reprendre ma marche. Cette fois, je me cantonne au bas-côté et prête l'oreille au moindre bruit.

Mes yeux s'accoutument à l'obscurité. Je n'ai malheureusement pas la vision d'un animal nocturne mais un jour, avec l'ingénierie génétique, ça deviendra une réelle possibilité. Les gens ont beau être méfiants, il y en aura toujours comme le docteur Sternfield qui ne peuvent résister à la tentation de l'amélioration. Et une fois cette ligne franchie, quelqu'un ira encore plus loin en modifiant les cellules germinales qui se propagent d'une génération à l'autre, et ainsi de suite. Alors, notre espèce pourrait vraiment se différencier, comme le craignent les opposants. Je soupire. Pour autant, la solution n'est pas de refuser toute modification génétique. On peut aider trop de malades de cette façon.

C'est peut-être au bout de deux heures ou de quatre, que les points lumineux que je cherchais à atteindre se trouvent assez près pour conclure que ce sont des lampadaires le long de la route. Sous le plus proche, la silhouette carrée d'une boîte aux lettres. J'en pleure presque. Une allée gravillonnée mène à une maison nichée au cœur des arbres. Mais des barbelés assortis d'un panneau « ATTENTION, CHIEN MÉCHANT » m'empêchent de courir jusqu'à la porte.

À ce moment, j'ai une horrible prise de conscience : l'homme aux yeux de pierre habite peut-être là. Ou quelqu'un de pire. Comment puis-je décider de prendre le risque avec les gens qui vivent ici si je ne peux pas lire leurs émotions ?

Je regarde plus loin sur la route. Tous les cinq cents mètres environ, il y a d'autres boîtes aux lettres, ce qui signifie d'autres maisons. À défaut de pouvoir évaluer la probabilité qu'une maison abrite ou pas un monstre, je dois parier qu'elles n'en renferment pas toutes.

Alors je trouve un endroit entre deux maisons, je prends une grande inspiration et je crie. Je continue de crier comme si je ne devais jamais m'arrêter, comme si une digue avait sauté et que tout mon corps était un torrent de hurlements continus.

J'entends des aboiements et, finalement, je vois une lumière s'allumer sous un auvent. Je continue de crier. Quelques instants plus tard, une femme sort avec un fusil.

23.

Je pleure et je crie à la femme que j'ai été enlevée, que mon ami est évanoui plus loin sur la route. Puis je m'effondre. Soit elle me descendra, soit elle appellera à l'aide.

Heureusement, elle retourne vite chez elle et bientôt, une sirène résonne au loin. Je formule une prière de remerciements pendant que le chien continue d'aboyer.

Des infirmiers m'embarquent dans une ambulance, même si je proteste que je peux marcher.

— Shane, je dois être avec lui.

J'ai la gorge irritée d'avoir tant crié.

L'un des soignants pose quelque chose de froid sur mon bras meurtri.

— On s'en occupe, mamzelle coriace.

Mamzelle badass, s'il vous plaît, vous n'avez qu'à demander à Shane.

Une autre ambulance part à la recherche de la branche que j'ai laissée sur la route. La mienne se referme et je frissonne. Quand l'infirmier me plante une intraveineuse dans le bras, le frisson vire aux sueurs froides.

Je sombre dans le brouillard, visualisant des essaims d'agresseurs qui me poursuivent pour me faire la peau. Leurs visages sont tordus sous l'effet de la rage et du désir, ils s'approchent de plus en plus, mais je ne peux ni fuir, ni me cacher.

Après ce qui me semble une éternité, je me réveille de ce cauchemar, immobile dans l'ambulance. L'infirmier m'explique qu'ils sont venus me chercher à trente-deux kilomètres d'Olympia, dans notre État, et Shane quinze kilomètres plus loin. Je suis tellement soulagée qu'ils l'aient trouvé que je fonds en larmes.

Bien qu'il y ait un hôpital à proximité, par ordre du département de la Santé, de l'organisme de santé publique et pourquoi pas de la CIA et du FBI, tant qu'on y est, l'ambulance m'emmène à Florence Bishop, mon deuxième chez-moi.

Je suis transportée aux urgences, où on me fait des points aux genoux et où on me panse les pieds. Ce n'est pas une surprise de voir le docteur Culdicott arriver dans l'heure.

Elle prend mon diagramme de constantes vitales.

— Des évanouissements, d'autres symptômes ?

— Non. Comment va Shane ?

— Il est très faible. Il perd conscience régulièrement.

Ses yeux restent scotchés à la tablette. Sa mâchoire serrée indique clairement le pronostic pour Shane.

— Je peux lui parler ? Juste une minute.

Je dois absolument lui dire que j'ai vraiment besoin qu'il se rétablisse. Que je… Je ne sais pas. Je dois simplement lui parler.

— On verra.

— Nova aurait peut-être une amorce de quelque chose que vous pourriez lui donner avant qu'il ne soit trop tard.

Je sens le sifflement devenir plus aigu dans mes oreilles et j'ajoute :

— Et je le prendrai aussi.

Elle pousse un soupir.

— Le docteur Gordon nous a tenus au courant des recherches… Malheureusement, une guenon sur qui ils ont testé le nouveau traitement est morte avant-hier.

Je suis assommée par la nouvelle. Le docteur Gordon aurait dû nous en parler.

— Laquelle ? Ruby ?

— Je regrette, je ne sais pas.

Mon cœur bat la chamade à l'idée qu'on ait perdu un seul de ces adorables animaux.

— Mais ce n'est pas parce que le médicament préliminaire de Nova n'a pas marché sur les chimpanzés qu'il ne fonctionnera pas sur les humains ?

Le regard sévère, elle me dit :

— Aislyn, nous faisons tout ce qui est en notre pouvoir.

Maman entre dans la chambre sans frapper et manque bien de faire tomber le docteur Culdicott. En quelques jours, son visage est devenu encore plus émacié. Mais qu'est-ce que je lui fais vivre ?

Elle m'étreint si fort que j'ai peur que mon intraveineuse ne s'arrache.

— Oh, ma chérie… Qu'est-ce qui s'est passé ?

Par où commencer ?

Là-dessus, un grand policier vient me demander si je suis prête à répondre à ses questions. Évidemment. Plus vite ils trouveront ces vampires, mieux on les empêchera de voler le sang de quelqu'un d'autre, ou pire, d'utiliser le nôtre pour propager le CZ88 à d'autres victimes.

Je lui fais un compte rendu aussi complet que possible, pendant lequel ma mère reste à côté, pâlissant à chaque nouveau détail. Quand j'arrive au moment où ces pervers m'ont pompé du sang de force, je crains qu'elle ne tombe dans les pommes.

— Je vais bien, vraiment.

La transfusion a fait des miracles. Je n'ai plus la bouche sèche et je sens que je reprends du poil de la bête.

Le policier finit par partir et je serre de nouveau maman dans mes bras. Le docteur Culdicott revient pour m'annoncer que l'état de Shane est trop grave pour permettre des visites autres que celles de sa famille proche. À ce stade, je pense que je devrais être considérée comme de la famille, mais les médecins ne voient pas les choses de cette façon.

Elle me prévient aussi que je vais être gardée en observation jusqu'au lendemain matin. Je n'ai pas d'objections.

Un aide-soignant transporte mon lit à roulettes dans une chambre quelques étages au-dessus, où je peux ôter ma robe en lambeaux et bénéficier d'une toilette à l'éponge avant d'enfiler une chemise de nuit d'hôpital et un peignoir, ce qui semble le grand luxe en comparaison.

— Maman, il faut vraiment que je voie Shane.

Elle prend une grande inspiration et me serre dans ses bras.

— Je suis vraiment désolée, ma puce. Pendant que tu étais à la salle de bains, le docteur Culdicott est passée nous annoncer qu'il était dans le coma.

C'est comme si ma cage thoracique implosait. Je n'arrive pas à croire que le transfert de gènes ait pris une tournure aussi drastique chez lui aussi. Au bout de tout ce temps, j'en étais presque venue à croire que lui et moi étions porteurs d'une version moins fatale. Sa santé s'est peut-être dégradée à cause de tout le sang que ces salopards lui ont volé, ce qui a causé un trop grand traumatisme à son corps. Si jamais ils sont arrêtés, je les étranglerai jusqu'à ce que la voix veloutée de leur chef se brise.

Maman s'efforce de me réconforter, mais je n'ai qu'une envie : plonger sous la couverture. Après un moment, elle me laisse et je somnole quelques heures, faisant des rêves où on m'attache et où on me plante des aiguilles dans tout le corps.

Au matin, maman me tend des vêtements propres qu'elle est allée chercher. Je prends une douche avec précaution, et je laisse la vapeur vider chaque pore de ma peau avant de me sécher en tamponnant doucement.

Quand je reviens dans la chambre, le policier est là, avec toute une série de photos de la soirée de levée de fonds. J'identifie du premier coup d'œil celui qui m'avait regardée avec hargne, il me remercie et s'en va.

Ensuite, le docteur Culdicott vient procéder à ma sortie avec les recommandations d'usage. Bien entendu, je ne fais pas mention de mes acouphènes. Je la supplie encore une fois de voir Shane, et elle m'autorise enfin une minute avec lui.

À l'unité de soins intensifs, sa famille est là, les yeux rouges et gonflés. Shane, d'habitude une présence imposante, paraît tout petit par rapport à la montagne d'appareils auxquels il est relié.

Ravalant des larmes, je lui prends la main.

— T'as intérêt à te réveiller. Le *Shane Show* et ses dindes ont besoin de toi. Et moi aussi.

Son visage, que je connais maintenant si bien, n'affiche aucune expression. C'est peut-être le plus effrayant, voir des traits d'ordinaire aussi animés devenus si immobiles que c'est insupportable. Que ne ferais-je pas pour revoir un de ses sourires narquois ?

Une infirmière m'annonce qu'il est temps de partir, et je lui dis que je dois voir le reste de mes amis.

Après de rapides pourparlers avec les familles, j'obtiens la permission de rendre visite à tout le monde, à part Xavier, mais un instant seulement pour chacun. Cet instant est suffisamment long pour me rappeler avec douleur que tous sont toujours perdus quelque part loin d'ici.

Ma mère me guide dans un dédale de couloirs jusqu'au parking du sous-sol. Une fois dans la voiture, nous passons à côté d'une demi-douzaine de journalistes armés de caméras. Je plonge pour me cacher jusqu'à ce qu'on soit hors de vue.

Nous ne nous arrêtons que quelques minutes chez mon oncle et ma tante pour récupérer Sammy, mais quand nous arrivons chez nous, je regrette qu'on n'y soit pas restés plus longtemps. C'est une horde de reporters qui nous attend devant le jardin. Maman klaxonne pour qu'ils laissent passer notre voiture. Ils nous font tout juste la place nécessaire, mais les objectifs sont sur nos vitres.

Je me recroqueville, prise de panique. N'y a-t-il vraiment que des journalistes parmi eux ? Et si quelqu'un était encore là pour me kidnapper et me vider du reste de mon sang ?

Un brun de la même corpulence que le maigre dans les bois me crie :

— Alors, Aislyn ? Ont-ils arrêté les gens qui vous ont enlevée ? Les médecins ont-ils trouvé un antidote ?

J'enfouis mon visage dans mes mains et m'incline bien bas. Maman parvient par à-coups à se frayer un chemin jusqu'au garage. Quand le volet roulant se rabat derrière nous, je me rends compte que je retenais mon souffle.

Dans la maison, plusieurs paquets enrubannés attendent sur la table de la salle à manger.

— Je sais que le timing est affreux, me dit maman en me posant les mains sur les épaules, mais bon anniversaire avec un jour de retard.

Je l'étreins pour la centième fois de la journée.

— Oh, maman…

Sammy vient m'enlacer aussi.

— Dommage, à dix-sept ans, t'as le droit de rien faire en plus.

On ne peut pas dire que ça m'ait arrêtée ces derniers temps.

Maman me reprend dans ses bras puis enfin, je me détache et déclare :

— Je suis désolée. Je ne peux pas ouvrir de cadeaux. Pas aujourd'hui.

— Je comprends, répond-elle, le regard triste.

Je m'excuse avant d'aller me mettre au lit. La pièce ainsi que mes oreilles sont presque silencieuses. Ou alors, c'est mon angoisse intérieure qui couvre tout le reste de son rugissement. Blottie sous les draps, je m'échappe dans un sommeil profond.

Quand je me réveille en sursaut, on est en fin d'après-midi. D'instinct, je cherche à dégager mes poignets et je tourne la tête partout, m'attendant à être attachée ou abandonnée au bord d'une route. Il me faut une bonne minute pour me calmer, être sûre d'être chez moi et en sécurité. Enfin, autant que possible avec le virus qui rôde dans mes cellules.

Mon téléphone ayant été volé par les malades qui ont transformé mon sang en milk-shake ou allez savoir quoi d'autre, je vais au téléphone fixe dans le couloir et laisse des messages sur les répondeurs de Jack et d'Evie, pour les rassurer sur mon sort.

En bas, maman nous sert du poulet au curry. Les cadeaux d'anniversaire ont disparu, mais Sammy n'arrête pas de lorgner vers le placard.

L'arôme épicé me ramène à des souvenirs autour de cette table avec mes parents et Sammy, du temps où l'accident de plongée était encore à venir, tout comme l'ADN tueur et les voleurs de sang. Même Sammy toussait peu à l'époque, car ses poumons n'étaient pas encore très endommagés. Je secoue la tête avec force. Ressasser le passé ne fait que rendre le présent plus douloureux.

Après le dîner, Evie appelle. Hors d'haleine, elle me pose dix mille questions en même temps. Je lui ordonne :

— Ramène-toi et je te raconte tout en détail.

Quand Jack appelle une minute plus tard, je lui demande la même chose.

Ils arrivent ensemble dans l'heure qui suit. Nous nous étreignons en silence avant de monter dans ma chambre, où nous nous asseyons sur mon lit avec les genoux qui se touchent. Aux regards incessants qu'ils échangent, je me doute qu'ils ont dû discuter de leur folle de copine, mais Jack essaie de rester sur un thème neutre en me demandant d'où viennent les marionnettes en bois suspendues au mur.

— Je les ai rapportées d'Indonésie.

Je m'interroge pour la millième fois : les microbes que j'ai récoltés lors de ce voyage m'ont-ils sauvé la vie ?

Evie agite le doigt avec sévérité.

— Bon, tu ne vas nulle part et tu n'adresses plus la parole à des inconnus jusqu'à nouvel ordre ! Compris ?

Jack me prend le poignet, où des bleus ont fleuri du fait des liens trop serrés.

— Tu restes avec nous.

J'ai l'impression d'être retombée en enfance.

— Je n'ai aucun voyage à l'étranger de prévu, si c'est ce que vous voulez dire. Mais j'espérais qu'un de vous viendrait avec moi à Cle Elum.

— C'est où, ça ? fait Evie, méfiante. Et pourquoi tu chuchotes ?

— C'est à deux heures d'ici, et c'est là qu'habite la mère du docteur Sternfield.

La main de Jack se resserre un peu trop sur mon poignet.

— Tu fais encore une fixette là-dessus ? Aislyn, regarde ce qui est arrivé quand toi et Shane, vous êtes partis à l'aventure la dernière fois.

— C'était pas une aventure. On aidait à financer un antidote.

Evie a le regard sceptique.

— Tu rigoles. J'ai vu les photos de vous, tout beaux genre Cendrillon, en train de rencontrer des gens hyper glamour.

Je retire la main de Jack et me masse là où ça fait mal.

— Y a pas si longtemps, tu m'aurais payée pour que j'aille à une fête.

— C'était avant que les gens t'enlèvent pour te voler ton sang !

— Tu dois rester chez toi et te remettre, approuve Jack. Pas te lancer à la recherche de quelqu'un dont tu penses qu'elle ment à propos d'une défunte.

Je baisse les yeux, n'ayant aucune envie de lire ce qu'exprime son visage. D'une petite voix, j'objecte :

— Mais qu'est-ce que je peux faire d'autre pour arranger ça ?

Après un regard éclair à Jack, Evie répond :

— Pourquoi ne pas appeler les chercheurs pour savoir s'ils ont des idées recevables ? Je suis sûre qu'il y a plein de choses que tu peux faire en dehors des projecteurs.

Je suis stupéfaite.

— Tu es jalouse de la publicité, c'est ça ?

Evie se redresse, et paraît beaucoup plus grande que son mètre cinquante-deux.

Les yeux perçants, elle s'indigne :

— Je suis sûrement pas jalouse de quelqu'un qui s'ingénie à s'autodétruire.

Je me tourne vers Jack.

— Tu penses que je veux me détruire ?

Gêné, il répond :

— Je pense que tu ne te reposes pas sur les bonnes personnes.

Je n'arrive pas à croire qu'ils me tournent le dos ainsi. Je n'avais jamais rencontré autant d'hostilité de la part de mes amis avant le CZ88. Luttant contre la bouffée de chaleur qui me suffoque, je demande :

— Et que me conseillent les gens sur qui je devrais compter ? De rester là, les rideaux tirés, et de discuter de quel groupe minable est interviewé à la radio ?

Énervé, Jack lance :

— Nos vies ne sont peut-être pas aussi palpitantes que la tienne ou celle de Shane, mais elles sont importantes.

— Tu le pensais aussi avant de devenir un nom qui apparaît aux infos tous les soirs, renchérit Evie.

— Vous croyez vraiment que tout est glamour et célébrité dans ma vie ?

L'expression de Jack est dénuée de sa tendresse habituelle.

— Et toi, tu crois qu'on est superficiels et plan-plan ?

— Mais pas du tout. On a juste pas les mêmes priorités.

Il se relève d'un bond.

— Pas les mêmes priorités, tu dis ? Evie et moi, on s'en est tous les deux pris plein la tronche juste parce qu'on continuait à te voir, et comment tu nous remercies ? En nous entraînant dans tes plans suicidaires ! Oui, je crois qu'on a des priorités différentes.

Evie se lève aussi.

— À mon avis, on devrait emporter nos priorités ailleurs pendant que tu fais ton petit show pour les journalistes. J'espère que tu te rendras compte à quel point tu dépasses les bornes avant qu'il ne soit trop tard.

Ils redescendent, ulcérés. Pendant un instant, je suis tentée de leur courir après, mais ça ne servirait à rien. Je me force à respirer profondément, essayant de me calmer. Je ne peux pas m'appesantir sur leurs fausses impressions. Ça m'empêcherait de faire ce qui doit être fait. Car en dépit de ce que prétend tout le monde, je sais quelle est la voie à suivre. Même si ça énerve l'univers entier.

Je recherche rapidement en ligne les infos dont j'ai besoin pour me préparer. J'étudie la question, puis je remplis mon sac à dos des outils nécessaires avant de me mettre au lit. Si seulement je pouvais arrêter de ressasser les accusations de Jack et d'Evie.

Quelques heures plus tard, mon horloge interne me réveille cinq minutes avant l'alarme que j'avais réglée. Je m'habille en silence et je descends sur la pointe des pieds… pour me retrouver face à maman. Loupé.

Elle est à la table, une tasse de café à la main.

— Tu te lèves tôt.

— J'arrivais pas à dormir.

Mon plan n'incluait pas la présence de ma mère. J'attrape un muffin et me le fourre dans la bouche, tout en cherchant un moyen de sauvegarder ma mission.

— Qu'est-ce que tu aimerais faire, par cette belle journée ? demande-t-elle.

— Je vais sans doute juste rester là, après toute cette folie, dis-je en m'étirant avant de pousser un grand bâillement. Hmm, j'avais juste besoin de manger, en fait. Je parie que je vais me rendormir jusqu'à midi, maintenant.

Elle approuve de la tête.

— Tant mieux. Tu en as bien besoin.

Parfait. Aussi discrètement que possible, j'attrape quelques barres de céréales dans le placard.

— Tu veux bien demander à Sammy de ne pas me réveiller ? Je suis sérieuse, pour le coup de dormir jusqu'à midi. Sans doute plus tard encore. Je ne veux même pas répondre au téléphone.

Après m'être étirée à nouveau, je me frotte les yeux.

Les traits adoucis par le soulagement, elle conclut :

— Excellente idée. Fais de beaux rêves.

Je bâille à grand bruit et me traîne en haut. Bon, si je sors, il faut que ce soit avant l'arrivée des reporters.

Hors de question de partir par la porte d'entrée. Bon… Les fenêtres de ma chambre donnent sur un côté de la maison. Dans les rêveries de fugue que j'échafaudais étant enfant, je m'imaginais que c'était faisable de descendre par là. En théorie. Maintenant, je dois la tester.

J'ajoute les barres de céréales et une bouteille d'eau à ce que j'ai pris hier soir. Même si je suis sûre que maman dira à Sammy de ne pas me déranger, je ferme ma porte à clé. J'écris également un mot expliquant qu'il est essentiel pour moi de poser des questions à Mme Sternfield. Je colle ce mot sur mon ordi au cas où maman déverrouillerait ma porte, paniquée, tout à l'heure. J'espère être de retour assez tôt pour éviter ce scénario.

Je mets la radio en sourdine puis me frotte les mains. Après avoir enfilé mes tennis et pris une profonde inspiration, je sors par la fenêtre. Houlà, le premier étage semble bien plus haut quand on est en équilibre sur un rebord d'un centimètre. Bien plus haut.

Les jambes tremblantes, je fais appel aux gènes casse-cou que j'ai pu hériter de mon père en me suspendant à la gouttière. Supportera-t-elle mon poids ? Elle tremble, mais tient le coup. Je la serre bien, je prends appui avec mes pieds sur les briques du mur, et descends ainsi petit à petit. Un pic-vert commence à taper sur le tronc de l'arbousier à quelques mètres, ce qui me fait sursauter. Je respire profondément et descends de nouveau d'un cran puis d'un autre. À environ un mètre cinquante du sol, je dérape et atterris sur les fesses.

Aïe. Je m'arrête pour reprendre mon souffle. Tout en époussetant mon short, je vérifie que personne ne m'observe, puis je cours d'arbre en arbre jusqu'à la limite du jardin de devant. Je déverrouille ma voiture en silence et je la mets au point mort pour la pousser devant la maison des voisins avant de démarrer le moteur. Espérons que personne ne remarquera qu'elle a quitté son emplacement habituel.

Je démarre et n'arrive pas à respirer normalement avant d'être dix rues plus loin. Une fois certaine de ne pas être suivie, je mets ma playlist préférée. Ce qui n'aide pas spécialement à lever mon anxiété ni ma culpabilité. Jack, Evie et ma famille ont eu des problèmes à cause de moi. Sammy ne fait plus partie du panel pour l'essai. Maman est une boule de stress.

La liste est édifiante. Je veux réparer moi-même le chaos que j'ai causé.

Deux heures plus tard, à huit heures, j'arrive dans l'impasse, devant la maison de Mme Sternfield. Je n'aperçois pas de mouvement à l'intérieur, ni chez aucun des voisins. Et maintenant ? Je ne vais quand même pas essayer de m'introduire alors qu'elle est là. J'aurais dû prendre en compte que pour un week-end, ça fait tôt. Jack et Evie n'avaient peut-être pas tout à fait tort en disant que j'étais impulsive en ce moment.

Je vais me garer sur le petit parking où j'étais avec Shane l'autre fois. Oh, Shane, tu as intérêt à te remettre. Je me sens vide et presque terrassée par la solitude de son absence.

Haletant, je serre mes bras autour de moi et me balance contre le siège. J'ai vu trop de victimes du virus disparaître l'une après l'autre, certaines en criant, d'autres en gémissant faiblement. Pour toutes, je restais impuissante à côté. Et désormais, il n'y a plus que moi, seule avec mon chagrin, ma peur et ma culpabilité. Après tout, le docteur Sternfield ne m'a pas planté de force une aiguille dans le bras comme l'ont fait les voleurs de sang. J'ai pris la décision avec un tout petit peu d'encouragements. Et maintenant, ma famille et mes amis souffrent avec moi. À tout moment, je pourrais me joindre aux victimes du CZ88, enfermée dans un coma, à attendre un sauvetage qui pourrait ne jamais venir.

Voilà pourquoi, quelle que soit ma souffrance, je me dois de ne jamais renoncer.

Charisma comme arme biologique potentielle : les craintes

Article de John Rasmusson, *Hilton News*.

Le récent enlèvement de deux adolescents dont les ravisseurs ont prélevé des quantités significatives de sang fait craindre aux citoyens l'éventualité d'une menace terroriste. Selon nos sources, Aislyn Hollings et Shane Elliott, qui, un mois plus tôt, ont accepté la dangereuse thérapie génique connue sous le nom de Charisma, ont été kidnappés par un groupe d'assaillants masqués, qui ont volé du sang aux adolescents avant de les abandonner sur une route déserte. Bien que l'état de Mlle Hollings paraisse stable, M. Elliott est à présent plongé dans le coma.

L'objectif de ce supposé vol de sang est inconnu, mais les théories ne manquent pas, allant jusqu'à l'utilisation de sang contenant du Charisma pour des armes de terroristes. Sarah Dunsworth, porte-parole de Survie Amérique, affirme : « Nous ne pouvons être trop vigilants lorsque cela concerne la sécurité de notre pays. Il faut surveiller ceux qui ont l'intention de l'attaquer de nombreuses manières différentes, y compris biologiques. »

24.

Une barre de céréales en main, je regarde la route. Je sens au plus profond de moi que Mme Sternfield est la meilleure chance d'apprendre des choses que personne d'autre ne sait. Je vais donc monter la garde et guetter l'occasion, quelles que soient les conséquences.

Une heure plus tard, une Acura blanche s'éloigne de l'impasse. Ça ressemble au genre de voiture qu'elle conduirait. Je plisse les yeux pour mieux voir le conducteur. La silhouette est frêle, sans doute une femme, mais elle passe trop vite pour que j'en aie le cœur net. Dans tous les cas, Mme Sternfield me semble du genre à démarrer tôt, week-end ou pas.

Je retourne à la maison à bord de mon véhicule et me gare deux maisons plus loin. Si ce n'était pas Mme Sternfield dans l'Acura et que je me fais arrêter, je dirai que mes symptômes s'aggravent et causent un comportement imprévisible. Je dispose de tas de munitions pour soit me faire plaindre, soit jouer les cinglées.

Je contourne la maison, les pouces crochetés dans mes passants de ceinture, comme j'imagine que le ferait un releveur de compteurs, même si on est dimanche. Malheureusement, toutes les portes sont fermées et en regardant par chaque fenêtre, je ne vois que des meubles sans bazar dessus. Pas de labo secret ni de cages à chimpanzés.

Je tourne vivement la tête vers les maisons voisines pour vérifier si quelqu'un me regarde. Je n'aurais pas vu bouger un rideau, là ? J'attends, mais aucun autre mouvement ne vient le confirmer. Je souffle un coup en réfléchissant.

Allez, c'est le moment d'agir. Mon cerveau s'embrume un instant, sous l'effet de la folie furieuse de ce que je m'apprête à faire, ou encore de la perte de sang. Je ne sais pas.

Je m'approche de la porte de derrière, sors un petit tournevis plat de ma poche et, suivant le tutoriel trouvé sur Internet, je l'insère dans la serrure, je le remonte et tourne. À ma grande surprise, la manœuvre fonctionne.

J'entre dans la maison sans bruit en espérant que Mme Sternfield n'a pas d'alarme. À l'entrée de la cuisine peinte en bleu pervenche, où flotte une odeur de croissants, je ne détecte aucun son. La pièce ne recèle aucun plat mal rangé, ni quoi que ce soit qui constituerait la preuve d'une thérapie génique ayant mal tourné, à moins que les barres protéinées sur la table n'aient été modifiées d'une façon ou d'une autre.

J'inspecte à pas de loup le rez-de-chaussée, en commençant par une salle à manger qui sent le nettoyant au citron. La table est mise pour deux, avec sets de table, serviettes en tissu et plateau à thé. Elle doit attendre un visiteur. J'accélère le rythme, scrute un salon bien rangé et une chambre et salle de bains d'amis visiblement inutilisées.

J'emprunte ensuite l'escalier. Je sursaute lorsqu'une lame de parquet couine et ne bouge de nouveau qu'après avoir repris mon souffle. À l'étage, je visite rapidement une chambre décorée de satin blanc cassé, puis je concentre mes recherches sur la deuxième pièce, un bureau.

Je lance l'ordinateur et fourrage dans la pile de papiers de la bannette. Pour la plupart, ce sont des factures, mais j'y trouve aussi une chemise remplie de coupures de presse. Les titres évoquent Charisma et la mort du docteur Sternfield. Assez morbide, comme souvenirs de sa fille, mais je ne détecte rien dans les articles que je ne savais pas déjà.

L'ordinateur signale par un petit tintement qu'il est prêt et heureusement, je ne suis pas embêtée par une demande de mot de passe. Je repose la chemise et en fouillant dans les dossiers, j'en trouve très vite un intitulé : « Charlotte ».

Avant que je puisse l'ouvrir, le bruit de la porte d'entrée me fige sur place. Oh, non, déjà ? Aussi doucement que possible, j'éteins l'ordi et repars dans le couloir sur la pointe des pieds.

Des talons claquent sur le plancher, puis résonnent sur le carrelage, suivis par le son de placards qu'on referme et de verre posé sur un plan de travail. J'espère trouver un balcon duquel je puisse redescendre, en vain. Ravalant ma peur, je regarde l'escalier qui mène au vestibule, à peut-être vingt mètres de moi. Serait-ce possible de courir jusqu'en bas et de sortir sans être repérée depuis la cuisine? Ça me semble être ma meilleure chance. Déjà assez risquée, c'est sûr.

Mon regard retourne vers le bureau. J'aurais vraiment voulu avoir le temps d'ouvrir le dossier Charlotte pour examiner ce que Mme Sternfield considère digne d'être gardé. À mon avis, il ne s'agit pas de photos de famille.

J'entends des bruits de vaisselle en bas. Elle ne tardera pas à monter, c'est sûr. Quand de l'eau se met à couler, c'est le moment ou jamais de filer.

Je retire mes chaussures et descends sur la pointe des pieds. Arrivée à la porte, j'abaisse la poignée qui, par malheur, grince quand je l'ouvre, m'attirant un : « Il y a quelqu'un ? » depuis la cuisine. Je ferme presque la porte derrière moi, espérant qu'elle pensera l'avoir laissée ouverte, puis sprinte à travers jusqu'à ma voiture. Je cherche fébrilement mes clefs, déverrouille et bondis à l'intérieur, hors d'haleine. Ce n'est qu'après avoir démarré que je regarde dans le rétro pour y voir Mme Sternfield au bout de son allée, les mains sur les hanches, et qui regarde autour d'elle.

Je pars en espérant, malgré les probabilités, qu'elle ne m'ait pas vue ni reconnu ma voiture. Un autre coup d'œil m'apprend qu'elle repart vers sa maison. Tout de même, je me recroqueville sur mon siège en dépassant un voisin qui promène son pitbull.

À la sortie de l'impasse, je ralentis pour retourner sur la route principale. Un petit pick-up qui arrive d'en face s'arrête au même croisement. Je regarde machinalement le conducteur et sursaute en reconnaissant un visage familier : le docteur Dulcet.

C'est quoi, ce bordel ? Je m'enfonce encore plus dans mon siège et le cœur battant, je m'éloigne.

L'esprit tournant à plein régime, je fais demi-tour vers le parking du sentier de randonnée. Je ne vois déjà plus le pick-up, qui est sans aucun doute garé chez Mme Sternfield. Ce doit être lui qu'elle reçoit pour le thé. Mais ce n'est pas une visite de courtoisie, j'en suis certaine. Lui aussi doit vouloir lui soutirer des informations. Est-ce qu'elle va les lui fournir ? Telle est la question… Je regrette de ne pas être une vraie espionne, armée de micros et de dispositifs de localisation.

Pendant ce qui paraît des minutes interminables, je reste à scruter la rue qui mène à la maison de Mme Sternfield, souhaitant que mon regard puisse transpercer les murs. Je m'agite sans parvenir à trouver de position confortable.

En ce moment, ils pourraient être en train de discuter d'informations confidentielles pour être les premiers à trouver un antidote. Quel est le prix de Mme Sternfield ? Comme si ça ne suffisait pas de sauver des vies.

Une heure plus tard, la camionnette repart à toute vitesse. Et maintenant ? Je retourne chez Mme Sternfield pour exiger qu'elle me raconte ce qu'ils se sont dit ? Ce n'est pas comme s'il y avait sur Internet des tutoriels sur comment interroger des témoins hostiles. Enfin, je vais quand même me renseigner, au cas où.

C'est le docteur Dulcet qui a le plus de motivations pour trouver un antidote, alors c'est à lui que je devrais demander des comptes, ce qui me permettra de vérifier s'il est aussi honnête qu'il le prétend. Je décide donc de suivre son pick-up.

Nous parcourons des routes sinueuses pour nous enfoncer encore dans les montagnes, où les arbres se rencontrent au-dessus des voies, plongées dans l'ombre en permanence. Je le suis dans la pénombre, non sans nervosité. Je redoute de me retrouver encore sur une route déserte, mais il est trop tard maintenant pour faire marche arrière.

À un croisement sans panneaux, il tourne sur une allée de graviers menant dans la forêt. Mon cœur s'emballe : dois-je m'engager sur ce chemin quasi inexistant… ou pas ? Il me repérerait, c'est sûr. Bon, réfléchissons. Comme il est peu probable que ce chemin de forêt débouche sur une route digne de ce nom, ça paraît un pari raisonnable d'attendre qu'il repasse ici.

Je fais demi-tour et me gare à un rond-point. Je deviens douée en filature. En revanche, je regrette que mon téléphone m'ait été volé par les voleurs de sang.

Je m'affuble d'un chapeau mou pour masquer un minimum mes traits. Dix minutes s'écoulent avant qu'une autre voiture ne passe, ce qui me laisse tout le temps de ruminer sur ces saletés de sifflements dans mes oreilles. Est-ce que Shane et les autres arrivent à rêver, ou le raffut dans leur tête les rend-il fous ?

Quarante minutes plus tard, le pick-up réapparaît et passe à côté de mon emplacement. Clairement, il n'a pas été là assez longtemps pour une quelconque activité sportive. Alors, quoi ? Ce doit être lié à la fausseté de Mme Sternfield et à sa tenue de randonnée de l'autre jour.

Comme je n'ai pas de complice, je suis très tentée de suivre le docteur Dulcet dans la relative sécurité de ma voiture. Mais s'il y a un secret dans les bois, il n'y restera peut-être pas longtemps. Et ce n'est pas comme si Jack ou Evie allaient revenir avec moi.

J'opte donc pour le chemin de graviers.

Quand le terrain devient tellement inégal que j'ai peur de ne pas pouvoir ressortir, je m'arrête. Devrais-je continuer à pied ? Et si je me retrouve face à des voleurs de sang ? Ou pire ?

Je sens une vive douleur derrière mes orbites. Si je n'enquête pas sur ce qui se passe ici, j'ai une très bonne chance de mourir de toute façon. Cette pensée me sort de la voiture.

Je ferme tout et ramasse un bâton de la taille de mon poignet. Ainsi armée, je m'avance dans une ombre humide et fraîche, alors que je ne porte qu'un short et un tee-shirt. À l'évidence, il me reste davantage à apprendre sur les filatures que je ne pensais.

Une brise soulève le feuillage. Dès qu'une brindille craque ou qu'un oiseau chante, je m'accroupis sur place, jusqu'à être sûre que ce n'est pas un autre être humain. Quand le son s'arrête, je tape la main sur mon bâton pour faire semblant d'avoir du courage, mais j'ai l'impression de perdre un petit bout d'âme à chaque fois. Les mabouls m'ont volé quelque chose de bien plus précieux que mon sang et mon téléphone…

Au virage suivant, je sens quelque chose. De la fumée ? Je regarde à travers les arbres pour déterminer d'où elle vient, et c'est là que j'aperçois le chalet. Une belle petite maison en bois qui me rappelle un documentaire sur la chaîne Voyage. Mais pourquoi le docteur Dulcet est-il venu perdre son temps ici ?

Je m'approche en douceur, en restant dissimulée derrière des arbustes.

Je soupire. L'idée de me planquer ici dans l'humidité, pendant peut-être des heures, paraît trop bête pour l'envisager. Mais c'est tout aussi bête d'aller demander aux gens qui sont dans le chalet ce que fabrique le docteur Dulcet.

Frustrée, je lance un caillou sur la porte. Je la manque, mais il atterrit sur le mur. Ça suffira. Je me cache derrière une grande fougère pour attendre la suite.

Bientôt, la fenêtre s'ouvre et une tête apparaît, puis s'avance. Je la reconnais. Ce n'est pas possible.

Je suis emplie de rage et sous le choc, mais en même temps, je ressens une pointe d'espoir incongrue. Parce que le docteur Sternfield est en vie.

25.

Elle cherche autour d'elle, les sourcils froncés, mais je sors de ma cachette.

— Vous avez l'air en forme, pour un cadavre, dis-je, à peine capable de contrôler l'envie de la traîner par les cheveux jusqu'à Tacoma.

Son expression se durcit et elle jette des regards dans tous les sens.

— Tu es seule ?

Je tape sur ma poche comme si je portais un téléphone.

— Pas pour longtemps.

Elle secoue la tête d'un air compatissant.

— Tu n'auras pas de réseau ici.

Son visage disparaît dans le chalet et quelques instants plus tard, elle sort par la porte.

Je sens le froid m'envahir en pensant à quel point j'ai été stupide de venir seule. Ici, il n'y a que moi et ce médecin qui a inoculé des gènes tueurs à des gens confiants. Et ça c'est l'hypothèse optimiste. Dans le scénario pessimiste, elle est avec des amis.

Je serre le bâton dans mon dos et garde mes distances.

— Écoutez, je ne cherche pas à vous dénoncer ou à causer des problèmes. Je veux juste nous éviter de mourir. S'il vous plaît, arrangez les choses.

Elle a la main sur son short de randonnée coûteux.

— Tu ne crois pas que c'est ce que je veux aussi ?

— Alors pourquoi avoir simulé votre mort? Vous devriez être à la tête de l'équipe de recherche.

— Tu penses sincèrement qu'on m'y aurait autorisée ? Si encore les gens avaient gardé le silence et évité le cirque médiatique, j'aurais peut-être pu aider.

Elle secoue la tête avec dégoût.

— Les médias ne vous avaient jamais dérangée, avant. Et vous vous attendiez à quoi, quand vos sujets d'expérience ont commencé à tomber dans le coma et à mourir ? Comment vous avez pu tester quelque chose d'aussi dangereux sur nous ?

Elle pousse un soupir et esquisse quelques pas.

— L'essai préliminaire à Portland se passait très bien. Ce qui est arrivé ensuite était totalement imprévisible. Je voulais réellement améliorer votre existence. Et pendant un moment au moins, ça a fonctionné. Tu m'avais bien dit que tu étais celle que tu avais toujours rêvé d'être.

— Je suis celle qui pourrait sombrer dans le coma à tout moment. On a vu mieux, comme vie, non ?

Elle reste à environ trois mètres de moi. Assez près pour que je discerne une goutte de sueur sur sa tempe. Elle suit du regard un faucon qui s'élève au-dessus des arbres, puis son regard revient d'un coup sur moi.

— Ça n'en valait pas la chandelle, à ton avis, de troquer une longue existence de médiocrité contre quelques jours de vie à plein régime ?

De médiocrité. Évidemment, c'est tout ce que je représentais pour elle.

— C'est le genre de troc dont on ne décide pas pour quelqu'un d'autre. Je vous admirais, vous étiez le genre de chercheuse que je souhaitais devenir un jour. Et vous n'étiez qu'un charlatan…

Elle essuie une chaussure en cuir à trois cents dollars sur un tapis de trèfles.

— Je suis désolée, Aislyn. Ce n'était vraiment pas du charlatanisme. Et la science qui a permis de mettre au point Charisma recèle toujours des promesses exceptionnelles.

J'essaie de déchiffrer son expression, mais la myriade d'émotions qui passent sur ses traits ne s'imbriquent pas en un tout compréhensible. Je recule imperceptiblement.

— Si le CZ88 est si génial, pourquoi vous n'en avez pas pris vous-même ?

Ses yeux semblent avaler les ombres des arbres.

— Si j'avais eu besoin de m'améliorer ainsi, je l'aurais fait. Chaque avancée scientifique majeure a ses revers, tu le sais. Il y a des gens fortunés qui soutiennent encore ce que je fais. Tu pourrais travailler avec nous. J'ai toujours apprécié ta perspective, et je suis vraiment tout près de trouver un antidote. Un antidote qui te permettrait de conserver ta sociabilité.

Une lueur d'espoir apparaît, aussi réelle que le corbeau qui nous observe depuis une branche de pin.

La personne la plus susceptible de tout arranger est ici et elle offre une chance que je croyais perdue. Garder les aspects du CZ88 qui ont révolutionné ma vie, tout en retirant ceux qui pourraient y mettre fin. Gagnant-gagnant.

Si je peux lui faire confiance…

Je la dévisage. Elle est si sûre d'elle. Pourquoi ? Elle pense pouvoir me convaincre encore une fois ? Elle a toujours su manipuler les gens facilement grâce à son intelligence, je parie. Première de sa classe, chercheuse étoile de Nova, leur star à tous points de vue. Jamais confinée à la « médiocrité ». Qu'est-ce que ça ferait d'être aussi douée ? Bien sûr, je ne me suis jamais trouvée bête, mais elle est à un autre niveau. Presque comme si… Une pensée folle, et pourtant extrêmement logique, me frappe. Sans le vouloir, je m'écrie :

— C'est pas vrai. Vous vous êtes améliorée génétiquement. Mais pas avec du CZ88.

Elle plisse les yeux et une chaleur semble s'élever de sa peau. Enfin, des émotions claires se dessinent sur ses traits : la surprise et, plus encore, la honte. C'est une émotion que je ne lui avais jamais vue avant, et qu'elle porte comme une chaussure qui n'est pas à sa pointure.

— C'est pour ça que vous êtes spéciale, poursuis-je. Que votre QI est bien au-dessus de la norme.

Elle plie les genoux comme si elle s'apprêtait à bondir. Ce n'est qu'à ce moment que je me rends compte : elle aussi cachait un bras derrière son dos. Je m'écarte et manie mon bâton juste à l'instant où elle se lance en avant avec une seringue pointée comme un pic à glace.

Merde, elle n'a pas tué assez de monde, avec ses seringues ? Je parviens à la frapper à la cuisse, mais seulement après qu'elle m'a égratigné l'avant-bras avec l'aiguille.

Elle se balance d'un pied sur l'autre, comme une joueuse de tennis qui se prépare à réceptionner un service.

— Tu ne vas pas m'éclater la tête. Il te faudrait des gènes plus guerriers.

Je reste à distance, haletante. Ma vision commence à se brouiller.

— Qu'est-ce qu'il y a dans la seringue ?

— Juste un petit sédatif. Pour chevaux. Un allié précieux, quand on vit par ici.

Elle regarde mon bras et je l'imite : la petite égratignure est ponctuée de minuscules perles de sang. C'est une blessure superficielle. Je l'espère, en tout cas, mais je me sens un peu dans les vapes.

— Laisse-toi aller, Aislyn, m'encourage-t-elle. Une fois que tu te seras reposée, on pourra discuter de manière plus rationnelle.

Je recule.

— Et quand est-ce que vous avez subi l'altération pour vous rendre intelligente ?

Elle s'approche en brandissant la seringue.

— J'ai toujours été intelligente. La modification génétique n'était qu'un petit plus.

La tension dans sa voix et autour de ses yeux suggère que mes mots font mouche.

— Intelligente, mais pas assez, hein ?

Je recule encore d'un pas chancelant en serrant le bâton contre moi.

— C'est votre papa qui vous a obligée à être son cobaye ? Cela expliquerait qu'elle ait abandonné l'entreprise qu'il a fondée, au moment où il a le plus besoin qu'elle assume sa responsabilité pour la catastrophe qu'elle a causée. Et qu'elle travaille avec VidaLexor pour trouver un antidote, si c'est vraiment ce qu'elle fait.

Au son des croassements du corbeau, le docteur Sternfield s'élance vers moi en orientant la seringue vers ma poitrine. J'abats mon bâton sur son bras, causant un craquement sinistre qui la fait tourner sur elle-même, mais me le fait voler des mains.

En une seconde, elle se jette de nouveau sur moi. Je suis désarmée, mais je n'ose pas m'enfuir en courant : j'ai trop peur qu'elle me lance la seringue dans le dos. Je lance un coup de pied vers sa poitrine en priant pour éviter l'aiguille. Elle recule en trébuchant, mais parvient à me la planter dans le mollet sur une profondeur d'un bon centimètre. Alors qu'elle approche le pouce du piston, je l'attrape par le bras et la pousse au sol.

Ma vision se trouble, comme quand les voleurs de sang m'ont vidée. Combien de temps me reste-t-il ? Quelques secondes ?

Avec tout ce qui me reste d'énergie, je me rue vers son bras en extrayant l'aiguille de ma jambe. Tout en perdant conscience, je la plante dans sa cuisse en espérant contre tout espoir qu'elle recevra plus de somnifère que moi.

Quand je me réveille, le ciel est passé à un crépuscule bleuté. Oh, purée, maman et Sammy doivent être morts d'inquiétude.

Le corps sous le mien est tiède, mais immobile. Tout doucement, je tâtonne pour retrouver la seringue, toujours dans la cuisse du docteur Sternfield. Je retire cette saleté et la jette dans les arbustes.

La tête lourde, je me dirige d'un pas vacillant vers le chalet dans le peu de lumière restante, avec un arrêt vomi dans les buissons. À l'intérieur, j'actionne l'interrupteur, révélant l'antre du docteur. À défaut de réseau, il y a de l'électricité. Je découvre tout une série de tables couvertes de notes, d'un ordinateur, de matériel de laboratoire, de boîtes de nourriture que j'avais vues chez sa mère et d'un réfrigérateur rempli de fioles. J'ouvre en vitesse un placard de fournitures et fouille jusqu'à trouver de la corde.

Je ressors pour ligoter le docteur Sternfield avant qu'elle puisse m'attaquer de nouveau, mais l'endroit où nous étions est vide. À ma droite, j'entends du bruit dans les arbres. Si elle contacte quelqu'un pour avoir de l'aide et me réduire au silence… Oh, non, surtout pas !

Je la poursuis et la rattrape dans une petite clairière où est garée une Jeep. Je lui assène un coup de poing dans le dos et on se retrouve une fois de plus à terre à se battre. Elle serre les dents et a clairement l'énergie du désespoir pour elle.

Je ne suis peut-être pas pourvue de gènes de guerrière, mais j'ai les muscles de quelqu'un qui a passé des années à perfectionner sa nage papillon. Et ma vie est en jeu.

— Salope ! (Je lui balance une grande mandale dans la tête et la retourne pour lui passer la corde autour des poignets en m'asseyant sur ses jambes.) Tu me connais pas du tout !

Elle hurle et se contorsionne, jusqu'à ce que je lui donne un bon coup de coude dans un rein. Ça lui coupe le souffle suffisamment longtemps pour me permettre de lui passer la corde autour des chevilles. Avec plus de nœuds que nécessaire, je la ligote aussi serré que je l'étais il y a deux nuits.

— Et maintenant ? grogne-t-elle.

Je la fais pivoter sur le côté pour lui fouiller les poches.

— Je peux pas vous mettre dans la Jeep et je vous fais pas assez confiance pour vous libérer. (J'attrape les clefs dans sa poche.) Alors mettez-vous à l'aise.

Elle s'agite d'avant en arrière, les yeux paniqués.

— Non, Aislyn. J'étais sérieuse en te proposant qu'on travaille ensemble. Et je suis vraiment à deux doigts de trouver. Le docteur Dulcet me paie pour ça. Personne d'autre n'a la moindre idée de quel ADN modifier. Si je suis arrêtée, tout mon travail est interrompu. Tu dois juste me croire.

Pas besoin d'avoir son super QI pour voir le mauvais plan que c'est.

— Si vous voulez que je vous croie, donnez le nom des gènes que vous avez manipulés.

Elle cite aussitôt trois gènes.

Je soupire.

— Les chercheurs les ont déjà identifiés, ceux-là.

— Eh bien, je ne te donne pas la formule complète avant que tu m'aies relâchée. Mais je peux te garantir que les autres chercheurs ne vont pas les trouver.

— Et pourquoi ? Ils ont scanné notre génome des tas de fois et localisé le vecteur viral que vous avez utilisé pour diffuser votre association foireuse de modif de gènes. Il y a des palanquées de médecins intelligents en dehors de vous, même s'ils n'ont pas été altérés.

La fureur dans les yeux, elle répond :

— Ça fait presque un mois qu'ils sont dessus et ils n'ont trouvé que les candidats évidents. Vous ne trouverez pas ce dont vous avez besoin.

— Comment vous pouvez en être aussi sûre ?

À ce moment, je me rappelle ce qu'elle m'avait dit : la poubelle d'un scientifique est le trésor d'un autre. Xavier n'avait-il pas gribouillé POUBELLE au bas de ses notes ? Et s'il avait réalisé que la recherche était trop limitée ? Limitée aux gènes, mais environ 50 % de notre ADN est considéré « poubelle » car il ne code pas de séquences créant des protéines.

Le souffle précipité, je m'exclame :

— Vous avez aussi altéré notre ADN poubelle, pour réguler nos gènes, je sais pas comment.

Son assurance est remplacée par une anxiété tangible.

— Tu es ridicule.

— Non, ce qui est ridicule, c'est que je puisse voir aussi clairement ce que vous ressentez, grâce au Charisma. On peut qu'apprécier l'ironie du sort, hein ?

Je retourne en courant au chalet, où je prends son ordinateur, ainsi que les boîtes, que je remplis avec les fioles de son frigo. Elle en a fait, des choses. Pour les garder au frais, je balance des sacs de baies surgelées sorties de son congélateur.

Pendant que le docteur Sternfield alterne les chapelets d'obscénités et les propositions, il me faut cinq voyages pour prendre tout ce qui ressemble à des recherches. En balayant une dernière fois du regard son labo secret, je repère un vieil exemplaire corné des *Fleurs pour Algernon*. Pas étonnant. Je le lui laisse.

Après avoir entreposé le dernier chargement dans la Jeep, je lance une couverture sur le docteur Sternfield et fais la sourde oreille à ses plaintes, avant de démarrer dans le crépuscule.

Dans la ville la plus proche, je suis tentée de m'arrêter au poste, mais l'envie de retourner directement à Tacoma est la plus forte. Mon compromis est de m'arrêter à une station-service, d'où je passe un appel anonyme à la police pour les avertir qu'un médecin criminel est ligoté et les attend dans la forêt. Bien sûr, j'aurai à me justifier de beaucoup, mais ma priorité est de mettre ces recherches dans les mains de quelqu'un en qui je peux avoir confiance. Le docteur Culdicott n'est pas la personne la plus chaleureuse qui existe, mais c'est le médecin que je choisis.

Moins de deux heures plus tard, je me gare à l'hôpital Florence Bishop. Tremblante, je me précipite aux urgences, où j'explique à la réceptionniste que je dois parler au docteur Culdicott au plus vite. Elle hoche la tête comme si elle avait déjà entendu ça des centaines de fois et me demande de patienter en salle d'attente. Comme un air de déjà-vu.

Dix minutes plus tard, le docteur Culdicott surgit et, dès qu'elle m'a écoutée, fait venir quelqu'un pour nous aider à transporter tout le matériel que j'ai rapporté dans son bureau privé.

J'ai l'estomac qui gargouille et la tête qui me fait mal. J'essaie de ne pas en tenir compte et déclare :

— Dites aux chercheurs qu'ils doivent aussi examiner les altérations sur l'ADN non codant.

Elle acquiesce, puis me fait part de ses exigences à elle, à savoir contacter ma mère et appeler la police. Je ne sais pas de qui j'ai le plus peur. En fait, si, et c'est elle qui débarque en premier.

— Aislyn, mais qu'est-ce que tu avais dans la tête ? Tu tenais tellement à te faire tuer ?

J'esquisse un geste de reddition, tout en expliquant :

— Mais j'avais raison, maman ! J'ai trouvé le docteur Sternfield, elle est en vie et elle fait des recherches. J'ai peut-être même trouvé l'antidote sur lequel elle travaille.

Maman avale plusieurs goulées d'air, puis articule d'une voix rauque :

— Un antidote ?

Elle baisse la tête et se met à pleurer.

Je prends ses épaules secouées de sanglots.

— Ça va aller, maman. Tu vois, je voulais arranger les choses pour tout le monde, pour prouver… Je suis désolée de t'avoir fait peur.

Nous sommes toujours dans les bras l'une de l'autre quand une policière de haute taille entre dans le bureau avec le docteur Culdicott. Elle se présente et ouvre un cahier.

— L'équipe du shérif a trouvé le chalet et votre véhicule, mais il n'y a pas de docteur et les lieux semblent avoir été saccagés.

— Oh non, c'est pas possible. Je… Ben, après qu'elle m'a droguée, je l'ai ligotée.

Elle lève les sourcils.

— Il va falloir qu'on entende les deux versions de l'histoire.

Le docteur Culdicott intervient :

— Nous avons toutes les raisons de croire que Charlotte Sternfield gardait pour elle des éléments essentiels concernant un antidote qui pourrait sauver la vie de plus de deux cents personnes.

La policière s'adresse à moi :

— Donc tu reconnais être entrée par effraction dans le logement du docteur Sternfield après l'avoir neutralisée ?

— Non, la porte était ouverte et je…

Maman s'interpose entre moi et la policière.

— Elle ne dira plus rien avant d'avoir un avocat. Vous savez très bien que vous n'avez pas à interroger une mineure. Surtout quand elle vient de vivre une expérience traumatisante.

Le docteur Culdicott ouvre la porte et, de son ton de commandant de l'armée, ajoute :

— Mme Hollings a raison. Moi qui suis le médecin d'Aislyn, j'exige qu'elle prenne du repos. Je suis toute disposée à témoigner, si nécessaire, que son organisme contient de dangereux sédatifs et que ses blessures sont la preuve d'une agression physique.

La policière comprend qu'elle a affaire à plus fort qu'elle et se retire en promettant de me recontacter. Une fois qu'elle referme la porte, maman et le docteur Culdicott se tapent carrément dans la main.

Je ne partage pas leur liesse. S'il existait une chance d'inverser les effets du CZ88 sans toucher à la sociabilité, elle a disparu avec le docteur Sternfield. À moins que les fioles et l'ordi ne recèlent des trésors.

Bientôt, j'ai le droit de partir, et malgré mon envie de décamper, j'insiste pour aller voir ceux qui sont dans le coma. Il est minuit passé, mais tant pis pour les heures de visite.

Je m'arrête auprès de chacun pour leur dire :

— Allez, tiens le coup.

Sur le trajet retour, entre les soupirs et les larmes, maman m'informe que je suis interdite de sortie jusqu'à nouvel ordre. Je réagis par un rire. Ma chambre, voilà le seul lieu où je veux être ce soir. Je crois que maman mettrait des verrous à ma porte et à mes fenêtres si elle le pouvait, mais elle n'a pas d'inquiétude à avoir. J'ai fini de m'enfuir.

Les ressortissants des États-Unis interdits dans cinq pays

Communiqué de Jonah Walters,
Agence américaine de presse

En raison de craintes de contagion de la thérapie génique CZ88, les pays suivants ont prohibé l'entrée sur leur territoire de visiteurs américains jusqu'à nouvel ordre : l'Égypte, l'Irak, le Qatar, Singapour et les îles Turques-et-Caïques. Ces pays sont ceux qui refusent également des visas aux personnes porteuses du VIH. À ce jour, le CZ88 a infecté 273 personnes, avec pour bilan 49 morts et plus de 200 victimes dans le coma.

26.

Il me faut une journée entière de sommeil pour dissiper les restes du sédatif dans mon organisme. La somnolence est alors remplacée par un léger bourdonnement d'oreilles, comme un moustique bien décidé à ne pas me laisser oublier ce qui se trouve dans mon corps.

Dès que je suis réveillée, maman m'informe qu'Evie et Jack ont appelé une bonne dizaine de fois en la suppliant de les laisser venir. Je décide de prendre ça pour un bon signe.

Jack arrive le premier. Il hésite devant moi un instant, puis nous nous jetons dans les bras l'un de l'autre. Une onde de chaleur m'envahit.

Les yeux pleins de larmes, je déclare :

— Je suis désolée de t'avoir inquiété et fait sentir exclu de mes plans.

Il pose son front contre le mien.

— J'aurais dû t'accompagner à Cle Elum, même si c'était un plan de malade. Shane l'a bien fait, lui.

— Va pas te comparer à lui, tu sais très bien que je t'ai choisi depuis le début.

Je fais courir un doigt le long de sa clavicule, remarque qu'il sent un peu le chlore, comme moi du temps où j'étais encore autorisée à fréquenter les piscines. Bon, si le matériel pour lequel j'ai risqué ma vie donne des résultats, nous pourrons peut-être nous offrir des bains de minuit ensemble.

Evie arrive au milieu de cette pensée très agréable.

— T'es déjà aux infos !

— Oh, merde. C'est pas fait exprès. Et si on me demande une interview, tu m'aideras à me préparer, hein ?

Elle me tire une mèche de cheveux.

— C'est plutôt à la guerre que tu dois te préparer. J'arrive pas à croire que tu aies traqué la savante folle. C'est un miracle que tu ailles bien.

— Tu n'auras plus à t'inquiéter d'affrontements et d'enquêtes en dépit du bon sens. Je ne bouge plus d'ici.

À l'unisson avec Jack, ils s'écrient :

— Promis ?

Quelques heures plus tard, maman annonce que le docteur Sternfield n'a toujours pas été retrouvée, mais que sa mère et le docteur Dulcet ont été mis en garde à vue. L'info la plus utile, c'est que les chercheurs ont trouvé des tonnes de renseignements précieux dans l'ordi et les fioles : en gros, tout ce sur quoi le docteur Sternfield travaillait avant sa disparition.

Le lendemain, le docteur Culdicott active le haut-parleur du téléphone pour qu'un généticien nous explique, à maman et moi, que le CZ88 comprenait en fait deux vecteurs viraux. C'est le deuxième qui a été trouvé dans les fioles. Avec la quantité de modifications que le docteur Sternfield souhaitait opérer, elle avait besoin de deux vecteurs. Elle avait utilisé une combinaison de techniques, comme envoyer des fragments de macromolécules pour modifier les gènes plutôt que d'introduire des gènes entiers chaque fois. Même le matériau utilisé pour remplir les virus, la « farce », que la plupart des chercheurs considèrent comme « poubelle », contenait des instructions génétiques.

Je perds ensuite le fil, ses explications devenant trop compliquées pour moi, mais il est clairement tout excité.

— Conclusion ? demande maman quand le généticien reprend son souffle.

Il se racle la gorge.

— Je ne veux rien promettre, mais le docteur Sternfield avait prévu plusieurs moyens d'inverser le processus, et elle avait même lancé les travaux de développement. D'après ce que j'ai compris, elle comptait les vendre au plus offrant.

— Et ça prendra combien de temps de les terminer et de les tester ?

— Ça va probablement se compter en mois. Nous vous tiendrons informés de chaque étape.

Maman et moi nous regardons, abattues. Vais-je tenir aussi longtemps ? Shane, Chloé, les autres tiendront-ils ? Mais je me force à sourire pour elle.

— Ça va aller. Ils savent ce qu'ils font. Il y a plus de gens bien comme eux que de docteurs Sternfield.

Parfois, prendre un risque, c'est moins dangereux que de ne pas en prendre.

Maman contracte la mâchoire, elle sait pertinemment que je lui parle du cas de Sammy. Mais elle ne rejette pas mes paroles. Nous devons toutes les deux croire que j'ai donné assez de matériaux aux scientifiques. Parce qu'il n'y a rien d'autre.

Pendant le restant des vacances scolaires, le bourdonnement dans ma tête m'irrite constamment. Lors des nuits les plus sombres, j'ai presque envie de tomber tout de suite dans le coma pour échapper aux hypothèses interminables. Mais le matin venu, je me débarrasse de mon désespoir et je suis reconnaissante de bénéficier d'une journée de plus.

Pendant que je m'efforce d'ignorer mes symptômes au maximum, les chercheurs nous tiennent régulièrement informés par mail et conférences téléphoniques. Même le docteur Dulcet propose son aide en prétendant qu'il a seulement supplié sa collègue de se rendre et de travailler à un antidote. Comme on ne dispose pas de preuves qu'il ait commis quoi que ce soit d'illégal, les autorités gouvernementales acceptent son apport, sous un contrôle des plus stricts. Mme Sternfield, elle, a été inculpée pour complicité. La police a trouvé des preuves que c'était elle qui avait envoyé la fausse vidéo du suicide à la chaîne d'informations et loué le chalet où se cachait sa fille.

En attendant, je mène une vie où j'ai peur de me faire de faux espoirs… et peur de ne pas m'en faire.

Mais je sais comment je veux passer le temps dont je dispose. Avec ma famille, Jack et Evie. Maintenant que j'en ai fini de pourchasser des fugitifs, je n'agace plus constamment les gens que j'aime. Ça ne rend pas pour autant la « vie normale » facile. Souvent, je me mords l'intérieur des joues de frustration. Le pire, c'est quand Evie et Rafe insistent pour faire des sorties avec Jack et moi. Ce n'est pas qu'ils soient tout le temps à se tripoter, mais je ne peux m'empêcher de remarquer les baisers volés, même quand ils pensent être discrets. Mais il est hors de question que je leur demande de masquer leur joie à cause de moi. Si Shane était conscient, il se proposerait en substitut et me donnerait des conseils salaces bien sentis. Voir son visage pâli plus amaigri chaque fois que je lui rends visite, ainsi qu'aux autres à l'hôpital, m'est de plus en plus pénible. Mais j'y vais une fois par semaine et je refuse de laisser qui que ce soit les oublier.

Malgré l'issue fatale possible et ce que cela entraîne, ma propre vie s'épanouit de manière inattendue. Des chaînes d'infos offrent des billets d'avion pour New York ou Los Angeles aux victimes du CZ88 restées conscientes pour des interviews express. Ils nous considèrent comme des « miraculés ». Je me sers de ce statut pour défendre la thérapie génique, particulièrement dans le traitement de la mucoviscidose.

Mon existence, telle quelle, peut faire une différence.

Fin août, le père de Chloé m'envoie un message :

Tu as vu ?

Il ajoute un lien vers un article sur un essai de thérapie génique utilisant une forme modifiée du VIH pour attaquer des cellules cancéreuses.

Génial ! Il y a de l'espoir pour tout.

Tu l'as dit !

Eh oui, lui et moi sommes devenus potes.

Il ajoute :

Il paraît qu'une des tarés qui t'ont kidnappée est morte.

Contre toute attente, je ressens de la pitié pour cette femme, celle qui conduisait le véhicule. La prison aurait été une punition suffisante. L'un des voleurs de sang était celui qui m'avait fait flipper à la soirée Nova, tandis que leur chef à la voix veloutée s'est avéré être le type qui avait essayé de s'incruster à ma fête de retour de l'hôpital avec son pack de bières. Après s'être injecté mon sang, tout le gang a fini par tomber dans le coma. Sachant à quel point la voie sanguine est contagieuse, je me demande si le docteur Sternfield a été infectée après que je lui ai planté la seringue qu'elle avait utilisée contre moi. Même si la police ne la rattrape pas, le CZ88 pourrait s'en charger.

Et il pourrait me régler mon compte aussi. J'ai subi d'innombrables examens pour déterminer si j'ai une immunité exceptionnelle ou si le hasard qui s'est acharné à me rendre si timide est aussi en cause dans ma chance. J'ai peut-être commencé sur une base tellement différente que les changements dans mon organisme doivent aller plus loin avant d'atteindre le seuil qui me mettra dans le coma ? La question s'impose : combien de temps me reste-t-il à vivre ?

27.

En septembre, après une grande pétition en ligne ayant débouché sur des manifestations et plusieurs discours de l'ACLU, mon lycée décide de m'autoriser à effectuer mon année de terminale, ou du moins la partie que je pourrai suivre. Cette décision alimente les courriers haineux et les manifestations devant Nova Genetics. Cependant, la thérapie génique ne disparaîtra pas.

Une semaine avant Halloween, où je compte me déguiser en Marie Curie, l'air matinal est frais. Jack me tient la main pendant que nous roulons vers l'école.

Depuis le siège arrière, Sammy nous crie :

— Il faut combien de thérapeutes géniques pour changer une ampoule ?

— Je sais pas, je donne ma langue au chat.

— Aucun. Ils envoient des virus pour faire le boulot à leur place.

Jack et moi gémissons en chœur. Il se trouve néanmoins que ces virus marchent bien pour Sammy. Certains jours, il passe tout le trajet sans tousser une seule fois.

Sa capacité pulmonaire a augmenté de 20 % depuis que maman l'a autorisé à participer à l'essai AV719 élargi, une fois que les patients de l'essai précédent ont montré une amélioration rapide de leur état sans effets secondaires.

Les cheveux de Jack sont soulevés par le vent qui s'engouffre par les fenêtres grandes ouvertes. L'automne est là, mais j'ai besoin d'air frais plus que jamais ces jours-ci. Malgré tout, être au-dehors se paie. Même si les voleurs de sang ont été mis hors d'état de nuire et que la Sécurité intérieure a exclu les menaces de terrorisme biologique, je garde une vigilance constante, j'observe tout le monde autour de moi, notamment les inconnus qui s'approchent trop.

Jack pianote sur le volant.

— Tu es partante pour aller cueillir des pommes la semaine prochaine ?

J'ai les joues insensibilisées par l'air froid, mais je ne me détourne pas de la fenêtre.

— Evie et Rafe veulent y aller aussi.

Jack grogne :

— Ils doivent avoir repéré un grenier de foin quelque part, alors.

Je hausse les épaules.

Nous nous arrêtons à l'école de Sammy, que nous déposons avant de poursuivre. À quelques rues du lycée, mon portable vibre. Sans doute Evie qui veut de l'aide de dernière minute pour l'option maths. Je suis contente que certaines choses n'aient pas changé dans ma vie. Nous avons d'ailleurs tracé notre carte rituelle de l'établissement, pour optimiser nos chances de nous voir, en ajoutant cette année nos copains dans l'équation.

En fait, c'est un message de ma mère. Un message que j'ai espéré, même si j'avais peur de m'autoriser à l'attendre vraiment. Mon choc doit être visible, car en se garant, Jack me demande ce qu'il y a. Je regarde à travers le pare-brise sans rien voir.

— L'antidote est prêt.

Il me prend dans ses bras et son souffle me chatouille le cou.

— C'est génial.

Je suis sonnée dans ses bras.

— Oui. Ce serait super de ne plus m'inquiéter de tomber dans le coma ou de transmettre ce que j'ai, mais…

— Mais ?

Je ferme les yeux et me blottis contre son torse.

— Je ne veux pas redevenir timide. Ne plus savoir comment me sentir avec toi. Ne plus être capable de défendre des enfants comme Sammy.

Bien entendu, j'ai essayé de les persuader de chercher un antidote gagnant-gagnant, qui me permettrait de garder la partie Charisma du CZ88, mais même avec ma personnalité améliorée, je n'ai pas pu les convaincre de prendre ce risque.

Jack me serre fort contre lui.

— L'antidote réduira peut-être ton côté sociable, mais tu me connais toujours et je te connais aussi. Il n'enlèvera pas ça. Tu n'étais pas timide avec Evie. Et tu arrivais quand même à te faire connaître de ceux qui faisaient attention. Et crois-moi, j'ai toujours été attentif.

Je relève la tête et acquiesce, me demandant pour la millionième fois ce qui réside dans notre ADN et ce qui est acquis. Au cours des derniers mois, mon cerveau a créé des connexions et des synapses sur les voies de l'assurance. Peut-être que je les conserverai si je suis guérie. Ou peut-être pas…

Il me presse la main.

— Si ça devient dur, tu peux toujours te replier sur les SMS jusqu'à ce que tu voies que les choses n'ont pas changé, d'accord ? (Il m'embrasse sur la tempe.) Et puis tu me sembles avoir oublié les bénéfices d'une guérison, non ?

Il soulève les sourcils d'un air suggestif et relève les coins de ses lèvres pleines que je rêve de pouvoir embrasser depuis des mois.

Oh, oui. Je sens un petit frisson me parcourir la poitrine et descendre dans mon ventre… Je souris sans parvenir à répondre, et je dois rougir aussi fort qu'avant tout traitement.

— À avoir en tête quand tu seras toute seule à l'hôpital ce soir.

J'articule avec difficulté :

— Oh là là…

J'ai la voix qui part dans les aigus, comme elle ne l'avait pas fait depuis Charisma. Qui a besoin d'antidote ? Rien que penser à être vraiment avec Jack me change déjà.

— Alors, je t'amène directement là-bas ? demande-t-il.

— Attends, j'appelle d'abord ma mère.

Ils prévoient de m'administrer le traitement cet après-midi, donc maman m'amènera à l'heure du déjeuner.

D'ici là, je suis le mouvement au lycée, avec de nombreux coups de coude d'Evie pour me rappeler où aller.

Elle porte un doigt à ses lèvres.

— Tu devrais peut-être faire un dernier truc de diva avant l'antidote.

— Arrête, j'ai jamais fait ma diva.

Elle lève très ostensiblement les yeux au ciel.

— Si on compte la couverture médiatique...

Je ne vais pas contester. Pas aujourd'hui.

— Tu as des idées ?

— Voyons...

— Ah, c'est bon. Je sais ce que je vais faire.

Je me dirige vers la classe de sciences de M. Lin, où les élèves s'installent à leur paillasse.

— Monsieur Lin, dis-je en projetant ma voix jusqu'au fond de la salle.

Les élèves interrompent leurs bavardages.

M. Lin relève les yeux, mais garde le visage orienté sur des aimants qu'il est en train de trier.

— Bonjour, Aislyn.

— Au concours de sciences, vous m'avez posé la question de la pertinence de mon projet et vous vouliez savoir où je tracerais la limite.

— C'est vrai, fait-il étonné.

— Je n'arrivais pas à répondre à l'époque, je ne pourrai peut-être plus demain, mais j'aimerais essayer maintenant.

Sa manière de plisser les yeux donne à penser qu'il est tenté d'appuyer sur le bouton d'urgence sous le bureau.

— Je dois commencer mon cours dans deux minutes.

— Je suis prête à risquer d'être en retard… Alors, voilà, dis-je en me tournant vers la classe. Mon projet visait à donner un éclairage sur les incroyables possibilités offertes par la thérapie génique. Une fois que nous aurons vraiment compris comment manipuler notre ADN, nous pourrons tout changer en termes de qualité et de durée de la vie. Que peut-il y avoir de plus pertinent que ça ?

— Les abdos de mon copain ! crie une fille au fond.

Le prof semble vouloir ajouter quelque chose, mais je le coupe.

— Quant à la limite que j'établirais sur les améliorations à interdire, je ne sais pas. Nous ne devrions pas permettre des expérimentations extrêmes comme celle dans laquelle je me suis engagée, mais le curseur est mouvant… Ce n'est pas grave de reconnaître que nous n'avons pas les réponses à ce jour. Cependant, une fois qu'on a aperçu l'avenir, on ne peut plus revenir en arrière.

— Comme tu prends ces choses-là très à cœur, intervient M. Lin, je te propose de mener un débat cet après-midi, en classe.

— Ah, non, je serai à l'hôpital après manger.

Il reste bloqué quelques secondes sans ciller, comme s'il allait consigner ses impressions dans un rapport de labo.

— Je ne sais pas si ça change quelque chose pour toi, mais j'avais voté pour ton projet au concours.

— C'est vrai ? Merci. Bon, je devrais aller en cours.

— Bonne chance, Aislyn.

Le reste de la matinée, je parle avec autant d'amis que possible, je lève la main à la moindre occasion et je serre

Jack dans mes bras après chaque cours. Si le lycée peut rester moitié aussi agréable à mon retour, je serai heureuse. Tout une foule m'accompagne quand maman vient me chercher.

Sur le chemin de l'hôpital, mes jambes n'arrêtent pas de trembler. Je dois garder en mémoire qu'il n'y a aucune garantie de l'efficacité de « l'antidote », qui au contraire, pourrait avoir des effets secondaires pires que ceux des virus sur moi. Ce n'est pas la première fois, mais je songe que la « Vallée de la Mort » qui sépare les essais sur les animaux et ceux cliniques n'est pas seulement remplie de projets qui n'ont pas trouvé de financement, mais aussi de gens qui ont subi des traitements expérimentaux complètement ratés. Il faut que j'arrête, ce genre de pensée ne fait qu'accélérer mon pouls sans rien m'apporter de positif.

Dans le parking, je regarde mon portable une dernière fois. Jack m'a envoyé dix messages, qui disent tous :

Pour moi, tu seras toujours la même.

Oh, comme j'espère qu'il ait raison.

Maman reste avec moi pour mon enregistrement aux admissions. Une fois que je suis installée dans une toute petite pièce, le docteur Culdicott et un spécialiste de la thérapie génique – un certain docteur Cho – arrivent. Par consentement mutuel, une petite équipe de tournage capture le moment. Je leur souris. Si ce sont mes derniers moments de bravoure, je veux qu'ils inspirent les gens. Les bras couverts de chair de poule, je demande :

— Les autres ont déjà reçu l'antidote ?

Avec un sourire nerveux, le docteur Cho me répond :

— Nous espérons qu'il s'agit d'un antidote, Aislyn. Tu es la dernière à le recevoir dans cet hôpital.

— Je peux les voir ?

J'ai rendu visite à mes compagnons régulièrement, surtout pour tenir la main de Shane en lui racontant tout sur les gens qu'il pourra harceler quand il ira mieux. J'ai l'intention d'être là quand ça se produira.

— Bien sûr, m'autorise le docteur Culdicott.

Le docteur Cho se lave les mains, puis enfile des gants.

— Prête ?

Prête ? Oh, j'ai du mal à imaginer que j'avais envie de recevoir le CZ88 en juin dernier. J'ai l'impression qu'une vie entière a défilé. Une boule dans la gorge, je m'affaisse. Pour trop d'autres personnes, une vie est vraiment passée.

J'agrippe la couverture sur laquelle je suis assise et me force à me redresser.

— Prête.

Il me tamponne le bras. Contrairement à ce que nous avait donné le docteur Sternfield, l'antidote consiste en deux injections aujourd'hui, éventuellement renouvelées. J'ai un réflexe de recul à chaque fois qu'une aiguille s'approche. Ce sera sans doute le cas pendant le restant de mes jours. Quand le médecin a terminé, il me conseille de me détendre. Mais bien sûr.

Lui et le docteur Culdicott promettent de passer voir comment je vais tout à l'heure. Ce qui laisse du temps à l'équipe de tournage pour des interviews avec ma mère et moi. Ils nous ont payées une fortune pour filmer ma possible métamorphose en fille de nouveau timide.

Bah, mieux vaut ça que de voir maman aligner les heures sup pour que j'aie de quoi faire mes études. Heureusement, les familles d'autres ados ont signé pour le documentaire aussi, donc l'équipe part les filmer à leur tour.

Ma chambre me paraît soudain trop silencieuse. Il n'y a pas grand-chose pour s'occuper. Non que le docteur Gordon ait eu le temps de réfléchir à ça entre travailler d'arrache-pied à trouver un antidote et harceler la police pour qu'elle retrouve sa fille. De toute façon, j'ai du mal à le regarder dans les yeux ces jours-ci. D'un côté, il semble avoir vraiment envie d'arranger les choses ; de l'autre, la thérapie génique qu'il a obligé le docteur Sternfield à prendre a contribué à faire d'elle ce qu'elle est…

Maman attrape une chaise. Son expression trop joyeuse ne parvient pas à masquer son inquiétude. Si le traitement fonctionne, serai-je encore capable de déchiffrer aussi bien ce qu'elle ressent ? J'espère que non. Être témoin des émotions de tout le monde, c'est épuisant.

Je pose mes mains sur les siennes, qui tremblent, et je lui offre mon meilleur visage de fille courageuse.

— Je me sens bien. En fait, j'ai un super livre à lire, donc tu n'es pas obligée d'attendre là.

Elle retire une petite peluche du lit.

— Et si je restais un peu ? On pourrait aller festoyer à la cafétéria ?

Je souris.

— D'accord, si c'est ton plan idéal pour un vendredi soir.

On grignote de la salade restée trop longtemps au frigo, des pâtes trop cuites et de la Jello goût citron vert parfaite. Je prépare avec soin ce que je vais dire.

— Tu sais maman, quoi qu'il arrive après ce traitement, tu devras te recentrer sur toi.

Elle toussote.

— Comment ça? J'ai tout ce que je veux avec toi et Sammy.

— Tu mérites davantage. Papa est parti depuis très longtemps. Il serait temps que tu envisages de rencontrer quelqu'un.

Là, elle s'étrangle carrément.

— Euh, ma chérie, une chose à la fois, OK?

Je lui passe ma serviette.

— Je voulais juste réussir à exprimer le fond de ma pensée tant que j'ai cette personnalité franchement pas inhibée.

Elle acquiesce en s'essuyant les lèvres.

— J'y réfléchirai.

Je prévois de lui mettre une annonce en ligne dès que possible. Ce sera sympa de faire mon Evie et de relooker un peu maman.

Une fois que je suis de retour dans la chambre, les médecins passent pour m'examiner. Pas encore de changements. Mais ça peut prendre des jours, voire des semaines, pour détecter une différence. Quand ils repartent, maman me demande si ça ne me dérange pas qu'elle aille s'occuper de Sammy, et je lui assure que tout va bien.

Dès qu'elle est partie, je vais à l'ascenseur en chaussons jetables pour me rendre dans le service où sont

Sebastian, Xavier, Jesse et Shane. Pendant leur coma, ils ont de nouveau été relégués dans une chambre pour garçons.

Je tape dans mes mains.

— Bon, c'est ça que vous appelez faire la fête ?

Ils sont allongés sur le dos, comme toujours. Les membres de leur famille ont disposé des chaises de l'autre côté de la pièce pour les interviews du documentaire. La mère de Shane me fait signe et m'envoie un baiser : elle ne peut pas venir me voir, car la caméra tourne.

Je commence par le lit de Sebastian en faisant courir mes doigts sur sa couverture. Quand je me remémore son corps tout en mouvements fluides, qui faisait naître la beauté même dans une chambre d'hôpital sordide, ma gorge se noue. Comme j'aimerais le voir enchaîner les pirouettes sur scène ! Rien qu'une fois. Je passe à Jesse, à qui je murmure, comme aux autres :

— Réveille-toi !

Arrivée à Shane, je m'assieds et lui prends la main.

— Quand tu sortiras d'ici, t'as intérêt à garder la partie du Charisma qui t'a rendu sympa, sinon, je te démonte la tête, dis-je avant de lui tapoter le genou. Et compte pas sur moi pour te caser avec mes copines, même si tu n'as plus de virus.

Je me lève et l'embrasse sur la joue.

La caméra tourne toujours quand les membres des familles me demandent comment je me sens jusqu'ici. Je n'ai rien remarqué, ni sur le plan physique, ni sur celui de la personnalité. Pas encore de changements. Ils acquiescent, sombres, et je me dirige vers la chambre où se trouve Chloé. Sa mère et sa petite sœur sont à une table, en train de jouer aux cartes. Heureusement, pas de caméra de ce côté en ce moment, ce qui nous assure un peu de calme.

Bailey me décoche un grand sourire partiellement édenté.

— Tu veux jouer avec nous ?

Elle ne nous laisse faire une pause qu'au bout de cinq parties.

— Il faut attendre combien de temps encore pour que Chloé se réveille ? demande-t-elle en boitant jusqu'au lit de sa grande sœur.

— On ne sait pas, chérie, réplique sa mère. Ça pourrait prendre longtemps.

Bailey approche son visage de celui de Chloé.

— Mais elle a les paupières qui remuent.

— Bien sûr, ma puce, bien sûr, répond sa mère en la rejoignant et en caressant sa tresse. Encore une partie avant que j'aille te coucher à la maison ?

— Non, boude Bailey. Je veux parler avec Aislyn et Chloé.

Nous installons des chaises autour du lit pour raconter à Chloé les dernières nouvelles, comme si elle participait à la conversation. Comment cette fofolle si dynamique peut-elle être immobile depuis quatre longs mois ? Je serre sa main, désormais décharnée. Les médecins me permettraient peut-être de lui vernir les ongles en vert pomme. Ça lui plairait.

Elle presse légèrement ma main en retour. Je m'exclame :

— C'est pas vrai, je crois que sa main a bougé !

Bailey bondit.

— Regardez ses yeux ! Je vous avais bien dit qu'ils remuaient !

En effet ses paupières frémissent et s'entrouvrent même une seconde avant de se refermer, comme si la lumière lui faisait mal aux yeux.

Sa mère vient juste au-dessus d'elle pour lui demander :

— Chloé, ma chérie d'amour, tu es réveillée ?

Le visage de Chloé se tord, et cette fois elle ouvre vraiment les yeux. La bouche aussi.

— Hmm, acquiesce-t-elle d'une voix rauque.

La mère de Chloé crie vers le couloir tout en défonçant le bouton d'appel.

— Venez par ici ! Ma fille se réveille ! Elle se réveille !

Je regarde mon amie, le cœur battant à toute vitesse. Est-ce vrai ?

Chloé parvient à articuler un mot, les yeux cherchant dans la pièce.

— Jesse ?

Nous explosons en cris de joie. Infirmiers, médecins, parents et cameramen envahissent la chambre. Je recule pour leur laisser la place.

Le traitement fonctionne bel et bien.

Les parents des garçons doivent penser la même chose, car ils retournent tous à côté pour voir si l'un d'eux se réveille. Ils n'ont pas cette chance, mais nous nous étreignons avec espoir.

Je me précipite sur le téléphone de la chambre pour partager la nouvelle avec maman, qui hurle de joie et me dit qu'elle arrive tout de suite.

Le reste de la soirée est une effervescence de rires et de vertiges joyeux. Chloé est ravie de l'attention et demande quand elle pourra faire un bulletin d'informations pour « sa » chaîne télé. Nous célébrons l'événement bien après les heures de visite, jusqu'au moment où les infirmières exigent que tout le monde parte pour laisser Chloé se reposer.

Nous avons beau supplier de partager de nouveau la même chambre, les médecins tiennent à ce que Chloé reste dans la sienne, dotée de plus d'appareils de surveillance. C'est sans doute logique. Malgré tout, ma chambre est très solitaire cette nuit.

Le lendemain matin, je me lève juste avant l'aube, tout excitée à l'idée de ce que cette journée nous réserve. C'est au bout de plusieurs minutes que je prends conscience du bruit étonnant dans ma tête : le silence. Plus aucun acouphène. Oh, mon Dieu. Je suis prise de hoquet et me mets à pleurer. Pour la première fois depuis juin, je nourris de réels espoirs pour l'avenir.

À la hâte, je me douche, m'habille, et cours en bas, où les chambres débordent d'allégresse. Sebastian, Xavier et Jesse ont repris connaissance dans la nuit. Je passe de leur chambre à celle de Chloé, et l'assemblée d'hier gagne en taille. Notre équipe de tournage revient avec deux personnes supplémentaires, ce qui, manifestement, accélère la récupération de Chloé. Le seul manquant est Shane, qui reste toujours sans réaction. Ça ne doit être qu'une question de temps, et pourtant, chaque heure sans lui devient plus dure.

Le docteur Cho et une équipe de chercheurs nous font subir trente-six millions de tests, nous prélèvent du sang et de l'ADN. Arrivés au soir, ils peuvent affirmer avec certitude que la charge virale dans notre organisme a baissé de manière spectaculaire. Il leur est impossible de savoir si les gènes de notre cerveau ont subi des altérations sans prélever de tissus de cette région. Mais la meilleure preuve, c'est que mes amis ne sont plus dans le coma. Côté personnalité, il faudra attendre pour voir.

Est-ce que j'agis différemment? Difficile à dire. Ces gens sont devenus tellement familiers, comment pourrais-je être timide avec eux? Peut-être que le vrai test sera de voir comment je me comporte vis-à-vis d'inconnus, ou même de Jack. Pour l'instant, j'ai la poitrine gonflée de bonheur. Sauf quand j'aperçois les parents de Shane à son chevet, qui attendent avec tant d'espoir que je suis obligée de détourner le regard.

Étant donné le changement chez les autres ainsi que chez les patients des autres hôpitaux, qui ont reçu le traitement cet après-midi, les chercheurs exigent que je reste une nuit de plus, afin de leur permettre de suivre nos progrès en détail. Je suis loin d'avoir autant de progrès que les autres à leur communiquer, mais comme nous ne sommes que 5 % à ne pas être tombés dans le coma, les réactions de mon corps sont d'un grand intérêt pour eux.

Nous bavardons et blaguons jusqu'à vingt-deux heures, puis le personnel prie tous les visiteurs de rentrer chez eux. Les familles se résignent une heure plus tard. Je sais qu'elles reviendront bien avant huit heures demain matin, début officiel des visites.

Lorsqu'il ne reste plus que nous, les «victimes», dans la chambre des garçons, nous nous relayons pour encourager Shane à se réveiller et se joindre à nous. Mais son corps reste d'une immobilité parfaite.

Chloé me demande de déplacer son lit à côté du sien et elle pose une main sur son front.

— Il a une température normale. Son teint aussi.

Je m'éclaircis la gorge.

— Vous avez tous eu le teint à peu près normal, juste un peu plus pâle que d'hab.

Ils me regardent tous et Chloé m'interroge en secouant la tête :

— Comment ça se fait que tu sois toujours restée consciente ?

Je me mords la lèvre, me sentant coupable de quelque chose dont je ne suis pas responsable.

— J'y ai beaucoup réfléchi, et tout ce que je peux dire, c'est que c'est de la chance, peut-être grâce à des anticorps chelous. Mais j'avais des symptômes, et sans l'antidote, j'aurais sans doute fini par tomber malade, comme Shane.

Nous avons les yeux rivés sur lui. Si ses lèvres pouvaient remuer ou ses paupières frémir… Mais en fait, le monitoring se met à sonner, d'abord doucement, puis de plus en plus fort. Une infirmière arrive en courant dans la chambre pour regarder. L'expression grave, elle repart à la même allure sans répondre à nos questions.

Quelques instants plus tard, elle revient accompagnée d'un médecin que je ne connais pas, qui entame un examen tandis que la sonnerie de l'appareil se mue en sirène. Un deuxième médecin arrive, puis l'un des chercheurs avec qui nous avons joyeusement fêté le réveil se plante à côté, bras croisés.

L'infirmière nous expédie.

— Laissez-nous de la place.

Tremblants, nous nous jetons des coups d'œil. Sous des instructions prolongées et frénétiques du premier médecin, Shane est emmené ailleurs. Comment est-ce possible ? L'ambiance festive se transforme en une peur qui me chamboule l'estomac. Avec Chloé, nous refusons de quitter la chambre des garçons, malgré l'insistance des infirmières.

Chloé serre Jesse si fort qu'il grimace de douleur.

— Il faut qu'il se remette, il faut qu'il se remette.

Je m'assieds à côté de Sebastian et lui prends la main. L'autre est déjà dans celle de Xavier. Nous attendons, paralysés, que ce qui circule dans notre corps circule aussi dans celui de Shane.

Enfin, des heures plus tard, c'est le docteur Culdicott qui vient nous voir. Sur son visage épuisé par la bataille coule quelque chose qui me fait sombrer dans une spirale de douleur. Des larmes.

Mes espoirs s'effondrent. Ce n'est pas possible. Ce-n'est-pas-possible. Je crie :

— Non !

Le docteur Culdicott s'essuie les joues.

— Je suis vraiment, vraiment désolée.

28.

Dans les heures qui suivent la mort de Shane, tout devient sombre et lourd pour moi. Le matin, le ciel est encore plus gris et les nuages libèrent leur pluie. Quand je pense que je ne peux plus pleurer, les larmes reviennent. Shane, oh, Shane…

Je sors de l'hôpital le lendemain, et les autres quelques jours plus tard. Le matin de l'enterrement de Shane, le ciel est du même bleu foncé que ses yeux. Ce genre de journées d'octobre au ciel cobalt réservées à folâtrer dans les champs de maïs en buvant du jus de pommes fraîchement pressé.

Les parents de Shane me demandent de préparer une oraison funèbre. Pour la première fois depuis des mois, l'idée de m'exprimer en public me retourne l'estomac. Mais je garde à l'esprit que j'ai parlé devant des grands groupes et des tas de téléspectateurs sans m'évanouir. Il n'y a aucune raison de retomber dans mes habitudes de panique, quand je n'arrivais pas à m'exprimer : je veux être entendue, au nom de celui qui était comme un frère pour moi.

Bien sûr, je suis anxieuse en me dirigeant vers la chaire dans l'église, mais je ne prends pas la fuite.

Les poings serrés, j'inspire profondément et me lance :

— J'ai rencontré Shane il y a presque cinq mois, et il était évident qu'on ne serait jamais amis. Et pourtant, si.

Des murmures se font entendre dans l'assistance venue en masse. Je poursuis :

— J'ai eu l'occasion de connaître le vrai Shane. Celui qui savait transformer chaque petite peur en rire, et vous aider à trouver quoi faire des plus grosses terreurs. Quand on était à l'hôpital ensemble, c'est lui qui a eu l'idée de tourner des vidéos pour envoyer à tous les gens qu'on aimait, pour pouvoir leur dire au revoir comme on l'entendait. C'est comme ça que Shane prenait la vie. (Je reprends ma respiration.) Quand on entend quelqu'un délivrer ses derniers messages, on apprend à le connaître très bien et très vite.

Des images de Shane qui me tient la main sur le lit d'hôpital, qui rigole avec Sammy via Skype et qui patauge dans les eaux de la péninsule Olympique me traversent l'esprit. J'ai besoin de toutes mes forces pour continuer :

— Je regrette à présent de ne pas avoir fait une vidéo pour lui, pour lui dire combien j'en suis venue à aimer le *Shane Show.* Le vrai Shane, derrière tout le buzz, était drôle, gentil, loyal, et toujours imprévisible. Il n'y aura jamais quelqu'un comme lui.

Avec l'impression que mon chagrin va déborder à tout moment, je finis sur :

— Shane avait accepté le Charisma pour devenir irrésistible, et vous savez quoi ? Il l'était.

Je scrute la foule à travers mes larmes. Les jeunes filles sont bien représentées parmi l'assistance. J'imagine l'esprit de Shane au-dessus de nous, en train de marmonner : « Quel gâchis. » Avec un sourire intérieur, je retourne à ma place, où mon « Jackounet chéri » m'attend et m'embrasse.

Pendant les semaines qui suivent, je passe beaucoup de temps dans ma chambre, soit à me tenir à jour des devoirs, soit à parler avec Jack et Evie. Ce n'est pas que je revienne à mon tempo d'avant, mais plutôt que j'ai besoin de faire mon deuil seule. Evie ne m'embête pas à me parler des soirées que je rate et Jack n'insiste pas pour qu'on se voie vraiment seuls.

Du côté positif, les analyses sanguines montrent que les deux virus présents dans le CZ88 ont été éradiqués chez tous les patients encore en vie. Nous ne sommes plus contagieux. Logiquement, notre ADN modifié a été réparé aussi dans nos cellules, ce qui tendent à prouver notre meilleure santé et nos changements de personnalité sujets à débat.

Au cours des recherches sur l'antidote, mon séquençage ADN a été partagé avec sept organisations de recherche réputées, qui m'ont toutes proposé des rapports détaillés sur ce que me réserve mon corps avec l'âge. Une partie de moi est tentée de savoir si j'aurais des cheveux blancs tôt ou si je suis à risque pour certaines maladies. Mais l'autre, plus sage, écarte ces comptes rendus. Il est plus important de profiter de mes dix-sept ans.

Non que je profite beaucoup, dernièrement. Bien sûr, Jack et Evie viennent de plus en plus, mais ça donne le plus souvent des tentatives ratées de me remonter le moral.

Lors des visites de Jack, j'ai au moins pu constater qu'il avait raison sur un point : il ne m'intimide plus. Je l'ai suffisamment connu pour me sentir à l'aise avec lui, pour toujours. Comme le disent les psys de l'hôpital, je ne repars pas de zéro en termes d'inhibitions. Mon comportement des derniers mois, dû à l'ADN altéré, m'a permis de reformater mon cerveau, comme le montrent les scanners cérébraux pour la thérapie d'exposition. Le truc, c'est qu'il faut continuer de pratiquer.

Par une nuit glaciale peu avant Thanksgiving, Jack m'invite à l'accompagner à une fête chez Drew. Evie sera présente aussi, et même si elle ne m'impose plus de quotas, elle me presse d'essayer. De la pratique, on a dit… alors je pratique.

Jack me prend la main pendant que nous avançons dans l'allée.

— Ça va aller, et si ce n'est pas le cas, il me semble que tu apprécies certaines céréales de petit déjeuner.

Avec un sourire, je lui réponds :

— Tout ce que je te demande, c'est de ne pas flirter avec Alexandra.

— Alexandra ? Mais j'ai jamais…

— Je sais, dis-je en lui assenant un petit coup de poing sur le bras.

Quand nous entrons, la lumière s'allume et des dizaines de voix s'écrient :

— Surprise !

Jack me pousse en avant.

— On n'avait jamais vraiment fêté tes dix-sept ans.

Tout le monde se lance dans un « joyeux anniversaire » un peu approximatif. Je retiens des larmes en me souvenant de la version « badass » de Shane.

Mais je dois me focaliser sur ici et maintenant. Et en effet, je suis suffisamment badass pour ne pas fuir toute cette attention. Parce que j'ai toujours eu la force de ne pas fuir. Ou plutôt, presque toujours, mais je me suis pardonné la seule fois où je l'ai fait.

J'essuie une larme, qui sera, je l'espère, perçue comme une larme de joie, et elle l'est en grande partie.

— Merci à tous. Dix-sept ans, j'ai trouvé ça pas mal jusqu'à maintenant. Mais il paraît que c'est à partir de dix-huit que la fête commence pour de bon.

Pensée effrayante.

Jack et moi nous blottissons l'un contre l'autre, à côté de gens qui étaient venus fêter ma sortie de l'hôpital. Apparemment, ils s'étaient vraiment bien amusés, ce jour-là, mais je ne pourrai jamais savoir avec certitude. Depuis l'antidote, je ressens toujours les ondes sociales que dégagent les gens, mais c'est plus par expérience que par intuition. Et maintenant, ma timidité chuchote en arrière-plan. C'est sympa d'être seule, mais je ne me sens plus noyée en public.

La nouvelle Aislyn est quelqu'un avec qui je peux vivre. Je me détourne des autres pour me concentrer sur Jack. Il me prend dans ses bras et sans me soucier de qui regarde, je l'attire contre moi pour l'embrasser avec force. Puis encore plus fort. Il est chaud, il est délicieux et il est à moi. Chaque seconde d'attente a valu le coup. Mon cœur bat la chamade, j'ai les jambes toutes molles et la peau qui picote.

Quand nous nous détachons, quelqu'un près de nous crie :

— Il y a des chambres pour ça !

Evie, entraînant Rafe derrière elle, vient vers nous.

— Comme vous êtes mignons, tous les deux.

Je pose ma joue contre celle de Jack.

— Et je n'ai même pas eu besoin de prendre trois bières pour me donner du courage.

Evie lève les yeux au ciel.

— Qu'est-ce qu'ils ont à boire, ici, au fait ?

Nous partons explorer la cuisine. À côté d'un monumental gâteau d'anniversaire trônent un fût de bière et les habituels verres en plastique rouge. Près de la porte, dans le jardin, un groupe rit et se fait passer des petits sachets.

Evie, curieuse, les rejoint pour leur demander ce qui se passe.

Une fille, habituellement au dernier rang de mon cours d'histoire, se retourne, les yeux brillants, et éclate de rire. Je ne l'ai jamais vue aussi expansive. Elle a dû prendre une bière de trop.

En fait, elle se frotte le dessous du nez, comme si elle était enrhumée.

— Drew a trouvé des produits sympas pour faire la fête à une rave de Tacoma.

Pour appuyer ses dires, l'intéressé arrive avec un sourire rayonnant.

— Vous voulez essayer du C ? Gratuits, les échantillons. Ça vous rend suuuper amical.

— Non merci, répond Jack.

Nous nous apprêtons à repartir à l'intérieur. Je ne suis jamais allée en rave, mais j'ai entendu parler de drogues à sniffer pour se faire des amis. Tout cela m'intrigue pas mal, je dois dire. Je me retourne pour demander :

— Je peux voir à quoi ça ressemble, le C ?

— Bien sûr, tu peux « voir à quoi ça ressemble », répond Drew avec un clin d'œil. Mais tu vas dans la salle de bains si tu veux en prendre, OK ?

Il me dépose une dose dans la main. Tremblante, j'ouvre un papier jaune qui contient de la poudre blanche. Le cœur battant, je le replie et examine le dessous, mais je sais déjà ce que je vais y trouver avant de l'apercevoir : un petit cœur rose imprimé au centre.

Les genoux flageolants, je me demande quelles sont les chances que le docteur Sternfield soit derrière cette nouvelle drogue. Et malgré tout ce qui est arrivé, ce qui me perturbe le plus, c'est ma folle envie d'en prendre, d'éprouver le plaisir d'être plus que moi-même juste pour une nuit. Ce n'est pas une réelle thérapie génique, après tout. Je pourrais m'épanouir sans risquer le coma.

Je regarde le sachet un long moment, le pouls de plus en plus rapide. Mais non. Je le rends.

La tête haute et les yeux clos, je respire. Et je respire encore. Par moi-même.

Note de l'auteur

Thérapie génique et virus

Charisma a beau être l'histoire d'une scientifique dévoyée ayant pris de nombreux raccourcis mal avisés, les perspectives de la thérapie génique dans la vraie vie sont époustouflantes. Depuis que les généticiens ont commencé à comprendre quelles mutations génétiques étaient corrélées à quelles maladies, ils cherchent à rectifier ces défauts génétiques et cette quête commence enfin à aboutir.

À cet effet, réussir à amener la version « rectifiée » d'un gène aux bonnes cellules est un défi de taille. Plusieurs modes de livraison ont été tentés, mais celui qui est à mes yeux le plus fascinant, et, au moment où j'écris ces lignes, le plus communément utilisé, est le virus. Nous connaissons tous la facilité qu'ont les virus à se propager lorsque nous n'en voulons pas, alors pourquoi ne pas profiter de ce pouvoir et nous en servir pour qu'ils diffusent quelque chose de positif ?

Afin d'y parvenir, les scientifiques conservent l'aspect infectieux des virus, mais remplacent l'ADN causant des maladies par du bon ADN destiné à rectifier des problèmes génétiques (par exemple, soit en remplaçant ou en désactivant des gènes mutés, soit en introduisant un nouveau gène qui aidera à combattre une maladie). Ces « vecteurs viraux » remplis d'éléments positifs peuvent être introduits dans le corps par plusieurs méthodes : par injection, directement dans les tissus comprenant des cellules défectueuses par intraveineuse, ou en retirant des cellules pour y introduire le virus *in vitro* avant de les restituer au corps.

Lors de mes recherches pour ce livre, ce qui m'a sans doute le plus impressionnée a été l'utilisation d'une forme modifiée du VIH pour délivrer le traitement sur certains types de cancer, et même au VIH lui-même. C'est un juste retour des choses que l'un des plus grands fléaux de l'humanité puisse être utilisé contre lui-même et contre une autre maladie mortelle.

Comme nombre de traitements prometteurs, la thérapie génique se heurte encore à bien des obstacles. Parmi ceux-ci, le problème des virus qui peuvent faire réagir le système immunitaire, le coût élevé en regard du nombre de patients pouvant être traités à l'heure actuelle et la complexité de l'opération d'amener les bons gènes aux bons endroits, en quantité suffisante, puis de les activer sans perturber les gènes fonctionnels.

Malgré tout, je crois que la thérapie génique offre de grandes promesses. Si vous désirez en savoir plus, il existe d'excellents livres et ressources en ligne, dont certaines interactives. Le fait d'avoir passé des heures à les potasser m'a fait regretter plus d'une fois de ne pas avoir fait biochimie à la fac.

Remerciements

J'ai mis plus de temps que prévu à terminer ce livre. Tout du long, j'ai été soutenue par mon infatigable éditrice, Heather Alexander, et le produit fini ne serait pas le même sans elle.

Comme toujours, je remercie Ammi-Joan Paquette, qui m'a représentée de façon parfaite. Merci à Danielle Calotta pour sa couverture captivante, à Maya Tatsukawa pour la maquette et à Regina Castillo de m'avoir évité des fautes, entre autres de syntaxe. Un immense merci à Draga Malesevic, Kim Ryan, et Donne Forrest du service droits étrangers de Penguin, qui ont porté mon livre à des lecteurs de par le monde.

Merci également aux nombreux critiques qui m'ont donné leur précieux apport quand ce projet n'était rien d'autre qu'une poignée de chapitres et un synopsis. Parmi eux : Jaye Robin Brown, Kelly Dyksterhouse, Dani Farrell, Tara Grogan-Stivers, Annika de Groot, Lee Harris, Kristi Helvig, Joanne Linden, Christine Putnam, Michelle Ray, Lesley Reece, Mary Louise Sanchez, Niki

Schoenfeldt, Meradeth Houston Snow (également bêta-lectrice), Pam Vickers et Laura Hamilton Waxman.

Toute ma reconnaissance à Ryan Tjoa, premier bêta-lecteur de ce livre, et à Rachel Chamberlain, toujours prête à tout laisser tomber pour me donner son avis au plus vite.

Je remercie le docteur Ricki Lewis d'avoir répondu à mes questions sur la thérapie génique, le docteur Paulene Quigley d'avoir pris le temps de me rencontrer et de répondre à d'autres questions sur ce sujet, et au docteur Anthony Fiore de son aide pour la gestion des épidémies. Toute erreur sur ces sujets serait entièrement de mon fait.

Merci à mes géniaux enfants pour leur patience. J'espère être toujours aussi enthousiaste pour vos rêves que vous l'êtes pour les miens.

Enfin, je remercie James qui, grosso modo, rend tout le reste possible, par ses conseils, ses encouragements et son amour.

Imprimé en France par CPI
en mai 2018

La photocomposition de cet ouvrage
a été réalisée par
GRAPHIC HAINAUT
30, rue Pierre Mathieu
59410 Anzin

N° d'édition : 57052/01
N° d'impression : 146300